불꽃기
면역력

The Recession Immunity

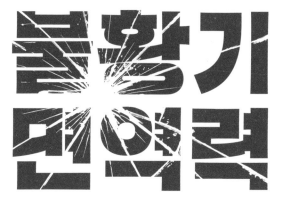

맹명관 지음

지음과깃듬

진정, 불황기는 어떤 모습으로
다가서는가?

#1 불황기라는데, 왜 속수무책이지?

지구촌 두 곳에서 영화에서 본 듯한 전쟁이 예고 없이 터졌다. 코로나 19 이후 생명을 위협하는 질병과 이웃하는 일은 다반사가 되었다. 경기 불황에서 침체기까지… 고금리, 고환율 더 나아가 슬럼플레이션. 디지털 전환에 따른 빠른 변화와 혁신. ChatGPT의 등장으로 인한 각 분야별 쓰나미 같은 전환.

그런데 우리는 어떤가? 불황기라는 명목하에 무기력하게 손을 놓고 있다. 경제학에서 말하는 '공짜점심'의 이론처럼 아무것도 하지 않으면 아무것도 변하지 않는다는 사실마저 잊고 있는 것은 아닌가?

#2 일단 미봉책이라도 지혜를 모아보자

어찌어찌 따져보면 경영하는 CEO들에게 불황이 아닌 날이 있었을까?

매년 어느 전문가가 외치고 발표하며 무엇인가 꿈틀거렸다는 사실이 흥미롭다. 먼저 불황이 어떤 의미로, 어떤 방식으로 영향력을 미치고 있는지 찾아보기로 했다. 대부분 부정적으로 보는 시각이었지만 어느 전문가나 기업은 기회로 보고 그 자체를 열정적으로 즐기고 있었다. 불황의 터널 끝에 그들의 달라진 모습은 예상 밖이었다.

2008년의 위기는 어찌 보면 정답이 정해진 문제 같아 보였지만 변수가 늘어난 2023년부터 시작된 불황기는 어떤 것이 답이 될지 난해한 미적분 같은 위기로 보인다. 진단과 처방에 따라 그 각도는 엄청날 것이라는 생각이 문득 들었다.

#3 산 사람 잘 살게 하는 해법

책을 50여 권 이상 출간했다. 책을 집필할 때마다 상업적인 욕망보다 왜 이 책을 써야 하는지 나 자신에게 은근히 묻곤 했다. 그러다가 저자의 조상인 맹자의 왕도정치에서 해답을 찾았다. 『맹자』 원문에 딱 한 번 나왔다는 '왕도정치'. 전국시대 많은 제후들이 추앙했다는 이 정치의 근본은 산 사람을 잘 살게 하는 것이었다.

양나라 혜왕이 맹자에게 여쭙는다. "양나라의 백성이 많아지기 위해서는 어떻게 해야 합니까?" 맹자가 이르기를 "산 사람을 잘 살게 하고 죽은 사람을 장사 지내어 떠나보내는 일에 유감없게 하는 것이 왕도정치의 시작입니다."

부디 이 저서가 블랙홀에 빠진 기업이 딛고 일어나 잘 살아가는 데 보탬이 되었으면 좋겠다. 산 사람, 그 의미를 넓혀 조직과 고객을 잘 살게 하는 계기가 된다면, 더 나아가 (주제넘은 소리겠지만) 불황기를 해결할 해법의 일부가 될 수 있다면 53권째 필자의 소임은 다한 것이라 위로 삼아 말하고 싶다.

#4 불황기 면역력을 키우려면 지금 실행하라

이미 고인이 된 동화작가 정채봉의 『생각하는 동화』에는 이런 이야기가 실려 있다. 할 일을 내일로 미루고 잠자리에 들었는데 방문을 두드리는 소리가 났다.

나는 일어나 손님을 맞았다. 선생님께서 저희를 좋아한다는 소문을 듣고 찾아왔습니다. 아니 당신은 누구신데요? 내 이름은 '하려고 했었는데'입니다. 거참 희한한 이름도 다 있군요. 그렇다면 같이 온 동지의 이름은 무엇입니까? 아, 이 동지는 저와 쌍둥이입니다. 이름은 '하지 않았음'이고요. 나는 물었다. 당신들은 어디에 살고 있습니까? '이루지 못하다'라는 마을에 살고 있지요.

그러자 '하지 않았음'이 독촉했다. 어서 떠나자. 그 귀찮은 녀석이 쫓아올 것 아냐. 그 귀찮은 녀석이 누구입니까? '할 수 있었는데'이지요. 꼭 유령처럼 우리 뒤만 밟는다니까요. 나는 잠에서 깨어 일어났다. 내일로 미루려 했던 일을 해치우기 위해 책상 앞에 앉았다. 닭이 울었다.

어렵다는 이유로, 한 치 앞도 보이지 않는다는 이유로 자꾸 미룬다.

그럴듯한 명분과 이유… 그리고 줄이고 줄인다. 이쯤 되면 경제학자 슘페터의 '불황기는 역전의 시기'라는 말을 곱씹을 필요가 있다.

#5 미래 그리고 경쟁력

미래학자 최윤식의 『통찰의 기술』에서는 미래를 크게 4가지 범주로 유의미하게 분리하고 있다. 첫째, 미래는 논리적으로 제법 그럴듯한 요소를 갖춘 형태다. 상상컨대 합리적인 현상과 사실을 조합하여 의심의 여지가 없는 시제다. 둘째, 확률적으로 일리가 있는 타당한 미래다. 누가 봐도, 달리 생각해도 경로 의존성이 높은 통계에 의지하는 시기를 말한다. 셋째, 확률적으로 일어날 가능성은 낮지만 현실화될 경우 영향력이 큰 임의의 미래다. 여기에는 폭발적인 이슈가 내재돼 있지만 앞서 언급한 대로 발생 확률은 낮다. 마지막으로 규범이나 비전에 따라 선호되는 미래다.

1장과 2장은 몇몇 사례가 실려 있지만 이론에 가깝다. 이것이 경영서의 한계다. 이를 보완하기 위해 3장의 21개 기업 사례는 여러 기준을 두고 심사숙고했다. 유연성, 혁신에 대한 실행과 수용, 조직문화, 협업 가능성, 디지털 전환, 피봇, 제품과 서비스 등. 그중 미래에 대한 인식과 대응 전략을 최우선으로 삼았다. 이제 미래는 더 이상 시제에 머물러 있지 않다. 4장에서 각 분야 구루들의 통찰력 있는 시각과 해법은 '불황기 면역력'의 기반이 될 것이다.

끝으로 이 졸저를 만들기 위해 남다른 지혜를 내려주신 하나님께 감

사를 올린다. 굳이 표현하지 않아도 너그럽게 격려하고 그 뜻을 알아주

실 모든 분께 감사의 인사를 올린다.

2024. 갑진년 새해
용인 집필실에서

홍원준 가천대창업스쿨 초빙교수

새해마다 경기 전망을 예측하더라도 매년 좋을 것이라는 보장은 거의 없습니다. 경기가 좋다고 예측되더라도 코로나와 우크라이나 전쟁과 같은 예상치 못한 이슈들이 발생하여 대비하기 어려웠습니다. 그러나 다행히 사람들은 불확실한 상황에서도 본능적으로 움직이고 진화합니다.

기업도 마찬가지입니다. 그렇지만 변화의 파도에 휩쓸리면 어디에 있는지, 어떻게 극복해야 하는지 알기 어렵습니다. 이런 시기에는 누군가가 객관적으로 상황을 바라보고 알려주며 일깨워주어야 합니다.

특히, 과거와 현재를 알고 미래를 예측하는 사람이 아니라 미래를 만들어 가는 데 도움이 되는 사람입니다. 그래서 맹명관 교수님의 오랜 경험과 열정, 그리고 어려움을 극복한 리더들의 에너지가 담긴 이 책은 너무나 감사한 가이드입니다.

현재 답답하고 막막한 상황에서 이 책은 든든한 친구가 될 것입니다. 맹명관 교수님과 멋진 리더들과 관계를 맺으며 이 책을 통해 도움을 받고 멋진 미래를 만들어가는 분들이 많아지길 소망합니다.

손홍락 CEO& 대표

CEO&을 창간한 지 어언 14년이 흘렀습니다. 어느 한 분야에 전문성을 갖는다는 것은 산 하나를 옮기는 것보다 더 힘들다는 것을 깨닫게 됩니다. 고맙게도 2년 전부터 저자는 저의 CEO&에서 '마케팅인사이트' 칼럼을 경영자들을 위해 통찰력 있는 관점으로 연재해오고 있습니다.

특히 불황기에 관해 끊임없는 화두와 사례를 통해 경각심을 일깨우고 대응책을 제안하기도 하는데 이번 '불황기 면역력'은 저자의 역량이 총체적으로 발휘된 종합편이라 보아도 무방할 것 같습니다. 1~2장의 불황기 이론은 저자가 평소 컨설팅 업무 중 축적되어온 경험과 지식이 반영된 것으로 보이며 3~4장의 기업과 전문가가 한 주제 즉 '불황기'에 대해 모델을 세우고 각 분야의 스페셜리스트가 이를 분석하였다는 점에서 주목받을 만합니다.

금년부터 시작되는 불황기에 기원컨대 '불황기 면역력'이 건강한 기업 더 나아가 글로벌 한국기업(The K-기업)에 이바지하는 밑거름이 되기를 빌어 마지않습니다.

김학균 미디어OBS대표

미·중 패권 경쟁 격화, 각국의 보호 무역주의 확산, 전쟁, 기후 온난화, 급속한 디지털 전환 등으로 세계 경제는 불황기가 장기화하고 있습니다. 2024년 새해 암울한 전망이 쏟아지고 있는 가운데 모처럼 구체적인 이론과 실제 사례, 그리고 전문가의 시각이 담긴 양서가 출간되어 기쁜 마음 금할 길 없습니다.

특히, 현장 중심의 생생한 자료와 저자의 친절한 해석, 30여 년 마케팅 전문가의 내공이 융합되어 있어 일독을 권할 만한 가치가 있다고 생각됩니다. 2008년 금융위기에서 2024년 불황기의 솔루션을 발견한 것은 이 책 저자만의 연륜과 경험에서 비롯된 결과라 단언합니다.

한인석 K-바이오랩허브사업단장

저는 65세에 7대륙 최고봉 마무리로 에베레스트산을 등반하였습니다. 대학교 1학년부터 시작한 45년 등산의 정점이라고 하겠습니다. 산을 오르면서 어려움이 있듯이 불황기에도 험준한 산을 오르는 것처럼 예측 불가에 대처하기 위해서는 철저한 준비와 계획에 따른 훈련, 그리고 응급상황에 대처하는 순발력과 어려움을 이겨낼 의지가 무엇보다 요구됩니다. 더불어 팀워크나 자기관리 능력, 열정과 도전의식은 산악인이나 불황기 경영자들에게 요구되는 덕목입니다. 이런 급박한 시기에 불황기의 문제진단 및 관리력을 높여줄 경영서가 출간되어 2024년 개인 및 경영자들에게 새로운 통찰력을 공급해줄 것이라 믿어 의심치 않습니다.

CONTENTS

004 프롤로그 - 진정, 불황기는 어떤 모습으로 다가서는가?

009 추천사

1장 도대체 불황기는 무엇인가?

018 불황기라 불(不)하지 마라

027 불황기 공격 경영을 복기하다

034 불황기 극복을 위해 어떤 처방을 내려야 하는가?

040 불황기 속 치열하게 살아남은 기업의 특징은 무엇인가?

048 불황기 관점을 디자인하라

053 포켓몬이 쏘아 올린 불황기 뉴트로

057 Out Of Box, 불황 밖으로

061 왜 가치를 제안하는 기업이 불황기에 승승장구할까?

065 불황기, 붉은 립스틱이 왜 잘 나갈까?

069 초뷰카 시대, 불황기 복잡성을 제거하라

2장 이것이 불황기 면역력

076 위기의 재해석, 본질에 집중하고 업그레이드하라

082 불황기, 체리피커를 감별하라

089 빅블러, 경계선을 지워라

094 가격과 가치의 정당성을 찾아라

101 MZ를 위한 D2C 모델로 푸시하라

107 나쁜 전략을 넘어 좋은 전략보다 더 적확한 전략으로 전환하라

115 어려울수록 진정성으로 승부하라

120 뉴노멀, 경쟁력 있는 비즈니스 모델을 설계하라

125 히트상품 개발 원칙을 상기하라

132 리브랜딩(Rebranding)으로 공격수가 되라

137 기업의 해자를 구축하라

142 각성하여 다시 시작하든지, 적의 심장에서 배우든지

149 고객도 모르는 뉴디맨드(New Demand) 전략을 구사하라

153 전통적인 구독경제를 재해석하라

157 프리코노믹스(Freeconomics)로 돌파구를 찾아라

3장 'The K-기업'은 어떻게 불황기 Small Giant가 되었나?

164 복을만드는사람들㈜ - 가장 한국적인 것으로 세계인의 입맛을 사로잡다

169 ㈜장생도라지 - 글로벌 마켓의 경주마가 되다

174 KEAB - 창의성을 끌어내는 건축가의 '기억'이라는 도발

179 청채원 - 세계 최고의 스마트팜을 꿈꾸다

184 지니언스 - 보안 시장의 지배적 리더

190 쿠키씨엔씨 - 큐레이션 SNS로 비즈니스의 빅픽처를 그리다

196 부영이돈가스 - 돈가스의 품격을 높이다

202 포프리 - 식문화에서 혁신을 주도하는 룰브레이커(Rule Breaker)

210 가인지컨설팅그룹 - 비즈니스 교육의 언더독 챌린저

214 그랜드오스티엄 - 세상에서 가장 행복한 순간마다 함께한다

220 단꿈아이 - 역사 콘텐츠의 팬덤문화를 열다

225 유동커피 - 스페셜티 커피 마니아들의 핫플레이스

231 남문통닭 - 남다른 문화가 통하는 통닭집

237 아리모아 - 뽀로로도 긴장하는 발랄한 도전 치치핑핑

242 탐나라공화국 - 없을 것도 다 있는 상상망치

248 페이보넥스 - 아마존 창업을 꿈꾸는 창업자의 길잡이

254 한국세라프 - 벽칼로 주방을 정복하라

260 닥터올가 - K클린뷰티의 꿈을 꾸다

265 아시아레이크사이드호텔 - 그곳에 가면 천상의 힐링이 있다

270 라인교육개발 - 미래 온라인교육의 핫라인

276 엔터스코리아 - 출판 기획의 큰 획을 긋다

4장 스페셜리스트, 불황기 면역력을 말하다

마케팅

283 **구자룡(밸류바인 대표)** - "데이터에서 센싱하고 통찰을 바탕으로 신상품 기획을 새롭게 시도하라!"

291 **은종성(비즈웹코리아 대표)** - "불황기에 효율적인 비즈니스모델 어디 없나?"

299 **김동준(이노캐털리스트 대표)** - "불황기일수록 사람이 우선이다"

302 **김용기(Brave Sales Lab 대표)** - "빅블러 시대에 신규 시장은 어떻게 진출하는가?"

308 **이소은(이미지민 대표)** - "소비자의 구매 의사가 낮아지고 경쟁이 치열해짐으로써 컬러커뮤니케이션의 역할이 더욱 중요해져…"

313 **이동철(㈜하이엔드캠프 대표)** - "이전보다 더 많은 욕구를 충족시키는 것이 기업 생존의 필요조건"

리서치

319 **김대은(미디어리서치 대표)** - "불황기에 나타나는 사회적, 경제적 변화는?"

경제(재무 포함)

325 **서기수(서경대 금융정보공학과 교수 / 한국금융연수원 겸임교수)** - "꾸준하게 영업이익을 나타내는, 견고한 실적의 기업에 투자자의 관심이 쏠린다"

336 **최용식(21세기 경제학 연구소 소장)** - "부의 기회를 찾기 위해 경제학적 지혜가 필요한 시점"

건축설계

339 **백희성(KEAB 대표)** - "시니어의 지방 이동 등 새로운 주거문화에 관한 개념 연구 중"

SNS 및 브랜드

349 **최은희(브랜드앤피플 대표)** - "불황기엔 소셜미디어 사용이 늘어나고 브랜드와 소비자 간의 상호작용이 활발해지므로 효율적인 온라인 마케팅 전략을 적극적으로 구사해야 한다"

357 **유장휴(AG브릿지 대표)** - "브랜드 정체성 확립, 디지털마케팅에 의한 고객과의 연결, 피드백을 통한 지속적 개선이 무엇보다 우선되어야 한다"

ChatGPT 및 빅데이터

363 **백신정(미래인 교육연구소 대표이사 / 『내 안에 빅데이터를 깨워라』 저자)** - "불황기 면역강화의 No.1 전략! ChatGPT 생성형 인공지능은 무엇인가?"

창업

371 **박희광(청년꿈 대안학교 ING법인대표 / 경주대학 산학협력단장)** - "선택보다 지속해서 성장하기 위한 열정과 창의력이 중요하다"

375 **박경아(반디인하우스 대표)** - "립스틱효과를 통해 고객의 심리를 아는 것이 마케팅의 답"

인문학(소통 포함)

383 **신동기(자기계발/ 리더십컨설턴트)** - "숫자나 효율성보다 직관력, 영감 그리고 통찰력을 키우는 인문 경영"

389 **곽동근(에너지플랫폼 대표)** - "불황기에는 긍정적인 에너지로 나만의 강점을 발견하라"

호텔(마케팅 트렌드)

401 **하승희(아시아레이크사이드호텔 대표)** - "불황기 여가, 여행 트렌드는 합리적이고 효율적이며 가성비 높은 개성으로 이어질 것이며 아울러 호텔과 에어비엔비는 대체재가 아닌 보완재로…"

408 출처

도대체 불황기는 무엇인가?

The Recession Immunity

불황기라 불^不하지 마라

우리는 흔히 불황기라 하면 예산을 삭감하거나 최소화하려고 합니다.
여기서는 불황기라 할지라도 오히려 적극적으로 대응하고
긍정적인 시각으로 접근하는 방식에 주안점을 두고 설명하려고 합니다.

 학문의 경계를 넘나드는 세계적 석학 재레드 다이아몬드
가 쓴 『총균쇠』가 출간 25년 만에 다시 주목을 받고 있습니다. 그는 저서
에서 "어떤 국가는 부유하고 어떤 국가는 가난한가? 왜 어떤 국가는 다
른 민족의 정책과 지배의 대상이 되었는가?"라는 질문을 던집니다.

30여 년 이상 마케팅에 전념해온 저자의 뇌리에는 불황기에 어떤 기
업은 우르르 무너져 파산하고 어떤 기업은 호황기보다 더 나은 기업으
로 성장하였는지 의문이 들었습니다.

디지털 전환으로 선두 기업이 바뀌고 코로나19와 우크라이나 - 러시
아 전쟁으로 기업의 운명은 불황기의 파고를 넘고 넘습니다.

본 저서에서는 불황기를 극복할 면역력에 대해 전문가의 객관적인
통찰력과 저자의 시각 그리고 유관한 통계를 바탕으로 풀어갈까 합니

다. 먼저 불황기가 오면 경제 심리가 꽁꽁 얼어붙습니다. 기업에 있어 마이너스성장이라는 달갑지 않은 현상이 나타나고 실제로 시장에서는 역대급 체감 불황이 심화됩니다. 고환율, 고금리, 고물가… 그야말로 경기침체Recession의 공포이하 'R의 공포'가 시작됩니다.

소비자들은 소득 불안감으로 허리띠를 졸라매고 기업은 구매력 위축에 따른 수요의 감소로 먼저 광고를 비롯한 마케팅 비용을 줄입니다.

경제학자들이 경제 불황을 예측하는 가장 큰 이유는 1) 앞서 언급한 대로 사람들이 돈을 쓰지 않는다는 것이며, 2) 기업이 수익을 창출할 방법을 상실하고 이로 인한 직원의 해고, 즉 고용에 문제가 야기되는 데 있습니다.

금리 하나만 보더라도 이자율이 높아지면 기업은 금리 부담이 커지고 개인도 신용카드와 주택담보 대출 상환액이 늘어납니다. 소비 및 매출 감소도 잇따르겠지요.

2019~2023년까지의 코로나19는 침체기를 거쳐 장기적인 불황기의 요인이 되고 있습니다. 이 시기에 등장한 단어만 보더라도 과거 대공황과는 비교가 되지 않을 정도입니다. 이를테면 대봉쇄Lock down라든가 폐쇄Shut down, 뉴노멀New Normal: 시대 변화에 따라 새롭게 떠오르는 기준 또는 표준, 피보팅Pivoting: 기존에 진행하던 사업 등의 추진 방향을 전환하는 것이 그것입니다. 당시 세계 경제는 완만U자형보다는 회복 침체가 극명K자형했습니다. 세계 70억 인구의 관심사는 경제 불안이었고 국제유가선물시장은 마이너스를 기록했습니다. 소위 공포지수 VIX: Volatility Index는 역사상 가장 높은 수치였습니다. 문

제는 팬데믹 불황 이후 현재 진행 중인 우크라이나 - 러시아 전쟁입니다. 회복 과정에서 안개 같은 불확실성이 대두되었습니다.

전쟁 시발점에서 에너지와 곡물의 국제 가격이 상승했고 에너지 공급 및 생산 중단은 전 세계적인 인플레이션 현상의 큰 원인이 되었습니다. 이를테면 세계 최대 밀 수출국 중 하나인 러시아는 곡물 수출세를 도입하고 밀 수출에 할당량을 정해 놓았으며 우크라이나 또한 충분한 국내 식량 공급을 위해 특정 곡물에 대한 쿼터를 부과하였습니다. 또한 분쟁 당사국과 무역 상대국 간의 무역 중단은 불황기를 더욱 심화시키는 요인이 되고 있습니다. 한마디로 국제무역 질서를 망가뜨렸다고 평가할 수 있습니다. 이는 투자자에게 신뢰도를 떨어뜨려 자본의 흐름과 투자 결정에 보수적인 영향을 미쳤습니다. 이스라엘과 하마스의 전쟁으로도 국제유가는 상승과 하락을 반복하며 출렁거렸습니다. 만약 이 전쟁도 장기화되면 국제유가 상승은 불을 보듯 뻔합니다. 금융시장의 주가 하락, 물가, 환율 상승도 불황을 견인하는 포인트가 될 것입니다.

언제부턴가 불황은 우리에게 익숙한 용어가 되었습니다. 소비자들은 불황을 이겨내기 위해 긴축의 허리띠를 졸라매고 기업은 구매력 위축으로 수요가 줄어들고 있습니다.

이를 타개하기 위해 기업은 어떤 대응책을 내놓을까요?

첫째, 경비 절감으로 광고를 비롯한 마케팅 비용을 삭감하려 들 것입니다.

그러나 이런 전략이 고객 서비스의 수준을 낮추고 나아가 시장점유율 하락의 원인이 된다는 것을 간과해서는 안 됩니다.

최근 이런 현상을 연구해온 한 학술연구는 "불황기에 광고를 늘린 기업들이 불황기 중이나 후에도 더 높은 매출과 시장점유율과 수익을 올린다."라고 역설하고 있습니다. 부연하면 불황이라고 단기적인 전략으로 눈앞의 이익률을 높이기보다는 장기적인 건전성을 위해 효과적으로 브랜드 구축에 투자하는 것이 바람직합니다. 어려운 시기에 광고를 통해 존재감을 드러내는 것은 잠재고객 발굴뿐 아니라 미래시장 개척에도 큰 도움이 됩니다.

이를 결정하기 전 자사의 재무상태나 예상되는 경쟁사의 광고 전략 등도 치밀하게 분석해야 합니다. 불황이 되면 소비자의 대다수가 가격에 매우 민감하게 반응합니다. 이때 기업은 경쟁사보다 먼저 가격 인하를 통해 단시일에 자사 매출 규모를 확대하여 시장점유율을 확장하려 할 것입니다. 이렇게 되면 제품 단위당 마진의 감소를 상쇄시켜 수익 규모를 유지할 수 있기 때문입니다. 가격 인하도 판촉이나 인센티브를 제공하여 마케팅 차원의 기획력이 뒷받침할 때 강력한 효과를 발휘할 수 있습니다. 무조건적인 저가 공세는 파멸로 이어질 수 있으므로 여러 시장 상황을 분석한 후에 결정해야 할 것입니다.

둘째, 신제품 출시나 R&D 결정을 유보하려 들 것입니다.

일단 신규 투자에 부담을 느낄 것입니다. 그러나 신제품 출시에 소극적일 경우 공격적 경쟁자가 시장을 잠식할 가능성이 높습니다. 공격적 경쟁자는 적극적인 마케팅을 통해 인지도를 제고하고, 저렴한 비용으로 유통망을 확대하여 가격 민감도와 미래 지향의 제품력을 상승할 것입니다. 아울러 설비 증설과 제품 기술을 강화하여 시장의 지위를 강화할 것이며 마지막으로 타 기업 및 일부 기업을 인수하여 고성장 고수입 사업 구조로 신성장 동력을 확보할 것입니다.

불황기에 신제품을 출시하는 것은 호황기에 출시하는 것보다 효과적일 수 있습니다. 호황기에는 다수 경쟁자들의 신제품 경쟁이 치열하지만 불황기는 적은 노력으로 시장점유율을 높일 수 있는 절호의 기회일 수 있습니다.

무조건 불황기에 출시되는 신제품이 성공을 보장받지는 않습니다. 여기에는 고객의 특성과 니즈를 적극적으로 반영해야 합니다. 일례로 일본의 개인 트레이닝 회사인 리잡은 2022년 편의점처럼 연중무휴 24시

편의점식 짐(GYM) 초코잡

출처: JBM 블로그

1 장

간 운영되는 무인 헬스장 '초코잡(Chocozap)'을 출시했습니다. 기존 헬스장과 달리 초코잡은 운동복을 갈아입지 않고 지나가는 길에 잠깐씩 들러 틈틈이 운동할 수 있는 편의를 제공합니다. 월 3만 원만 내면 지하철 근처에 마련된 전국 100여 개 점포를 24시간 아무 때나 이용할 수 있는 특장점을 가지고 있는데 간단한 운동기구와 체성분 측정기, 여성 고객을 위한 셀프 제모기를 갖추고 있습니다. 놀랍게도 고객 편의를 제공한 '편의점식 헬스장'은 2023년 일본의 히트상품 최정상에 올랐습니다.

끝으로 R&D 전략의 속도를 늦추려 할 것입니다.

제품 개발의 바탕이 되는 R&D 전략의 예산을 삭감하거나 유지하려 할 것입니다. 그러나 호황기와 다른 불황기 R&D 전략은 단기적인 투자로 신속한 수익을 낼 수 있도록 전환해야 합니다. 또한 가격 민감도를 반영한 매력적인 제품을 개량해야 할뿐더러 현재 생산 라인을 통해 제작할 수 있는 변형 제품도 시도해 볼 만합니다. 한 가지 첨언한다면 불황기뿐만 아니라 호황기 대비 전략을 준비하는 것도 바람직합니다.

불황기라 하여 위축되거나 비용 절감에 몰두할 필요가 없습니다. 불황기임에도 불구하고 소비자에게 어필할 수 있도록 최신 트렌드가 반영된 상품 개발에 박차를 가하거나 어려운 시장 상황에도 소비자의 니즈를 탐색하는 기업이 불황기 면역력을 키워나가는 경우를 쉽지 않게 목도할 수 있습니다.

결론적으로 불황기에 따른 고정관념에서 벗어날 수 있도록 기업은 핵심역량을 키우거나 R&D에 전력투구해야 할 것입니다.

그렇다면 불황기 대응 전략은 어떤 시각으로 세워야 할까요?

세계적인 경제전문지 포춘지는 "불황기에 시설 투자를 하고 호황기에 비용 절감을 시도하는 기업이 미래를 바라보는 기업이다."라고 충고한 적이 있습니다. 포춘지의 불황기 대처 방안은 먼저 원대한 목표를 재설정하라는 것이었습니다.

일례로 위기에 빠진 스타벅스는 자신만의 혁신 운동을 통해 원대한 목표를 세우려고 하였습니다. 논란의 여지 없이 커피 시장의 권위자가 되자는 것과 고객과 감정적으로 불을 지피는 것, 세계 시장에서 존재감을 확대하는 것, 커피에 걸맞은 혁신 성장의 기반 및 파트너들을 고무시키고 참여시키는 목표 말입니다. 이렇듯 명백한 목표 설정은 경영을 보다 효율적이고 개방적으로 만듭니다.

둘째는 유연한 마케팅 상상력입니다.

하버드 비즈니스 스쿨의 시어도어 레빗 교수는 저서『마케팅 상상력』에서 "고객의 요구와 문제점, 관행을 이해하기 위한 독특한 통찰력"을 마케팅 상상력의 개념으로 보았습니다. 여기서 고객들은 어떤 문제를 해결하고 싶은지 알아내야 한다고 하였습니다.

예를 들어 듀폰은 스타킹을 출시하면서 상상력으로 여성들의 마음을 꿰뚫어 보았습니다. 스타킹을 신어야 품위 있는 숙녀로 보인다고 주장하였고 아이러니하게 어른처럼 보이고 싶은 신규소비자가 창출되었으며 디자인을 다르게 하여 패션 아이템으로 자리 잡게 하였습니다.

그의 저서에 소개된 예처럼 드릴을 사는 고객의 욕구는 구멍을 뚫는 기계에 있는 것이 아니라 뚫어진 구멍에 있다는 재미있는 상상력도 간과해서는 안 될 것입니다.

지금 여러분은 불황기에 어떤 상상력으로 고객에게 접근하려 하십니까? 마지막은 미래에 대한 투자입니다. 불황기일수록 연구개발에 투자하고 종업원 교육에 집중적으로 투자하여야 합니다.

2008년 스타벅스는 오후 5시 30분부터 9시까지 미국 전역의 7,100개 매장의 문을 닫고 13만 5천 명 바리스타를 대상으로 에스프레소 엑설런스 트레이닝을 진행하였습니다.

25년간 연평균 성장률 19%씩 꾸준히 성장해 온 스타벅스는 이 시기에 흑역사를 기록하고 있었습니다. 불황기 해결책은 하워드 슐츠의 고백처럼 재교육을 통해 고품질의 커피로 고객과 하나 되는 것과 미래를

위기에 빠진 스타벅스를 위해 2008년 실시된 직원 재교육

준비하기 위한 디지털 기술 도입과 전략 수립이었습니다.

불황기에 지금까지 상상할 수 없었던 창의적 발상을 허(許)하는 것은
어떤는지.

불황기 공격 경영을 복기하다

2008년 불황기 공격 경영은 우리에게 불황기 시점과 이후에
어떻게 준비해야 하는지 잘 가르쳐주고 있습니다.
새로운 게임의 룰을 도입한다거나 M&A, 신기술 확보로 미래 사업을 준비하라는
권고는 2023년 불황기에 다시 복기하고도 남을 금과옥조(金科玉條)였습니다.

 2020년 초 신종 코로나바이러스 감염증 사태로 미국 항공사의 승객 수송량이 전년 대비 급감했을 때 많은 항공사는 항공기 주문을 취소하는 등 비용 절감에 몰입했습니다. 알래스카 항공도 다른 항공사와 마찬가지로 채용 동결, 임원 급여 삭감 등 위기 대응 조치를 실행했습니다. 그러나 이들이 무조건 비용 절감의 소극적인 방어 경영을 한 것은 아니었습니다.

이를테면 항공기 주문을 취소하는 대신 기존 항공기를 최신으로 바꾸고 추가로 주문하였습니다. 2021년에서 2022년 한 해에 100대가 넘는 추가 구매 옵션을 확보하고 조종사노조 등 5건의 노동계약으로 인재풀을 확보하였습니다.

이런 공격 경영은 2023년부터 명확한 실적을 보이기 시작했고 수익

성과 서비스 부문에 높은 성과를 나타내고 있습니다(2025년까지 매출이 연 4~8% 증가할 것으로 전망).

불황기 공격 경영은 단기적으로 경영실적을 도모하는 경우와 불황을 활용하거나 불황 이후에 대비하는 중장기 목적으로 구분됩니다. 먼저 전자는 불황기 소비자의 니즈에 맞춘 제품을 개발하거나 새로운 유통채널을 확보하여 시장을 확대합니다. 후자는 경쟁사 M&A로 시장지배력을 향상시키고 제품 업그레이드를 위한 기술을 개발하기도 하고 미래 신기술로 신성장 동력을 확보하기도 합니다. 여기서 간과해서는 안되는 것이 자사 환경에 맞는 공격 전략으로 불황기 이후를 대비해야 하며 경쟁자의 투자전략을 모방한 무리한 공격보다는 구조조정을 우선적으로 실행하면서 차후에 공격의 기회를 모색하는 기본 전략을 갖추어야

불황기 공격 경영으로 높은 성과를 낸 알래스카 항공

출처: 알래스카 항공

1장

한다는 점입니다. 아울러 경쟁 구도 및 시장 니즈의 변화를 예측하고 불황기 이후 지각변동이 일어나는 시장에서 기회를 잡을 수 있도록 내부 역량을 축적하는 것도 잊어서는 안 됩니다.

2008년은 서브프라임 모기지 금융시장의 위축으로 시작된 세계금융위기가 전 세계를 흔들었던 해입니다. 미국의 부동산 거품이 꺼지면서 부실한 주택들을 담보로 파생상품을 만들어 대출해 온 금융회사들이 파산했습니다. 이 때문에 기업투자와 소비지출이 감소하면서 전 세계가 경기침체를 겪었습니다.

흥미롭게도 2008년 삼성경제연구소가 발간한 'SERI 보고서로 읽는 불황기 경영전략에 공격 전략에 관한 내용이 자세히 기술되어 있습니다. 이를 복기해 보면 첫째, 새로운 게임의 룰을 도입하는 일입니다. 새로운 경쟁 규칙을 창출함으로써 기존 선발기업의 경쟁우위를 일거에 무력화하고 신시장을 조기에 장악하는 것입니다. 최근 현대자동차와 세계 최대 전자상거래 아마존은 전략적 파트너십을 체결하였습니다. 2024년에는 미국에서 현대차를 구매하려는 소비자는 아마존에서 모델과 색상, 기능 등을 검색하면 해당 지역에서 구입 가능한 차량의 목록을 확인할 수 있습니다. 즉, 온라인에서 소비자는 손쉽게 비교하고 차를 살 수 있게 되었습니다. 말하자면 새로운 게임의 룰이 도입된 것입니다.

둘째, M&A로 사업구조를 개편하거나 고부가가치 연계사업을 발굴합니다.

불황으로 평가절하된 타 기업의 사업 부문, 기술 역량, 핵심 인력 등

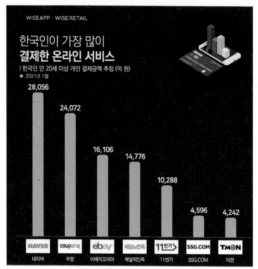

출처: 와이즈앱

을 흡수해 고수익, 고성장 사업 포트폴리오를 구축합니다. 말하자면 본질 가치보다 시장가치가 낮게 평가된 경우, 이를 공격적으로 매입하여 사업 포트폴리오를 업그레이드합니다. 또한 제품 생산과 판매에서 얻은 노하우를 바탕으로 새롭게 컨설팅사업에 진출한 IBM이 최근 비즈니스 전반에 AI를 확장하여 경쟁력을 제고한 사례도 있습니다.

셋째, 불황기 공격 경영 중에 신기술 확보로 미래 사업을 준비하는 경우가 있습니다.

현재 전 세계는 AI에 주목하고 있습니다. 마이크로소프트가 투자한 ChatGPT의 사용자가 급증하면서 인공지능과 대화하는 시대가 되었습니다. 이는 스마트폰이나 인터넷이 나왔을 때보다 더 큰 변혁을 이루고 있습니다.

ChatGPT 도입 후 1년이 흐른 지금, 개인의 일자리뿐 아니라 기업의 존립을 위협할 정도로 그 위세는 날로 커져 가고 있습니다. 이들이 만든 새로운 질서에 적응하거나 그 안에서 사업 기회를 잡아야 불황기의 파고를 넘을 수 있으며 생존할 수 있습니다. 통계에 의하면 글로벌 생성형 AI 시장 규모는 2023년 1조 3,000억 달러에 달하며 AI 투자는 전년 동기 대비 27%가 상승하였습니다.

현재 마이크로소프트 검색 엔진 BING과 결합된 ChatGPT는 검색시장의 1인자였던 구글을 위협할 정도가 되었습니다. 그렇다면 단순히 AI 시장은 마이크로소프트사와 구글의 정면 대결일까요? 여기서 눈여겨볼 기업이 엔비디아입니다. 이 회사는 GPU Graphics Processing Unit:컴퓨터의 화면을 구성하는 이미지를 만들기 위해 필요한 계산을 수행하는 전용 칩 분야에서 세계적인 점유율을 보이고 있는데 이 GPU에 딥러닝과 머신러닝이 탑재되어 있어 AI에 필수적인 역할을 합니다. 이미 구글과 마이크로소프트의 거대 데이터 센터에는 엔비디아 GPU가 다수 들어가고 있으며 AI 경쟁이 치열할수록 엔비디아의 주가는 상승할 것으로 전망됩니다.

이렇듯 신기술 하나로 미래시장을 선점하거나 치열한 경쟁 없이 포지셔닝할 역량에 치중하는 것도 불황기 공격 경영에 중요한 요소입니다.

이 밖에 강력한 재무 경쟁력과 원가 경쟁력에 기반한 가격 경쟁을 통해 경쟁사를 쓰러뜨리고 안정적인 기반을 모색하는 (치킨게임으로 경쟁사 압박) 경우와 경쟁사 M&A를 적극적으로 활용해 규모의 경제를 일거에

빅테크기업의 격전장이 된 ChatGPT

구축하고 안정적인 수익기반을 확보하든지 전략적 제휴를 통한 범위의
경제도 아울러 시도할 만한 방법입니다. 마케팅 측면에서 불황기를 역
이용하거나 고객들이 자주 접촉하는 신고객 접점을 확충하는 것도 전략
적으로 권고할 만합니다.

끝으로 제품 라인업을 확장하여 신고객층을 공략하기도 합니다. 불
황기에는 소비자들의 가격 니즈나 기능 니즈에 변화가 빈번하므로 이에
맞춘 제품 라인업을 확장함으로써 신고객층을 발굴하는데 여기에는 무
상으로 제품 업그레이드를 실시하거나(판매속성 혁신 신제품) 제품의 수량,
크기, 기능 등을 탄력적으로 줄여 고객 체감가격을 줄이는 방법(제품속성
혁신 신제품)이 있습니다.

이렇게 불황기 공격 경영을 실행하기 위해서는 몇 가지 전제조건이

따라야 합니다.

먼저 역발상 공격 경영이 가져오는 선순환 효과에 대해 치밀한 분석을 바탕으로 시나리오 전략을 수립해야 합니다. 또한 이를 성공시키기 위해서는 CEO의 자신감이 전달될 수 있는 커뮤니케이션 채널이 구축되어야 합니다.

마지막으로 공격 경영 전략 수립 과정에서부터 실행에 이르기까지 협력업체를 포함한 전사적인 참여를 바탕으로 신속하고도 정확한 목표를 설정하고 이를 달성해야 합니다. 여기서 디지털시대의 공격 경영은 매출과 시장확대 차원보다는 수익성 및 새로운 고객 니즈를 선점하는 것이 바탕이 되어야 합니다.

물론 CEO들은 경기침체에 직면했을 때 비용 절감의 수비 경영을 우선하지만 앞서 사례로 소개한 알래스카항공처럼 불확실성의 시기를 기회로 보는 시각도 무엇보다 중요합니다. 불황기임에도 헬스케어, 전기차, 충전, 메타버스, ChatGPT 등 공격적인 글로벌 회사가 돋보이는 것은 다 그런 이유입니다.

2024년 그라운드에서 귀사는 공격수입니까? 아니면 수비수입니까?

불황기 극복을 위해
어떤 처방을 내려야 하는가?

불황기가 다가오면 위기라고 간주합니다. 기업이나 소비자가 대하는
불안정한 상황을 어떻게 효율적으로 대응할 것인지 그 처방을 명확히 내려줍니다.

 불황기가 오면 일단 소비자들은 불안합니다. 구매력을 상실하지요. 물론 경제가 침체되면 소득과 소비가 하락하고 기업은 매출이 떨어지는 불안정한 상황이 지속됩니다. 그러나 소비자는 일시에 소비를 줄이지 못하는 딜레마에 빠지기도 하는데 수입자동차가 늘고 명품 브랜드의 리셀한정판 제품 등 인기 있는 상품을 구매한 뒤 비싸게 되파는 행위 현상이 바로 그것입니다.

여기에 어떤 처방을 내려야 불황기를 극복할 수 있을까요?

처방 1 지속적으로 신뢰를 줍니다.

나이키런 클럽에 들어가면 다양한 이벤트와 챌린지를 통해 주변이나 전 세계의 다른 러너들과 연결이 됩니다. 러닝을 하면서 다른 크루(공통

된 목적을 가지고 모인 집단으로 취미활동, 교육, 동아리집단 등 다양한 공간에 쓰임)들과 같은 챌린지를 만들고 친구나 가족, 동료들과 공유합니다.

또한 러닝가이드와 함께 목표를 달성하고 러닝 여정을 즐길 수 있도록 적합한 트레이닝팁을 준비하는데 여기에 상세정보(러닝페이스, 위치, 거리, 고도, 심박 수, 구간별 소요시간 등)가 제공됩니다.

사례에서 보듯 나이키런 클럽은 불황기에 흔히 가지는 소비자들의 불안감을 희석시킬 뿐 아니라 브랜드 선택에 대한 만족과 신뢰를 지속적으로 주고 있습니다.

불황기 마케터는 이처럼 고객에게 정확한 상품 정보를 적극적으로 제공하고 감성에 어필하는 이미지 광고보다 제품의 우수성이나 특성을

온라인커뮤니티로 고객에게 신뢰를 얻는 나이키런 클럽

출처: 구글플레이

자세하게 어필할 필요가 있습니다. 또한 구매 후에는 나이키런 클럽에서 보듯이 온라인커뮤니티를 경험하게 하는 것도 좋습니다.

고객은 온라인커뮤니티에서 좋은 솔루션을 경험하고 소통하면서 브랜드메신저로서 역할을 톡톡히 하게 됩니다.

처방 2 합리적인 고급화로 추종자를 설득합니다.

불황기에는 가성비 제품과 초고가 제품 간 소비자 선호도가 분명하게 갈립니다. 더구나 프리미엄 시장 수요는 경기 영향을 덜 받으므로 불황기에 더 몰리는 경향이 있습니다. 여기서 눈여겨 보아야 할 것은 고급화에 길들여진 소비자는 소비성향을 쉽게 버리지 않는다는 것입니다. 이런 소비자 외에도 명품을 모방하고자 하는 추종자는 불황기에 늘어나기 마련입니다. 왜냐하면 자신이 값비싼 재화를 소비할 능력이 있음을 남에게 과시하기 위하여 가격이 상승할수록 재화 구입을 증가시키는 소위 베블렌 효과가 작동하기 때문입니다.

이런 스타일의 추종자에게는 고급화를 유지하기 위해 합리적인 가격으로 고급스러움을 느끼도록 소비를 유도하는 것이 마케팅의 관건입니다. 최고의 서비스 제공은 금상첨화錦上添花이겠지요.

추종자들에게는 남들이 많이 소비하는 제품일수록 더 사고 싶어 하는 경향편승효과과 명품과시욕속물효과, 그리고 페이스북과 카카오톡과 같은 서비스에 이용자를 늘려 견인하는 네트워크 효과가 효율적이라는 것도 인지해야 합니다.

처방 3 고객이 원하는 것을 명쾌하게 제공합니다.

요즘 소비자들은 어떤 제품을 어떻게 구매하는지 명확히 알고 있습니다. 디지털경제에서 개별 소비자들의 니즈에 맞춘 개인화 서비스가 제공되고 있으며 오프라인에서도 주문형 화장품이나 자동차 선택 사양 등 다방면에서 적용되고 있습니다. 한마디로 정의하면 소비자 각각의 특성에 맞게 최적화된 서비스를 제공하는 방식으로 소비자의 취향과 관심사를 파악하여야 합니다.

이런 맞춤형 상품과 서비스는 이전에 방문했던 페이지나 검색단어를 기반으로 취향과 행동을 예측하여 제공되므로 소비자의 만족이 클 수밖에 없습니다. 덕분에 소비자는 큰 어려움 없이 원하는 상품이나 서비스를 찾을 수 있습니다.

그러면 이 처방은 기업과 소비자에게 어떤 이점을 줄 수 있을까요?

소비자는 디지털 경험을 개선하고 취향에 맞는 제품을 추천받을 수 있습니다. 기업은 마케팅 비용을 절감하고 구매전환율이 높은 고객을 발굴할 수 있습니다.

처방 4 동종이든, 이종이든 손 내밀어 공동으로 극복합니다.

어려운 상황 속에서 기업들은 장기적으로 이윤 극대화를 위해 죽기살기식 경쟁을 지양하고 상호 간의 취약한 부분을 보완하여 강화하는 전략을 세워야 할 것입니다. 과거 경쟁기업의 이익은 곧 자사의 손해라는 '제로섬 게임'식 고정관념에서 벗어나 상호 이익을 극대화한다는 점에서 제휴, 공동마케팅은 효율성이 매우 큽니다.

공동마케팅은 크게 공생마케팅symbiotic marketing과 하이브리드마케팅 hybrid marketing으로 나뉘는데 전자는 공동마케팅에 참여하는 업체가 본질적으로 경쟁 관계에 있는 동종업체인 경우입니다. 일종의 적과의 동침이라 하겠지요.

과거 고객보상프로그램이나 제휴카드사에서 흔히 볼 수 있었습니다. 공동마케팅이 이루어지면 소비자들이 가지고 있는 기존 브랜드에 대한 인식이 공동마케팅 제품에 대한 평가, 여기서 더 나아가 제휴 이후의 브랜드에 대한 각각의 평가에도 영향을 미치는 파급효과spillover effect가 존재하게 됩니다.

후자의 경우 참여업체가 이종업체일 경우입니다. 이 경우에도 자신

스타벅스와 현대카드의 하이브리드 마케팅

출처: 현대카드 홈페이지

의 브랜드는 그대로 유지합니다. 최근 스타벅스와 현대카드의 사례가
그것입니다.

더불어 공동마케팅을 실행하기 위해서 유의할 점은 서로에게 이익을
줄 수 있는 윈윈 관계가 되어야 하며 소비자들에게도 제휴를 통한 실질
적인 혜택을 주어야 한다는 것입니다.

불황기! 진단도 중요하지만 처방도 명쾌해야 합니다.

불황기 속 치열하게 살아남은 기업의 특징은 무엇인가?

아무리 침체기일지라도 굴하지 않고 생존하는 기업들이 있습니다.
이번에는 이 기업들의 특징과 핵심 역량을 살펴보겠습니다.

 코로나19 이후 상황을 한마디로 표현하면 암전 그 자체라 말할 수 있습니다. 특히 앞서 언급한 대로 러시아와 우크라이나의 전쟁은 글로벌 공급망의 교란이라는 복잡한 변수를 던지고 있고, 코로나 바이러스와 변종으로 인한 싸움은 안개와 같은 상황을 더 심각하게 만들고 있습니다.

여기에 디지털 전환은 혁신을 가속화하고 경계선상의 비선형적인 변화를 일으키며 예측조차 할 수 없는 비상상황으로 몰아가고 있습니다.

불황기에 내성이 강한 기업의 특징은 무엇일까요?

먼저 불황기에 강한 기업을 보면 미국의 스포츠 브랜드 언더아머 같은 언더독인 경우가 많습니다. 그동안 구조적으로 마이너인 기업들은 경쟁에서 열세이거나 이길 확률이 희박했지만, 불황기에는 규모의 경제가 허물어지고 서로 이질적인 사업 분야와 시장 영역, 그리고 가치사슬 등의 범위의 경제로 전환되기 때문에 언더독의 성향을 띤 기업들이 다양한 제휴를 통해 기회를 포착하게 됩니다. 언더아머가 나이키에서 방출된 NBA 스타 스티븐 커리를 영입한 것은 이런 현상을 말해주는 대표적인 사례라 할 수 있습니다.

둘째, 수익성과 직결된 신상품 출시를 통해 시장을 선도합니다.

기업 대부분은 불황기가 도래하면 신제품 출시에 소극적으로 될 공산이 큽니다. 그러나 효과적인 측면에서 보면 정반대일 경우가 많습니다. 호황기에는 너도나도 신제품을 출시하므로 경쟁이 치열해지지만, 불황기에 신상품을 출시하게 되면 적은 노력으로 시장점유율을 높일 수 있습니다.

이때는 가격 민감도가 낮은 제품을 출시하고, 이전에 기본 사양에 포함해 판매하던 기능이나 서비스를 고객이 선택할 수 있는 사양으로 전환하는 것이 효과적입니다.

셋째, 신축성 있는 R&D 전략을 구사합니다. 제품 개발의 바탕이 되는 R&D 전략도 호황기와는 달라질 수밖에 없습니다.

말하자면 적은 예산을 이용해 단기간 수익을 내는 방법이지요. 불황기에는 단기적일 뿐 아니라 투자 수익이 신속하게 발생하는 제품 개발 프로젝트에 역량을 집중해야 합니다. 즉 가격 인상 요인은 억제하면서 고객이 매력을 느낄 만큼 품질을 개량해야 합니다. 아울러 기존에 팔지 않은 제품이 아니라 해소하지 못한 새로운 혁신제도 고려해 볼 만합니다.

F1은 출전팀이 직접 레이스카를 제작하여 경주하는 대회입니다. 따라서 F1서킷은 경주용 도로가 아닌 완성차 업체들이 기술력을 뽐내기도 하고 실제 레이스 기술이 자동차 양산에 적용되기도 합니다. 자동차 마니아와 공학도가 열광하는 이 스포츠를 71년 만에 전성기를 이루게 한 것은 선수의 야망과 감독의 리더십을 담은 넷플릭스 다큐 〈F1 본능의 질주〉였습니다.

F1 비즈니스를 성장시키기 위해 70세 부유층을 타깃으로 하였지만

넷플릭스 다큐 F1 본능의 질주

출처: pxfuel.com

후일 F1을 인수한 리버티미디어는 소셜미디어 콘텐츠를 제작하고 경기 운영을 바꾸어 젊은 층까지 끌어들이는 획기적인 접근 전략을 구사하였습니다.

넷째, 브랜드 자산을 효과적으로 이용합니다. 강력한 브랜드파워는 신제품 출시만큼 수익성 제고에 도움이 됩니다. 이는 놀랍게도 소비자의 가격 민감성을 둔감하게 만들어 주는데 종종 불황기라는 이유로 저가 브랜드를 만들기도 합니다. 이럴 경우 유사 제품을 교차판매Cross Selling 하기도 하지요.

예를 들어 75년 전통의 프로 농구리그 NBA는 마이클 조던의 은퇴와 더불어 정체기를 겪었습니다. 다양한 브랜드 자산을 보유했음에도 NBA의 시청 뷰는 회복될 기미를 보이지 않았습니다. 다양한 시도 끝에 NBA가 눈을 돌린 것은 MZ세대였습니다. 이 세대의 콘텐츠 소비를 늘리기 위해 공식홈페이지nba.com를 열고 유튜브 등 SNS 활동을 적극적으로 하였으며 단순히 시합 결과만 전하기보다는 객관적인 분석기사와 전문기자를 대거 영입하여 보는 재미를 배가했습니다.

생각해 보십시오. 15초에서 30초짜리 경기 중 명장면이 담긴 숏폼을 MZ세대에게 대량으로 뿌렸으니… 이 기회에 저작권과 초상권을 느슨하게 하여 젊은이들이 자체 생산한 2차 콘텐츠를 바이럴하게 유도하는 전략을 사용하였으며 이는 결국 NBA TV 시청을 확장하는 계기를 만들었습니다. 그리고 또 하나, NBA는 패션에 민감한 MZ세대에게 크게 어필하였고 급기야 NBA 선수들이 입는 옷을 기록하는 인스타그램 계정을 만들기도 하였습니다.

다섯째, 우량고객을 집중 발굴하여 자사만의 차별화된 서비스를 제공합니다.

불황기일수록 상위 20%의 고객이 80%의 수익을 점하는 현상이 나타날 것입니다. 그만큼 우량고객의 중요성이 높아진다는 것입니다.

시장세분화를 통해 세밀하게 분석하고 실속 있고 영향력 있는 우량고객을 탐색해야 합니다.

우량고객의 만족도와 충성도를 높일 수 있는 서비스 제공 프로세스를 재구축하고, 수익에 도움이 안 되는 고객인 체리피커는 과감히 디마케팅Demarketing할 필요가 있습니다. 우량고객에게 서비스를 집중해 불황을 타개한 기업으로는 싱가포르 항공을 들 수 있습니다.

싱가포르 항공은 1997년 아시아 경제위기 당시부터 핵심고객인 퍼스트비즈니스 클래스 고객들에 대한 승무원 교육과 안락한 여행을 위한 환경조성에 약 3억 달러를 투자해 항공 시장에서 가장 가치 있는 항공사로 도약할 수 있었습니다.

시장에서 선도적인 위치를 점하는 기업의 경우 이런 전략은 매우 효율적입니다. 특히 성장기 산업의 경우 수익성이 높은 신규고객을 개척하는 노력이 필수적인데 과거 장기적인 불황을 겪고 있던 일본 통신 시장에서 NTT 도코모docomo의 불황기 마케팅 전략은 이런 측면에서 상당히 시사적이라 할 수 있습니다. 오랜 불황기에도 불구하고 NTT 도코모는 소비 잠재성은 풍부하지만 적절한 서비스 상품이 개발되지 않은 10

대 시장을 대상으로 i-mode 서비스를 개발했는데, 이는 10대들의 관심 분야인 패션, 엔터테인먼트, 정보서비스를 저렴하게 이용할 수 있다는 점에서 당시로서는 파격적인 전략이었습니다.

그 결과 NTT 도코모는 단기간에 많은 가입자를 확보할 수 있었고, 이후 시장가치 상승을 넘어 초대형 기업으로 성장하게 됐습니다. (2000년 시장가치 약 2,500억 달러)

끝으로 유연성 있게 대처합니다.

2022년 월마트 매출은 6,113억 달러(약 810조 원)로 놀랍게도 팬데믹 직전인 2019년 대비 16.7%가 상승했습니다. 주가는 사상 최대치를 기록하고 있습니다(165.25달러/2018년 말의 2배 수준).

최근 미국 경제는 한국과 마찬가지로 인플레이션과 고금리로 어려움을 겪고 있는데 유통업체의 경우 침체의 늪에 빠져 있습니다. 그러나 월마트만이 악재를 뛰어넘어 고객으로부터 전폭적인 사랑을 받고 있습니다. 일찍이 거대 유통 공룡 월마트(매장 4,600여 개)는 매장을 거점으로 디지털과 AI를 연결하는 전략을 실행했습니다. 이를테면 고객 데이터 분석을 통해 수요를 예측한다거나 구매 시간을 최소화함은 물론 소형 로봇을 물류센터에 투입하여 창고 내 운반작업을 자동화하였습니다. 이 로봇은 놀랍게도 인간보다 10배 빠르게 상품을 픽업한다고 합니다.

이 밖에 자율주행 트럭을 배송작업에 투입하거나 냉동, 냉장 저온 기능과 살균 기능, 스마트폰에서 저장물 관리가 가능한 IoT박스를 제공합니다.

끝으로 월마트의 사업 수완은 타의 추종을 불허합니다. 단순한 유통업을 넘어서 건강, 금융 등 업종의 경계선을 넘어 새로운 플랫폼 기업으로 도약하고 있으며 오프라인 자산의 새로운 가치를 창출하거나 이커머스 사업의 경쟁력을 강화하고 전략적 제휴를 장벽 없이 수행합니다.

온, 오프라인을 조화시킨 옴니채널omni-channel: 소비자가 온, 오프라인, 모바일 등 다양한 경로를 넘나들며 상품을 검색하고 구매할 수 있도록 한 서비스은 이제 월마트의 독특한 판매전략으로 자리 잡았으며 아울러 '월마트마켓플레이스'라는 오픈마켓을 운영하여 전자상거래 서비스의 편의를 실감하게 합니다.

최근 들어 월마트에는 고소득층이 늘고 있다고 합니다. 포춘Fortune지는 이를 두고 "월마트가 하이엔드 고객들을 끌어들이고 있다."라고 지적

신선도를 유지하는 월마트의 자율주행트럭

출처: 월마트

합니다.

다른 브랜드 상품보다 37% 저렴한 PB상품을 판매하기도 하고 상위 계층의 소비자도 공감하게 하는 유연성 덕분에 월마트는 경쟁력을 잃지 않을 수 있었습니다.

불황기 관점을 디자인하라

불황기에 절체절명의 위기를 극복하는 것은 관점에 따라 명확하게 다릅니다.
이를 코닥과 후지필름의 사례를 통해 설명합니다.

1990년대 코닥은 일회용 카메라를 연간 1억 대를 팔았습니다. 코닥 설립자는 "버튼만 누르세요. 나머지는 우리가 다 할 테니."라며 고객을 적극적으로 유인했습니다. 2000년 필름 시장이 큰 폭으로 하락할 때까지 코닥은 독점적 기업으로 승승장구했습니다.

그러나 영원한 시장과 영원한 기술은 없다고 코닥 경영진은 생각했었나 봅니다. 1975년 코닥은 필름 카메라를 대체할 디지털카메라를 개발했습니다. 게다가 1979년에는 "2010년 시장은 디지털카메라로 전환된다."는 파격적인 보고서도 만들었습니다. 연이어 디지털카메라를 발명한 스티븐 새슨이라는 직원이 엄청난 혁신의 전조등을 켰지만, 그 자신도 미래에 다가올 일을 감히 예측하지 못하고 이런 넋두리를 남겼습니다. "내가 이 일을 하고 있다는 사실을 아는 이는 별로 없었습니다. 왜

스티븐 새슨(Steven J.Sasson)이 만든 최초의 디지털카메라

냐하면 이것은 그렇게 큰 프로젝트가 아니었기 때문입니다."

당시 디지털카메라는 가격이 너무 비싸 주로 잡지와 신문 등 언론사 전문가들에게 한정적으로 판매되었기 때문입니다. 2000년까지 필름 수익이 상승곡선을 그린 상황에서 스티븐 새슨의 넋두리는 다소 일리가 있어 보입니다.

다시 2010년 디지털카메라로의 전환을 예측한 1979년 보고서로 돌아가 보면 그 안에 4가지 주장이 담겨 있습니다.

- 급격한 시장 변화 거부 - 모든 것이 디지털화될 수 없다.

- 기술발전 간과 - 디지털카메라는 사진필름의 해상도를 따라갈 수 없다.

- 혁신의 주기 백안시(白眼視) - 사진필름은 아직 30년이라는 세월이 남았다.

- 보수적인 시각 강화 - 눈앞에 수익성이 높은 사업이 있을 때 쓸데없는 짓을 하면 안 된다.

하지만 코닥은 1999년 최정상을 찍고 뒤이어 급전직하하여 2012년 파산하게 됩니다. 이후 코닥의 빈자리를 후지필름이 대신하게 됩니다.

코닥은 비즈니스 형태가 인사이드아웃Inside-out으로 필름 강화 쪽으로 투자한 반면, 후지필름은 아웃사이드인Outside-in의 포지셔닝으로 사진 인화에 대한 고객 니즈가 사라졌다고 보고 화장품과 의료기기 등 사업 다각화에 주력하여 거대 경쟁자가 사라진 시장에 살아남아 미래 시장의 선두주자가 되었습니다.

후지필름은 2006년 후지필름선진연구소를 설립, 기술융합과 신상품 및 신기술에 의한 미래 성장동력을 탐색했습니다. 두 기업의 운명은 강조해 보건대 서로 다른 관점을 가졌다는 데 있습니다. 코닥은 필름 선두 기업으로 제품과 기술에 매몰되어 있는 반면 후지필름은 아웃사이드인 관점, 즉 고객의 입장에서 비즈니스의 추이를 지켜보았습니다.

그 밖에 후지필름은 위기상황에 발 빠른 대응력을 발휘하여 디지털 기술을 자체 개발하고 기능성재료, 의약품, 화장품 등 폭넓은 분야에서 사업 다각화를 진행하였습니다. 또한 디지털이 필름을 본격 대체하는 시기에 디지털사진을 프린트하는 제품을 개발하고 2000년 자금난에 처한 미국 제록스의 지분을 일부 매입하여 '후지제록스' 합작회사를 만들었습니다.

이런 신속한 결단은 필름사업이 급격히 쇠퇴하던 2000년대에 캐시카우 역할을 톡톡히 하였습니다. 그리고 후지필름은 불황기라고 무조건 구조 조정하지 않고 오히려 기술인력을 보강하는 공격적인 경영을 하였습니다.

후지필름의 신사업인 '아스타리프트'라는 화장품은 필름의 가장 중요한 재료인 '콜라겐'을 인간의 피부에 적용해 보자는 아이디어에서 출발하였는데 이는 후지필름 기술진의 역량을 단적으로 보여주는 사례이기도 합니다.

그리고 후지필름은 쇠퇴하는 분야를 빠르게 접고 새로운 분야에 용기 있게 뛰어드는 탄력성이 있습니다. 기업은 리스크를 생각하면서 새로운 성장동력을 찾아야 합니다. 눈앞에 있는 이익과 매출만 생각하지 않고 최소 5년에서 10년 후를 생각해야 합니다.

그런 측면에서 '브레이크를 밟으면서 엑셀을 밟은' 후지필름의 구조개혁은 불황기에 어떤 관점으로 디자인하고 대응해야 하는지 좋은 사례가 되고 있습니다.

재생의료와 미용 영역으로 진출한 후지필름 화장품 아스타리프트

FUJIFILM
ASTALIFT
Photogenic Beauty

출처: salika.co

물론 역사에는 가정이 없다고 하지만, 코닥 경영진이 일찌감치 개발한 디지털카메라에 대한 신념이 있었거나 이후 예측했던 미래 시장 보고서에 눈을 돌렸다면 어떤 결과가 나왔을까?

또 하나, 1999년 최고의 매출을 기록하지 않고 붉은 경고등이 켜졌다면 코닥의 운명은 어떻게 변했을까? (당시 디지털카메라는 가격이 비싸 주로 언론계 전문가에 의해 사용되었고 필름 수익이 상승되어 디지털 대중화가 유보됐다.)

뒤늦게 'We are digital company'라는 슬로건으로 회생을 노렸던 코닥은 기업 흥망사의 한 점을 찍고 역사 속으로 사라졌습니다.

아이러니하게도 세계 최초의 풀 디지털카메라는 후지필름에 의해 이루어졌습니다. "기업은 10분 뒤와 10년 뒤를 동시에 생각하라."는 피터 드러커의 어록과 안으로 매몰되느냐, 밖에서 안을 조명하느냐는 관점의 차이를 침체기에 한 번쯤 생각하시기 바랍니다.

포켓몬이 쏘아 올린 불황기 뉴트로

2022년 포켓몬빵 품절, 그리고 오픈런 현상은 불황기에 상상할 수 없는 기현상이었습니다.
이 현상을 분석하고 아울러 뉴트로라는 새로운 트렌드에 대해 알아보겠습니다.

작년만 하더라도 편의점에 가면 "포켓몬빵 없습니다."라는 안내문을 심심찮게 볼 수 있었습니다. 또는 오픈런이라 하여 개점 시간 전부터 줄을 길게 서 있는 진풍경이 벌어지기도 했습니다. 얼핏 이해할 수 없는 기다림이죠.

이런 오픈런에는 1인 2개로 한정돼 번호표가 발부된다는데 '포켓몬빵' 안에 동봉된 애니메이션 〈포켓몬스터〉 캐릭터 '띠부띠부씰'(떼었다 붙였다 하는 스티커)을 모으는 것이 MZ세대의 소위 '덕질'(자신이 좋아하는 분야에 심취해 그와 관련된 것들을 모으거나 찾는 행위)이 되었고, 이 열풍은 놀랍게도 당근마켓 같은 중고시장에까지 이어지고 있었습니다.

이제 띠부띠부씰의 완성편인 총 159종의 스티커 수집은 누구에게도 흔한 일이 되어버렸습니다.

이런 스타일의 품귀현상을 마케터들은 구하기 어렵게 해서 더 사고 싶게 만드는 일종의 '희소성 마케팅'이라 평가하고 있습니다.

MZ세대에게서 포착되는 레트로 현상(과거의 기억을 그리워하면서 그 시절로 돌아가려는 흐름)은 더욱 심화될 것으로 예상합니다. 여기에 뉴트로Newtro라는 현재 레트로를 즐기고 싶은 젊은이들의 신조어가 등장합니다. 복고풍을 최신 트렌드로 즐기고 싶은 힙트로Hiptro도 같은 범주이지요.

참고로 뉴트로에는 세 가지 특징이 있습니다.

첫째, 포장은 아날로그, 내용은 디지털로 채워진다는 점입니다.

스마트폰 카메라 앱 중 하나는 디지털시대의 편리함을 거부함으로써 성공했습니다. 사진을 찍은 뒤 3일을 기다려야 했던 필름카메라 시대의 불편함을 기능 삼아 예전에 두근거리던 감성까지 옮겨 온 것입니다. IT뿐 아니라 패션, 식품, 모든 분야의 제품들이 아날로그 감수성으로 갈아입고 있습니다. 그리고 그 안은 정교히 계산된 첨단디지털로 채워집니다.

둘째, 헤리티지로 미래를 만든다는 특징을 보입니다. 여기서 중요한 것은 시간 속에 쌓여 있는 이야기입니다. 과거 영광의 유산을 미래 원동력으로 삼고 있다는 점이 또 하나의 특징입니다.

마지막으로 '다가서기의 변화'입니다. SNS의 '뉴트로 성지 인증샷' 같이 몇몇이 즐기던 과거의 희귀한 콘텐츠를 음원 스트리밍이나 유튜브로 손쉽게 찾아보고 즐긴다는 것입니다. 쉬운 접근성으로 강력해진 뉴트로의 사진들이 매일 SNS에 수천 장씩 떠오른다고 생각해 보십시오.

따져보면 폭발적인 신드롬을 불러일으킨 세대는 1990년대에서 2000년대 초 학창 시절을 보낸 30대입니다.

그들의 구매 파워는 추억의 힘이며, 10대와 20대는 경험하지 못한 신선함으로 소비하는 경향을 보입니다.

1999년 한 공중파 TV에서 방영된 〈포켓몬스터〉라는 콘텐츠가 당시 폭발적으로 세계를 장악하기는 했으나, 20년 후에 상상할 수 없는 대열풍을 주도하리라고는 어느 누구도 예상하지 못했을 것입니다('포켓몬빵' 출시 후 1분기 매출 7,000억 기록). 마케팅 관점에서 분석하면 일단 이 시장은 키덜트Kidult: Kid+Adult, 즉 어른아이 같은 취향과 감성을 가진 어른들이 주역입니다. 이들은 아직도 로봇 태권브이를 좋아하고 피규어 동호회에서

포켓몬빵 대란을 일으킨 키덜트 시장

활동하는 성향을 보입니다. 한마디로 재미Fun와 유치함Childish, 판타지가 주류를 이루고 있는 것입니다.

과거엔 이런 류의 문화는 '정신적 퇴행'이라고 평가 절하되었으며, 소수의 미성숙, 비주류라는 부정적인 뉘앙스가 있었습니다. 하지만 현재에는 영화, 음악, 예술, 패션, 제품 등의 주요 콘셉트로 응용되고 있으며, 더 나아가 주류 문화로 급부상하고 있습니다.

또한 다양한 커뮤니케이션 매체의 발달로 생활 속에서 보편화되고 있으며, 현대 성인들에게 새로운 라이프스타일을 제공해주고 있어 그 귀추가 주목됩니다.

키덜트 시장에는 코로나 팬데믹 이후 과거에 볼 수 없는 특이한 소비 형태가 출현했는데, 그것은 보복 소비이며 위로 소비입니다. 여기에 새롭고 다양하고 독특한 것을 추구하는 복고형 트렌드, 뉴트로와 빈트로(레트로와 빈티지의 결합)가 영향을 미친 것으로 분석됩니다.

향후 경기침체와 MZ세대의 개성 추구, 그리고 새로움에 대한 돌파구를 통해 포켓몬과 같은 비선형적 문화가 게릴라처럼 등장할 것으로 보이는데 이는 특정한 행동양식이나 사상 따위가 일시적으로 많은 사람의 추종을 받아 널리 퍼지는, 소위 사회적 동조 현상과 결합되어 장기간 엄청난 파워를 발휘할 것입니다.

경기가 어려울수록 옛 추억이 깃든 상품, 즉 복고바람과 뉴트로 감성이 결합되어 경쟁력을 갖춘 불황형 소비시대가 될 것이라 예상할 수 있습니다.

Out Of Box,
불황 밖으로

혁신적 비즈니스 외에 다양한 분야에 창의적으로 활용하는 아웃오브박스(Out-Of-Box)를
애플의 아이팟 단종사건과 함께 살펴보겠습니다.

 애플이 아이팟을 더 이상 생산하지 않겠다고 선언했을 때
소비자는 두 번 놀랐습니다. 첫째는 21년간 아이팟이 팔리고 있었다는
것이고, 또 하나는 아이팟이 소진된다는 뉴스를 접하고 매장으로 달려
간 소비자의 숫자가 어마어마했다는 사실입니다. 당시, 이베이에는 아
이팟 미개봉 상품이 2만 9,999달러(약 4,000만 원)에 매물로 나와 있을 정
도였습니다.

여기서 한 가지 짚고 넘어가야 할 것은 세상을 바꾸고 애플을 세계 1
위 기업으로 만든 효자상품이 아이폰이 아니라 아이팟이라는 사실을 아
는 사람이 그리 많지 않다는 것입니다.

2001년 컴퓨터 메이커 애플은 1990년대 내내 마이크로소프트의 PC
에 밀려 영원한 2인자 취급을 받았습니다. 문제는 애플의 역량으로 시

장 지배구조상 뛰어넘을 수 없는 자기만의 한계를 갖고 있었다는 것이지요. 게다가 퍼스널 컴퓨터 시장은 이미 포화상태에 빠져 있었습니다.

애플의 입장에서 컴퓨터 대신 들고 다닐 수 있는 기기가 다음 시장의 주역이 될 것이라는 예측은 충분히 하고 있었습니다. 그러나 이 또한 결정을 내리기에 조심스러운 일면이 있었는데, 일례로 '뉴턴'이라는 개인정보단말기PDA를 출시한 후 5년 내에 퇴출시킨 불편한(?) 경험이 있었습니다.

이에 굴하지 않고 그들은 고정관념을 바꾸는 새로운 발상, 즉 박스로의 탈출을 시도했습니다. 비록 흔하디 흔한 MP3 시장이지만 고객이 무언가 특별한 요구를 하고 있다고 생각했습니다. '크고 불편하거나 작고 쓸모없는' 기존 시장에 조작이 편리하고 내부에 최대한의 용량과 기능을 집어넣을 뿐 아니라 이와 대등한 또 다른 페인포인트Pain Point:고충점를 해결해주기를 원했습니다.

여기에 애플은 클릭힐이라는 획기적인 UIUser Interface로 고객의 눈을 단번에 사로잡는 파격적인 시도를 했습니다. 기존의 MP3 플레이어는 노래를 찾기가 고문에 가까웠는데 표면을 문지르고 누르는 클릭힐이 이 문제를 직관적으로 해결했습니다.

애플은 아이튠즈라는 플랫폼(음원 서비스)을 창출하여 '아이팟+아이튠즈' 콤비로 음악 판매 1위에 올라섰습니다.

불황이라고 해서, V노믹스(바이러스가 바꿔 놓은, 바뀌게 될 경제)라 해서 철옹성 같은 박스에 갇혀서는 안 된다는 점을 강조하고 싶습니다. 아이

팻도 '표면을 문지르고 누르는' 획기적인 발상, 즉 불확실성에도 '아웃 오브 박스' 하려는 역동성으로 그 결과를 얻어낼 수 있었습니다.

새끼 때부터 말뚝에 매여 훈련받던 코끼리가 말뚝을 벗어나려 할수록 체벌을 받고 더 큰 말뚝에 묶이게 되면 성인이 된 코끼리는 어떤 반응을 보일까요? 아마 성인 코끼리는 '이 말뚝에서 탈출할 수 없는 존재'라고 스스로 강제할 것입니다(불행하게도 성인 코끼리는 박스 안에 영영 갇히게 됩니다).

일단 상자 안 생각In-The-Box에서 탈출하십시오. 고정관념과 편향된 사고로는 엄혹한 현실을 타파할 수 없습니다.

물론 인간은 선천적으로 상자 안 사고에 훨씬 익숙합니다. 여기서 새로운 상자를 만드는 사고의 확장도 고려해야 합니다.

관행적인 사고에서 벗어나 문제해결과 혁신을 촉진시키는
상자 밖 사고(Out-Of-Box)

THINK OUT OF BOX

그렇다면 어떻게 상자 밖 사고로 불황기를 극복하고 혁신할 수 있을까요?

첫째, 관행적인 사고에서 벗어나 전혀 다른 방식에서 문제 해결책을 찾는 것입니다. 애플이 MP3 고객의 선곡을 위한 페인포인트를 해결해 주기 위해 클릭힐을 개발하였다는 것에서 그들이 얼마나 표준적인 사고 패턴에 벗어나 새로운 관점으로 문제해결을 위해 전력하였는지 알 수 있습니다.

둘째, 상상력과 창의성을 기반으로 해결책을 만듭니다. 아이튠즈라는 플랫폼이 바로 그것입니다.

셋째, 이전에 없던 해결책을 찾아내 새로운 제품과 서비스 그리고 비즈니스모델을 개발합니다. 아울러 이를 통해 시간과 비용을 효율적으로 운영합니다.

결론적으로 헤쳐나갈 수 없는 안개와 같은 불황기를 벗어나려면 과감히 혁신적인 발상, 즉 새로운 접근법과 아이디어로 시장을 개척하라는 조언을 드리고 싶습니다. 또한 결정적인 순간에 세상을 바꾸는 실행력도 갖추기 바랍니다.

왜 가치를 제안하는 기업이
불황기에 승승장구할까?

가치 제안이란 기업이 고객에게 얼마의 가치와 효용을 줄 수 있는지 보여주는 것입니다.
따라서 기업의 중심이고 존재의 의미가 되므로 가볍게 다뤄서는 안 됩니다.

 사람들은 왜 롤렉스 시계에 열광하고 소유하기를 열망할

까? 저가 항공사나 인터넷 뱅킹은 왜 고객들의 이목을 끄는 걸까? 단지

저렴하고 편리하다는 이유 때문일까? 이런 표면적인 측면보다는 이들

기업이 추구하는 가치 제안이 소비자들을 설득하는 요인으로 작용하기

때문입니다.

실제로 기업은 고객에게 가격보다 높은 가치를 인식하도록 '가치 제

안Value Proposition'을 합니다. 가치 제안이란 고객에게 제공할 수 있는 가

치의 내용을 구체적으로 명시하는 것으로 브랜드, 가격, 상품, 서비스의

편익을 말합니다.

『절대 실패하지 않는 비즈니스의 비밀』의 저자 마이클 르뵈프 교수는

브랜드를 팔지 말고 가치를 고객에게 제공하라고 주장하는 대표적인 학

자입니다. 그는 구체적인 예를 이렇게 들고 있습니다.

"내게 옷을 팔려고 하지 말아요. 대신 세련된 이미지와 멋진 스타일, 그리고 매혹적인 외모를 팔아주세요. 내게 보험상품을 팔려고 하지 말아요. 대신 마음의 평화와 내 가족을 위한 안정된 미래를 팔아주세요. 내게 집을 팔려고 하지 말아요. 대신 안락함과 자부심, 그리고 되팔 때의 이익을 팔아주세요. (중략) 내게 비행기 티켓을 팔려고 하지 말아요. 대신 제시간에 안전하게 도착할 수 있다는 약속을 팔아주세요. 내게 물건을 팔려고 하지 말아요."

이런 제안이 결국 마케팅과 브랜딩으로 이어진다는 사실을 안다면 제품과 서비스에 매여 있는 기업들에게 일종의 경종이 울릴지 모릅니다.

이러한 가치 제안에는 제품과 서비스가 해결할 수 없는 문제를 풀 수 있는 솔루션이 담겨 있습니다. 최근 스마트폰이나 스마트워치, 스마트 스피커, 블루투스 이어폰 등을 구매하는 고객에게는 제품의 새로움에 반하는 특별한 가치가 내포돼 있습니다. 블루투스 이어폰 하나에도 고객에게 편리함과 유용성에 대한 가치 전달이 내포되어 있다는 것은 어찌 보면 가치에 대한 새로운 발견이라 할 수 있습니다. 이런 가치 제안에서 짚고 넘어가야 할 요소가 있습니다. 먼저 타깃이 명확해야 하고 제공하는 혜택이 정확히 기술되어야 합니다. 아울러 경쟁사가 제공하는 가치보다 뛰어나야 하고 현재 가지고 있는 지원과 능력으로 실행이 가능해야 합니다.

그렇다면 가치 제안이라고 확정할 수 있는 코드는 무엇일까요? 먼저 새로움입니다. 앞서 언급한 새로운 전자기기가 그것이죠. 두 번째는 가격인데 가치 혁신은 가격과 품질의 두 구조로 이루어져 있습니다. 디지털 성능이 고객에게 주는 세렌디피티^{Serendipity: 뜻밖의 재미}도 가치 제안의 일종입니다.

아울러 디지털 마케팅의 핵심인 고객 맞춤형이나 커스터마이징^{customizing: 맞춤 제작 서비스}, 디자인, 브랜드 지위를 염두에 두어야 합니다.

마케팅 전략 측면에서 보면 더 비싸게 더 많은 혜택을, 같은 가격으로 더 많은 혜택을, 더 싼 가격으로 같은 혜택을, 훨씬 싼 가격으로 더 적은 혜택을, 더 싼 가격으로 더 많은 혜택을 주는 것도 고려해볼 만합니다.

이처럼 혜택과 가격을 차별화하는 것도 고객에게는 강력한 유인의 한 방편이나 혜택으로 비칠 수 있습니다.

일례로 스타벅스는 고객에게 3가지 가치를 주었습니다.

먼저 양질의 신선한 커피 원두였습니다. 전 세계의 커피 공급망을 통해 생산자와 직접 거래하면서 커피 농가의 경제적 자립을 지원하고 그들의 지역사회와 환경을 보호한다는 공정무역이 주는 '공정'이라는 가치도 제공합니다.

둘째는 오감을 자극하는 향기, 음악, 가구, 안락한 분위기 등이 재방문율^{Retention Rate}을 높이는 요소가 되었습니다.

마지막으로 소속감마저 느끼게 하는 바리스타와의 친밀감입니다. 고객이 즐겨 마시는 음료를 기억하고 이름을 불러주는 커뮤니케이션은 오늘날 스타벅스를 있게 해준 가장 큰 원동력이었습니다.

바야흐로 기술이 지배하는 시대를 지나 가치의 격차가 기업의 운명을 좌우하는 시대가 됐습니다. 한 걸음 나아가 가치의 격차를 벌리기 위해 기업은 고객 경험Customer Experience을 주목하기 시작했습니다.

빅테크 기업인 에어비앤비Airbnb는 여행객에게 '진정한 로컬 경험'을 제공하여 독보적인 경쟁력을 확보하였습니다. 이 점이 호텔과 확연히 선을 긋는 차별화였습니다. 객지에 있으면서도 자기 집에 머무는 것 같은 편안한 기분. 그들은 가치 제안을 바탕으로 'Belong Anywhere'라는 캠페인을 실시했습니다.

마이클 르뵈프의 말처럼 불만족한 고객의 4%만 불만을 말하고 나머지 96%는 입을 열지 않고 91%는 돌아오지 않는다는 현실을 이제 수용할 때가 오지 않았는지….

스타벅스의 3대 가치 제안

Coffee Beverages
Nice Environment
Friendly Staff

출처: www.madtimes.org

불황기,
붉은 립스틱이 왜 잘 나갈까?

불황기가 지속된다고 해도 소비자의 욕구 자체가 없어지는 것은 아닙니다.
현실적인 상황을 고려하여 소비 욕구를 계속 억누르다 보면 절약 생활에 피로 현상이 쌓입니다.
이럴 때 가격 대비 만족감이 좋은, 소위 가심비를 선호하는데 이를 '작은 사치'라 합니다.
1929년 미국 대공황에서 붉은 립스틱 매출이 올랐는데 이를 '립스틱 효과'라고 합니다.
경제가 어려울 때 소소한 만족감을 주는 스몰럭셔리(small luxury)에 대해 알아봅니다.

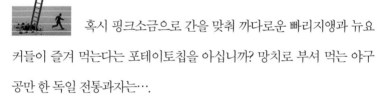 혹시 핑크소금으로 간을 맞춰 까다로운 빠리지앵과 뉴요
커들이 즐겨 먹는다는 포테이토칩을 아십니까? 망치로 부셔 먹는 야구
공만 한 독일 전통과자는….

불황기에 소비자들은 이런 소소한 사치를 즐깁니다. 아무리 지갑이
얇아도 소비하고자 하는 욕구는 사라지지 않습니다. 절약하는 생활에서
피로감을 느낀 소비자들은 일정한 시점에서 소비 욕구를 발산하고 해소
하고 싶은 욕망을 느낍니다. 이렇게 경제 상황이 좋지 않을 때 상대적으
로 가격이 싸면서 심리적인 만족감을 주는 상품 판매가 많아지는 현상
을 '립스틱 효과lipstick effect'라 합니다. 이 용어는 1930년 대공황 시절 미
국 경제학자들이 만든 것인데, 비싼 옷이나 보석은 사지 못해도 큰돈 들
이지 않으면서 외모에 변화를 줄 수 있다는 이유로 립스틱의 구매가 폭

발적으로 늘었다고 합니다. 미국 화장품 회사인 에스티로더는 아예 립스틱 판매량으로 경기를 가늠하는 립스틱지수를 만들었다고 합니다.

립스틱 효과는 여성에게만 국한된 것이 아닙니다. 남성들도 양복이나 자동차처럼 비싸지 않으면서 패션을 바꿀 수 있는 넥타이 효과가 있으며 미니스커트 효과, 매니큐어 효과 등의 용어도 아울러 사용되고 있습니다.

저렴하고도 만족감 높은 소비 패턴은 코로나19 이후에도 계속 이어질 것으로 여겨지는데 나아가 전체 소비품목으로도 확산될 조짐이 있습니다.

다시 립스틱 효과로 돌아와서 앞서 거론한대로 립스틱 효과는 심리적 요인이 크다고 봅니다. 경제가 어려울 때 소비자는 자신의 사회적 지위나 자아존중감을 유지하려는 욕구가 있습니다.

그렇다면 립스틱 효과는 어떻게 측정할 수 있을까요? 먼저 시장데이

불황기에 나타나는 립스틱 효과와 넥타이 효과

출처: gogislave.tistory.com

터 분석입니다. 화장품산업, 특히 립스틱 판매데이터와 전반적인 경제 지표를 비교하며 불황기에 립스틱 판매가 증가하는지 확인합니다.

둘째, 소비자 행동 연구를 수행합니다. 이를 위해 소비자 설문조사나 인터뷰를 실시하여 소비자들의 구매패턴과 선호도를 분석하고, 경제 상황과 직접 연관되는지 평가합니다. 또한 경쟁사 분석을 통해 비슷한 가격대의 다른 제품과의 판매량 변동을 관찰하고 립스틱 판매 증가가 경제 상황과 직접 연관되는지 평가합니다. 마지막으로 심리학적 분석을 활용합니다. 립스틱 효과가 인간의 심리에 기반한다면 심리학적 연구를 통해 인간의 구매동기와 행동 변화를 깊이 이해하게 됩니다. 여기서 잊지 말아야 할 점은 서로가 상호보완적이며 함께 사용되어 립스틱 효과의 유무와 강도를 정확하게 평가 할 수 있습니다.

최근 불황기임에도 향수와 화장품 매출이 늘어났다고 합니다. 흔히들 립스틱 효과 대신 향수의 구매방식을 보고 소비자가 경제 상황을 어떻게 인식하는지, 본인의 재정상태를 어떻게 느끼는지 알 수 있다고 합니다. CNN은 최근 미국에서는 대표적인 자기만족 소비를 상징할 만한 척도로 향수가 등장했다고 밝히기도 했습니다. 온라인 데이터를 분석하는 전자상거래 플랫폼 패턴pattern에 따르면 올해 가격이 저렴한 롤러블(바르는 형태) 향수의 수요가 지난 해보다 207% 늘었고, 향수 샘플은 183%, 바디미스트는 30% 증가했다고 합니다.

패턴은 "향수가 립스틱 효과와 비슷하게 경제적으로 불확실한 시기에 소비자가 선택하는 새로운 사치품으로 떠오른 것 같다며 이는 소비

심리를 나타내는 새로운 립스틱지표"라고 덧붙였습니다.

그렇다면 립스틱 효과는 기업과 소비자 관점에서 어떻게 유용하게 활용할 수 있을까요? 먼저 소비자 입장에서는 립스틱 효과에 따라 소비 패턴의 변화를 읽을 수 있고 자신의 소비습관을 점검하고 개선할 수 있습니다. 기업의 입장에서는 소비자의 니즈를 충족시킬 수 있는 제품이나 서비스를 개발하고 이에 따른 마케팅 전략을 수립해야 할 것입니다.

최근 MZ세대 사이에서 립스틱 효과처럼 '스몰 럭셔리'라는 용어가 회자되고 있습니다. 현대판 립스틱 효과라고 할 수 있는데요, 하나를 사도 고품질을 선호하는 MZ세대의 성향이라 할 수 있겠지요.

한때 MZ세대 사이에서 명품 플렉스가 유행했다면 지금은 10만 원 내외의 립스틱 및 향수부터 고가의 샴푸, 인테리어 소품, 호텔 먹거리 등을 구매하는 형태의 소비가 두드러지고 있다는 것도 참조하기 바랍니다.

초뷰카 시대,
불황기 복잡성을 제거하라

미래는 더욱 불확실해지고 복잡해지고 모호해져서 예측할 수 없는 세상이라고 말하는데
이를 뷰카라고 합니다. 뷰카를 넘어 초뷰카 시대에 조직을 망치는 복잡성에 대해 따져볼까 합니다.

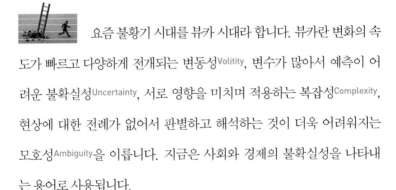 요즘 불황기 시대를 뷰카 시대라 합니다. 뷰카란 변화의 속도가 빠르고 다양하게 전개되는 변동성Volitity, 변수가 많아서 예측이 어려운 불확실성Uncertainty, 서로 영향을 미치며 적용하는 복잡성Complexity, 현상에 대한 전례가 없어서 판별하고 해석하는 것이 더욱 어려워지는 모호성Ambiguity을 이릅니다. 지금은 사회와 경제의 불확실성을 나타내는 용어로 사용됩니다.

그렇다면 뷰카 시대의 특징은 무엇일까요?

첫째, 과거 경험만으로는 새로운 문제를 해결하기 어렵다는 것입니다. 이제는 새로운 시도와 더불어 혁신이 필요한 때입니다.

둘째, 속도가 빠르고 변동이 크기 때문에 변화의 상태와 결과가 매우 복잡합니다.

마지막으로, 기업조직 구성 또한 유연성과 민첩성을 선호합니다. 이 중 조직에 비정상적이고 불필요한 영향을 미치는 복잡성은 반드시 제거해야 됩니다.

기업이 커지면 제품의 서비스 종류가 늘어나고 고객층과 영업 지역도 다양해집니다. 이로 인해 발생하는 비용과 현상이 복잡성입니다.

이에 대한 재미난 사례가 있습니다. 제2차 세계대전이 한창이던 1944년 미 중앙정보국 CIA의 전신인 OSS는 어떻게 하면 적진에 진입한 스파이가 적국 조직의 생산성을 떨어뜨려 연합군에 기여할 수 있는지를 안내하는 소책자를 배포했습니다. 이 지침에는 독특한 전략이 포함되어 있었는데, 그것은 바로 '복잡성'을 만들어 내라는 것이었습니다.

여기에는 적발될 가능성을 최소화하면서도 조직을 망칠 수 있는 간단하고 파괴적인 행동이 명시되어 있다고 합니다.

〈2008년 기밀 해제된 OSS의 내부 공작 활동 지침서〉

- 모든 일을 정해진 경로나 창구를 통해 진행하자고 고집할 것

- 의사결정을 단축하기 위한 어떤 방법도 용납하지 말 것

- 지시를 내리는 절차나 방식을 늘릴 것

- 한 사람이 충분히 승인할 수 있는 시안도 세 사람이 결재하게 만들 것

일단 불황기에 기업은 경비 절감을 목적으로 소위 마른 수건 짜기에 들어갑니다. 그러나 실제로 절감하는 비용은 전체 비용의 10%도 안 된

미 중앙정보국 CIA가 2차 세계대전 적국을 대상으로 벌인 사보타주

출처: yolandamuriel.com

다고 합니다.

절감을 우선하기보다는 기업에 숨어 있는 복잡성을 제거하면 이윤으로 돌아간다는 사실도 새롭게 인지할 사안입니다.

미국 패스트푸드점 인앤아웃이 복잡성을 줄이고 단순함을 유지하는 도구는 '4'라는 숫자입니다. 제품군은 4종류로 버거, 프렌치프라이, 셰이크, 소다이며, 점포 인테리어 색깔도 4색(빨강/노랑/회색/흰색)이고 심지어 매장 직원과 계산대는 4명과 4개를 원칙으로 한다고 합니다. 이를 통해 재료, 구매, 제품제작, 고객서비스 등 각 부문의 역할이 훨씬 명확해지고 구매나 관리비용 또한 저렴해졌다고 합니다.

그렇다면 복잡성은 어떻게 기업에 영향력을 미칠까요?

첫째, 시간과 자원의 낭비를 초래합니다.

불필요한 보고, 부처 간 업무 떠넘기기, 비효율적인 회의 등으로 인한 근무시간의 낭비는 비본질적 업무에 시간과 자원을 쓰게 만들어 궁극적

으로 기업의 수익성을 저해합니다.

둘째, 조직에 대한 직원들의 만족도와 동기를 저해합니다.

직원들은 초기에 업무를 배우며 그 과정에서 발견한 시스템의 문제를 개선하려고 할 것입니다. 그러나 자신들의 아이디어가 조직 내에서 어떻게 벽에 부딪히는지, 조직의 복잡성이 시스템의 개선을 얼마나 어렵게 만드는지를 경험하며 좌절과 무력감에 빠져 가치를 창조하는 일에 몰두하지 않을 것입니다.

셋째, 결국 고객과 시장에 대한 경쟁력 저하로 이어집니다.

내부적인 회의와 보고를 수없이 번복하면서 '나는 열심히 일하고 있다'는 착각을 하는 동안 회사의 본질적 경쟁력을 고민할 수 있는 시간과 자원은 낭비되고 있습니다.

그렇다면, 조직 내 복잡성을 제거하려면 어떻게 해야 할까요? 먼저 리더 스스로 복잡성의 근간이 되는 불안과 두려움을 줄여야 합니다. 더불어 새로운 것을 받아들이지 않고 과거의 것을 반복하려는 경향에서 벗어나 복잡성의 요소를 파악하고 개선방안을 제안하는 방법도 바람직합니다.

2장

이것이
불황기 면역력

The Recession Immunity

위기의 재해석,
본질에 집중하고 업그레이드하라

팬데믹 이후 본질을 강화하고 기술적인 혁신으로 성장한 에어비앤비 사례가 회자되고 있습니다.
이와 정반대의 길을 걸은 기업과 비교하여 위기의 의미를 조명해 봅니다.

창조적 파괴를 주장한 경제학자 슘페터는 "불황기는 역전의 시기"라고 하였습니다. 흔히 불황기에는 두 가지 발전 유형이 있는데 하나는 위기 때 기회를 잡아 선두업체를 따라잡거나 기술혁신과 차별화 전략을 구사하는 것입니다.

아주 먼 애기지만 1929년 세계 대공황이 오기까지 시리얼 시장의 1위는 포스트였습니다. 캘로그는 격차가 큰 2위였습니다. 공황이 들이닥치자 포스트는 원가관리와 마케팅 축소에 나섰습니다. 반면에 물러설 것이 없는 캘로그는 대공황을 기회로 삼았습니다.

우선 광고를 대폭 늘렸고 심지어 1930년 초까지 극빈자들에게 시리얼을 무료로 배급하여 주었습니다. 요즘으로 치면 사회공헌 마케팅인 셈이지요.

차츰 시리얼은 미국 가정의 아침 식탁에 오르게 되었고 캘로그는 1위에 오른 후 지금까지 철옹성으로 경쟁을 허용하지 않습니다.

결국 이 사례에서 보듯이 위기가 과연 어떤 의미인가 판단하고 초기 대응하는 것이 무엇보다 중요한데 아울러 본질에 집중하고 업그레이드하는 전략에 초점을 맞춰야 합니다.

에어비앤비는 팬데믹 사태로 매우 어려운 시기를 겪었습니다. 약 2개월 동안 사업의 80%를 잃었고 기업 공개 전 존망의 위기에 처해 있기도 하였습니다. 그러나 이들은 좌절하지 않고 몇 가지 과감한 정책을 실행하였습니다.

첫째, 창업자이자 CEO인 브라이언 체스키는 공유숙박업에 집중하기로 결정하였습니다. '에어비앤비 익스피리언스'나 '럭셔리 에어비앤비'인 룩스Luxe 등 다양한 경험을 준 상품의 기능을 대폭 축소하거나 폐지하고 원격근무를 위한 장기숙박 등에 집중하기로 하였습니다.

둘째, 느슨한 조직에 혁신의 바람을 불어넣었습니다. 일단 기능과 제품별로 나뉜 조직을 통합하고 하나의 마케팅, 개발, 디자인팀 등을 구성하였습니다. 여기에 프로그램 매니저를 채용하여 진행 상황을 집중적으로 체크하고 리더를 포함해 모든 조직이 같은 생각과 목표를 지향하게 하였습니다.

에어비앤비는 이러한 조직구조와 프로세스를 통해 일 년에 두 번, 여름과 겨울에 큰 릴리스Release 마감일을 정하고 이 마감일에 기능을 런칭하기 위해 프로젝트를 진행하며 이를 통해 효율적인 제품출시를 이루어내고 있습니다.

2023년 5월, AI가 대세인 시점에 여름 릴리스를 오픈하였습니다. 이번 릴리스에서 방을 빌려주는 '에어비앤비 룸즈' 기능이 핵심적으로 선보였습니다.

에어비앤비의 시작점이자 핵심인 '집에 남는 방을 저렴하게 빌려준다'에 부합하는 기능으로 호스트 패스포트 기능도 아울러 설명되었고 사용자 불편사항을 분석 발표하기도 하였습니다.

셋째, 빅테크 기업으로서 전환을 시도하여 고객 대응을 개인별로 최적화하였습니다. 사용자가 누구이며 무엇을 원하는지, 원하는 경험을 최상으로 제공하기 위해 노력할 것이라 천명하였습니다. 이를테면 AI가 공유숙박엔 기회가 될 것으로 보고 호텔과의 서비스 격차도 줄여나갈 것이라며 구체적인 미래 청사진을 밝혔습니다.

과연 AI를 도입하면 에어비앤비는 어떻게 바뀔까?

1) 숙소를 촬영한 사진을 무더기로 업로드하면 AI가 자동으로 공간별로 분류해 줍니다.
2) 서로 다른 언어를 쓰는 집주인과 이용객이 AI의 도움으로 실시간으로 대화할 수 있습니다.
3) 집주인이 연락이 닿지 않아도 숙소 정보와 에어비앤비의 정책을 익힌 AI가 24시간 편리하게 안내해 줍니다.
4) 과거 검색 이력과 후기 이력을 학습한 AI로 개인화된 숙소를 검색

할 수 있습니다.

결국 에어비앤비는 본질에 집중한 결과 매출 18억 달러(2조 3,620억 원)로 역대 최고 기록을 세웠습니다. 숙박 및 체험 예약 건의 성장과 평균 일일요금 덕분에 에어비앤비는 순이익 1억 1,700만 달러(약 1,535억)를 기록했습니다.

이러한 성과는 팬데믹이라는 위기를 넘으면서 흔들리지 않고 본질에 집중하고 대세인 AI를 접목하여 사용자들이 진정한 가치를 누릴 수 있게 한 통찰력에 있다고 하겠습니다.

이와 비교하여 위워크WeWork의 근황은 우리에게 반면교사가 되어줍니다.

세계 최대 공유오피스 기업 위워크가 미국 뉴저지주 법원에 파산 신청을 하였습니다. 이 결과는 이미 2019년 나스닥상장 추진 과정에서 예견된 사안이었습니다. 2018년 19억 달러 손실을 기록했고 2019년 상반

본질을 강화하고 AI로 업그레이드한 에어비앤비의 성공사례

출처: appen.com

기 9억 달러 적자를 내서 상장계획이 연기되었습니다.

2016년 업무 공간의 아웃소싱이라는 아이디어로 기업들의 근무 문화를 바꿨다는 평가를 받으며 화려하게 부상했던 이 기업이 왜 몰락의 길을 걷게 되었을까요? 파산의 본질은 급변하는 대외환경보다 근본 기술력 및 효율성 있는 사업모델의 부재에 있었습니다.

그들은 부동산 임대업임에도 본질을 외면하고 기술 스타트업처럼 포장하였습니다. 입주사 직원들의 직업습관 데이터를 분석해서 이를 작업공간 설계에 활용한다는 신빙성 없는 주장도 시장에서 결국 외면당하였습니다.

일부 전문가들은 위워크의 파산은 언론이 본질을 파악하지 않고 공유경제의 대표주자로 과다포장한 것에 원인을 두고 있습니다. 이로 인

본질을 외면하고 신빙성 없는 주장으로 고객에게 외면당한 위워크

출처: www.sisaweekly.com

해 스타트업의 가치 추산의 신뢰성과 리스크 통제 강화가 필요하다는 주장이 힘을 얻어 가고 있습니다.

코로나19의 어려운 위기를 맞았음에도 본질을 강화하고 일하는 조직을 통해 혁신적인 업그레이드를 한 에어비앤비와 본질은커녕 변변찮게 비즈니스모델 하나 수립하지 못하고 파산의 길을 걸은 위워크 두 기업의 대비되는 근황은 불황기 속에 생존에 관한 시금석이 되고 있습니다.

불황기, 체리피커를 감별하라

체리피커(cherry picker)라는 용어를 아세요? 체리피커는 케이크 위에 올려진
체리만 쏙 빼 먹는 행위에서 유래된 말로 '상품이나 서비스를 구매하지 않고 혜택만 누리는
암체 소비자'를 이르는 용어입니다. 여기에 소비자(consumer)와 합성하여 생긴 용어가
체리슈머(cherry-sumer)입니다. 부정적인 체리피커와 달리 합리적이고 전략적인 소비자라는
긍정적인 의미도 있지만 불황기에는 다른 각도에서 조명해야 할 필요가 있습니다.

 최근 불황기에는 충성고객과 도움이 되지 않는 고객을 명
백히 구분 지어 타기팅하는 기업이 늘어나고 있습니다. 기여도는 떨어
지면서 부가혜택은 꼬박꼬박 챙겨가는 소비자들을 집중 관리하는데 이
런 소비자를 체리피커라고 합니다. 예를 들어 신용카드를 발급하면 주
는 혜택만 누리고 카드를 해지하는 소비자를 말합니다.

부정적인 의미의 체리피커에 소비자consumer를 합성한 의미의 소비
자가 있습니다. 소비자가 누릴 수 있는 혜택의 범위를 넓게 보고 실속을
챙기는 체리슈머cherry-sumer가 그들입니다.

이들 중 대다수는 전형적으로 상품 구입은 하지 않고 부가서비스 혜
택을 챙기고 구매한다고 해도 본인의 라이프스타일에 맞추어 필요한 것
만 소량으로 구매하고 배달비를 절약하기 위해 배달을 공구하거나, 리

셀resell: 제품 재판매, 구독권 계정 공유(예: 넷플릭스 구독권 계정 공유) 등 전략적인 소비를 합니다. 그렇다면 체리슈머는 어떤 배경에서 나타났을까요?

먼저 최근 불황기에 나타난 인플레이션입니다. 전 세계적으로 지속된 인플레이션으로 금리 인상과 경기침체 현상이 발생함으로써 절약이 소비 트렌드로 자리 잡았습니다. 이때 나타난 체리슈머의 소비성향은 고물가 부담이 커지면서 불필요한 소비를 줄이자는 것이었습니다.

작고 유연한 소비를 선호하는 트렌드의 구조적 변화라 볼 수 있습니다. '불황관리형'이라고 할까요? 체리슈머의 소비전략은 어떤 유형일까요?

첫째, 소량 구매입니다. 자신의 라이프스타일에 맞추어 필요한 만큼 소량만 구매하는 것입니다. 이 경우 개당 가격은 대용량 제품보다 비싸지만 당장 지출비용을 줄이고 쓰레기도 줄일 수 있어 선호하는 바가 큼

불황기에는 실속 없이 혜택만 최대한 늘려 받는 체리피커가 등장한다.

니다. 둘째, 유연한 구매입니다. 주행거리만큼 보험료를 후불로 지불하는 '퍼마일 자동차보험', 여행자 보험을 제공하는(코로나19 관련 책임, 보상) 글로벌 휴양리조트 체인 '클럽메드' 등 장기계약에서 벗어나 필요한 양만큼만 계약해 유연성을 확보하는 전략입니다.

아울러 구독서비스 비용이 부담스러울 경우 이미 계약한 구독서비스를 과감히 해지하고 필요시 다시 결제하여 이용하는 징검다리식 구독전략도 실행하고 있습니다. 마지막으로 함께 공동구매하여 단가를 최소화하는 전략입니다. SNS와 중고시장 앱을 이용해 대량판매 상품을 소분 거래하는 방법은 불황기 알뜰 소비전략이라고 여겨집니다. 예를 들어 2022년 당근 마켓은 '같이 사요' 서비스를 통해 이웃들과 함께 사고 나누는 니즈를 반영하고 있습니다.

체리슈머의 불황기 관리형 상품

출처: 퍼마일자동차보험 홈페이지

앞서 잠깐 언급했지만 기업 입장에서는 체리피커의 활동이 그리 달갑지 않을 것입니다. 몇 가지 사례를 살펴보겠습니다.

사례 1)

쿠팡이 초기 이커머스에 진출했을 시 무료 반품정책으로 소비자로부터 큰 호응을 얻었습니다. 일부 체리피커들은 이 정책을 악용하여 여러 디자인의 옷을 구매한 후 태그Tag를 제거하지 않은 상태에서 마음에 들지 않는 제품은 반품하였습니다.

비단 이는 패션뿐 아니라 고가의 IT장비, 가전제품 등을 사용하고 반품하는, 무료반품시스템을 악용하였습니다. 쿠팡은 해당 정책을 철회하고 사용 흔적이 없는 제품만 교환, 반품하게 하는 시스템으로 변경하였습니다.

사례 2)

출시한 지 1년 만에 단종된 신한카드 더모아카드는 체리피커와 기업 간의 불편한 관계를 만든 대표적인 사례였습니다. 출시와 더불어 문제가 된 것은 5천 원 이상 결제 시 백 원 단위를 한도 없이 적립해 주는 서비스였습니다.

예를 들면 5,999원을 결제하면 999원이 적립되고 더 큰 금액인 100,500원을 결제하여도 백 원 단위인 500원만 적립이 되는 것이었습니다. 말하자면 최소 결제, 최대적립인 5,999원을 결제했을 때 적립률은

16.65%가 되었습니다. 여기에 특별 적립 서비스도 있었는데 배달앱, 디지털콘텐츠, 통신사 요금, 백화점, 해외 거래, 할부거래에 사용 시 적립금을 2배로 주었다고 합니다. 5,999원을 결제하면 1,998원이 적립되고 적립률이 33.3%가 되니 체리피커들이 들고 일어나 의도적으로 5,999원으로 여러 번 결제하고 이를테면 주유소에서도 5,999원만 결제하여 적립금을 최대한 많이 가져갔다고 합니다.

소비자들의 소비생활을 활성화하기 위해 '마중물효과Pump effect'를 기대한 마케팅이 체리피커로 돌아온 것이지요. 단종 후 소비자들의 반응은 냉담하였다고 합니다.

사례 3)

신용카드의 체리피커는 카드발급 행사 때 경품만 챙기고 바로 해지한다고 합니다. 결국 판촉 이벤트의 경품을 받고 가입 또는 참여함과 동시에 정작 서비스는 이용하지 않는 격이지요. 이 중 일부 가성비와 효율성을 중시하는 MZ들이 현금성 이벤트를 활용해 수시로 카드사를 갈아타는 재테크 방법을 온라인 커뮤니티에 공유하는 일도 있습니다. 이는 기업의 경우 수익성 악화의 요인이 되고 소비자의 경우 선량한 다수의 고객이 혜택을 못 받게 되는 것이지요.

이런 체리피커에 대한 대응책은 무엇일까요?

기업이 자사 제품이나 서비스에 대한 고객의 구매를 의도적으로 줄

임으로 적절한 수요를 창출하는 디마케팅Demarketing이 그것입니다. 도움이 되지 않는 고객을 밀어내고 우량고객에게는 차별화된 서비스를 제공합니다.

일례를 들면 "흡연은 폐암 등 질병의 원인이 됩니다."라는 흡연 금지 문구로서 기업의 마케팅 활동을 억제시킨 사례입니다. 파타고니아는 "이 재킷을 사지 마세요."라고 슬로건을 내걸기도 했습니다. "어린이들은 일주일에 한 번만 맥도날드에 오세요."라는 슬로건으로 맥도날드는 패스트푸드가 비만의 원인이라는 논란을 잠재우기도 하였습니다.

또한 체리피커를 자사에 묶어 두는 일입니다. 유통업계의 경우 쿠팡의 로켓와우와 옥션의 스마일 클럽 등 유료멤버십이나 네이버페이의 간편결제 서비스 등을 통해 한 가지 저렴한 상품을 보고 진입하려는 체리

"이 재킷을 사지 마세요."라는 슬로건으로 소비자에게 호응을 받은 파타고니아

출처: bbc.com 뉴스

피커를 제지하는 방법입니다.

기업의 '눈엣가시'로 여겨지는 체리피커는 부정적인 존재일까요?

요즘처럼 불황이 심해질 경우 소비자들은 유통업체의 할인 이벤트를 통해 파격적인 가격으로 구매하는 경우가 늘고 있습니다. 이처럼 유통업체 이벤트를 이용하는 체리피커를 '이벤트피커event picker'라 하는데 할인을 넘어 연관 상품으로 이어진다면 궁극적으로 유통가에 활력을 불어넣는다는 전문가들의 시각도 공존합니다.

불황기엔 충성고객과 체리피커를 구분하여 각각 다른 전략으로 접근하는 것도 잊지 마시기 바랍니다.

빅블러, 경계선을 지워라

1999년 미래학자 스탠 데이비드는 자신의 저서 『블러-연결 경제에서의 변화속도』에서 혁신적인 기술의 발전에 따라 '기존에 존재하는 것들 사이에 경계가 허물어지는' 의미로 블러(Blur의 사전적 정의는 '흐릿해진다')라는 단어를 사용하였습니다. 여기에 경계융화 현상을 일컫는 말로 빅블러(Big Blur)라는 경제 신조어가 등장하였습니다. 이에 빅블러 사례와 미래를 전망해 보도록 하겠습니다.

 최근 산업경계가 모호해지는 빅블러Big Blur와 소비자에게 다른 형태로 가치를 전달하여 기존 산업 전반을 와해시키는 경계 밖 경쟁자들로 인해 초경쟁시대가 도래하였습니다.

전자는 생산자와 소비자, 소기업과 대기업, 온라인과 오프라인 등 경계 융화를 중점으로 산업과 업종 간의 경계가 급속하게 사라지고 있고 후자는 네이버와 신세계가 지분을 맞교환하여 새로운 유통의 강자로 부상하듯 여러 분야에서 산업구조가 재편되고 있습니다.

한마디로 역동적인 시대를 이끈 빅블러는 어떻게 나타나게 되었을까요?

왜 이런 현상이 나타나게 됐을까요? 한마디로 이 바탕에는 하나의 큰 움직임이 있는데 다름 아닌 기술혁신과 디지털 기술의 발달입니다.

현대인이라면 대다수가 매일 사용하는 스마트폰을 비롯 인공지능, 사물인터넷, 빅데이터 등 첨단기술이 산업 곳곳에 스며들어 기존 산업의 경쟁력이 흔들리고 산업구조가 개편되는 모습을 여러 분야에서 목격했을 것입니다. 간단히 예를 든다면 하나의 앱으로 SNS와 금융, 쇼핑, 예약까지 할 수 있는 슈퍼앱이 그것입니다.

그렇다면 빅블러 현상을 가속화시킨 요인과 변화, 사례를 통해 심도 있게 다뤄 보겠습니다. 먼저 가속화 요인으로는 임무 지향Mission-Oriented, 기술 지향Technology-Oriented, 시장 지향Market-Oriented을 들 수 있습니다.

첫째, 임무 지향은 정책 목표에 부합하는 경우를 말합니다.

예를 들어 친환경 정책에 따른 모빌리티나 전기차, 수소차(에너지 부품과 이동수단의 융합)를 들 수 있습니다.

둘째, 기술이 진보하면서 기술 지향 방식으로 새로운 시장이 생겨나고 있습니다.

AI, 빅데이터, ChatGPT 등과 같은 정보기술은 자율이동로봇과 같은 미래를 견인한 새 시장을 만들어 가고 있습니다. 이는 인공지능과 로보틱스 분야가 결합된 것입니다.

마지막으로 시장 지향 방식으로 소비자의 요구에 따라 빅블러가 가속화되고 있습니다.

예를 들어 자율주행 자동차는 단순 이동수단 이상을 원하는 소비자에게 삶을 즐기는 문화생활 공간으로 인식되며 이를 반영해 인포테인먼트infotainment: 정보와 오락 접목 시장이 성장하고 있습니다. 더불어 인포테인먼트 자동차는 소비자의 다양한 경험 욕구를 충족시켜주기 위해 미디어 콘텐츠와 융합된 형태입니다.

그러면 빅블러 현상으로 실제 어떤 변화가 왔을까요?

최근 미래성장 산업으로 주목받고 있는 메타버스의 등장입니다. 메타버스는 현실세계와 가상세계가 허물어진 현상으로, 사람들은 메타버스라는 가상세계에서 거래하고 교육하며 문화를 즐기는 모든 일을 수행하게 되었습니다.

둘째, 유통이나 물류에서 볼 수 있는 O2OOnline to Offline나 O4OOnline for Offline입니다. 먼저 O2O는 모바일 기술을 활용하여 온라인상에서 서비스를 제공하고 이를 오프라인에서 체험하거나 이용하는 비즈니스모델입니다. 온라인 예약 후 오프라인에서 체험할 수 있는 문화, 레저, 여행 등이 대상이 됩니다. 덧붙여 O2O는 온라인에서 정보와 서비스를 쉽게 찾을 수 있다는 이점이 있고 오프라인에서 더 나은 서비스와 제품을 제공할 수 있어 고객만족도가 높을 수 있습니다.

O4O는 온라인서비스를 이용하여 오프라인 상호작용을 유도하는 비즈니스모델을 의미합니다. 이 모델은 온라인과 오프라인 간의 상호작용을 촉진하여 고객의 경험을 향상하는 것을 목표로 합니다. O4O 모델은 온라인으로 상품을 주문한 고객이 오프라인에서 상품을 받을 수 있는 클릭 앤 콜렉트Click and Collect로도 활용됩니다.

이제 빅블러 사례를 살펴보겠습니다.

사례 1)

최근 은행권은 비금융서비스에 전념하는 추세입니다. 하나은행과 국민은행의 경우 고물가 시대에 통신비를 절감하기 위해 알뜰폰으로 갈아타는 수요가 늘자, 수익성이 있다고 보고 통신 시장에 뛰어들었습니다. 이 밖에 타 은행도 본업보다는 부업으로 간주되는 사업, 이를테면 음식 배달앱(신한은행-땡겨요), 꽃배달 및 농, 축산물 구매(NH농협-생활 밀착형 서비스), 기업 디지털 공급망시스템(우리은행-원비즈플라자) 등 이미 빅블러 현상이 나타났습니다.

사례 2)

한국의 아마존이라 불리는 쿠팡의 경우 드라마, 영화 등 콘텐츠를 시청할 수 있는 OTT서비스 쿠팡플레이스를 출시하여 산업 간 경계를 무너뜨리는 대표적 사례가 되었습니다.

사례 3)

포탈업체임에도 네이버는 기존 소셜커머스 사이트인 쿠팡, 옥션, 11번가, G마켓을 제치고 온라인쇼핑뿐 아니라 금융, 자율주행차, 로봇 등 다양한 분야로 비즈니스를 확장하며 선두를 달리고 있습니다.

사례 4)

『스타벅스의 미래』에서 거론하였듯이 스타벅스에는 일정 기간 예치

해두거나 충전하는 모바일 결제시스템 '사이렌오더'가 있습니다. 일종의 은행서비스라 할 수 있습니다. 미국에서만 이 결제시스템을 이용한 사용자가 2,340만 명, 현금 보유량은 20억 달러(한화로 약 2조 4,000억)로 미국 로컬은행을 추월할 정도라 합니다.

실제로 아르헨티나에서는 스타벅스가 현지 은행인 '방코갈라시아'와 파트너십을 맺어 글로벌 핀테크 기업으로의 변신을 예고하고 있습니다.

앞으로 빅블러의 의의는 다양한 기업이 상호 협력하고 융합해 새로운 가치 창출을 시도해 볼 수 있다는 데 있습니다. 또한 이들 중에 혁신적인 아이디어와 기술력을 보유한 스타트업이 새로운 시장 개척의 기회를 얻을 수 있다는 점에서 그 귀추를 지켜봐야 할 것 같습니다.

2018년 아르헨티나 은행 방코갈라시아와 파트너십으로 오픈한 커피뱅크

출처: openads.co.kr

가격과 가치의 정당성을 찾아라

불황기가 되면 소비자에게 가치와 가격은 양날의 칼이 됩니다.
그만큼 가격을 올리고 내리는 과정에서 기업이나 소비자는 민감하게 반응합니다.
이에 불황기 가격 정책에 대해 함께 고민해 보도록 하겠습니다.

 최근 편의점에서는 불황기에 흔히 나타나는 현상, 즉 크기와 용량을 줄이는 추세와는 반대로 양은 늘리고 가격은 낮추는 제품들을 연이어 출시하고 있습니다.

물론 편의점 PB상품이지만 그만큼 불황기의 가격에 예민하다는 증거입니다. 기업들이 제품 가격을 그대로 놔두고 크기와 용량을 줄여 우회적으로 가격 인상 효과를 얻는 현상을 슈링크플레이션Shrink+inflation이라 하는데 이에 대한 소비자의 여론이 악화되자 일부 업체가 역(逆)슈링크 상품을 출시하고 있습니다.

『트렌드코리아 2024』에는 가격을 다룬, 버라이어티 가격 전략에 대한 내용이 나옵니다. 과거 시장 경제는 '보이지 않는 손Invisible Hand'이 중심 역할을 하며 수요와 공급이 일치하는 지점에서 자동적으로 가격이 결정

양을 늘리고 가격을 낮추는 역슈링크 기획 상품

출처: 조선경제

되었습니다. 그런 측면에서 마케팅믹스인 4PProduct/Price/Promotion/Place에서 가격이 상대적으로 비중 있게 다뤄지지 못한 측면이 있었습니다.

그러나 빅데이터와 인공지능 등 정보기술이 발전하면서 개인의 '지불용의'를 측정할 수 있는 기술적 가능성이 열리고 있습니다. 그 결과 하나의 상품에도 다양하게 매겨진 N개의 가격이 정해지게 되었습니다.

이제까지는 일물일가의 법칙, 즉 하나의 상품에 하나의 가격이 존재하는 정책이었습니다. 이를테면 한국에서 맥도널드 햄버거 가격이 매장별로 동일하고 스타벅스 아메리카노 한 잔 가격이 전국적으로 동일했습니다.

그러나 카카오택시의 블루를 호출하면 호출하는 시간의 위치, 수요에 따라 가격이 달라집니다. 항공기에서도 서로 다른 티켓 가격이 형성

됩니다.

이런 현상은 앞서 언급한 대로 AI 기반 실시간 데이터 등 수많은 변수를 계산할 수 있는 가격 책정 기술의 발달에 기인합니다.

이제 버라이어티 가격의 등장 요인과 장단점에 대해 논의해 보겠습니다. 먼저 등장 요인은 다음과 같습니다.

첫째, 소비자의 가격 정보에 대한 수월한 접근과 IT기술의 발달입니다.

둘째, 시장의 계속된 불확실성으로 인해 가격 책정 모델이 가속화되고 이윤을 극대화하는 단일가격보다 그때그때 달라지는 버라이어티 가격이 유리해지는 상황이 도래한 것입니다(세계가격책정 전문협회에 의하면 포춘 선정 500대 기업 중 가격 결정 전담 부서를 별도 운영하는 기업은 전체 중 단 5%라고 한다).

IT기술과 모바일의 발달로 버라이어티 가격이 가능한 사례

이에 따른 장단점은 다음과 같습니다.

1) 고객의 지불 의향Willingness To Pay에 따른 맞춤화된 가격을 제공함으로써 고객만족도가 향상합니다.
2) 높은 가치를 느끼는 고객부터 가격에 민감한 고객까지 더 많은 고객을 확보함으로서 매출과 시장점유율이 확대됩니다.
3) 높은 이익과 중간 이익을 실현하면서 하나의 가격을 형성함과 달리 다양한 가격대의 이익 실현이 가능해집니다.

하지만 운영과 관리가 복잡하여 비용이 상승하거나 다양한 가격할인이나 기대가격의 차이로 브랜드 이미지나 신뢰 형성에 부정적인 역할을 할 가능성이 있습니다.

가격 결정의 권위자인 『프라이싱』의 저자 헤르만 지몬Hermann Simon은 가격을 한마디로 "고객이 느끼는 가치"라고 정의합니다. 이를테면 같은 상황에도 느끼는 가치는 다를 것입니다.

소비자는 1) 상품을 구매하는 '시간' 2) 상품을 구매하는 '채널' 3) 상품을 구매하는 소비자의 '특성' 4) 상품을 판매하는 방식인 '옵션' 외에 다른 요소를 종합적으로 고려하여 결정합니다. 그중 가격과 관련하여 주목할 것은 『가격 차별의 경제학』의 저자 사라 맥스웰Sarah Maxwell이 주장한 '공정한 가격'입니다.

이를테면 소비자가 인정하는 '공정한 가격'이란 개인적 공정성과 사회적 공정성을 모두 만족시키는 가격으로 예를 들어 소비자는 할인을 자주 하는 회사의 상품에 대해 준거가격_{reference price: 소비자가 자기 경험이나 기준}을 통해 부여한 가격을 더 낮게 인식하며 브랜드에 문제가 있을 것으로 생각합니다. 이는 곧 가격에 필수적으로 '고객이 느끼는 가치'가 명확히 반영되어야 한다는 사실이지요.

그의 저서 『가치 차별의 경제학_{The Price is Wrong}』에서 원숭이도 불공정한 가격에 분노한다는 명제로 재미난 실험의 이야기가 실려 있습니다. 일단 연구팀은 암컷 거미원숭이들에게 장난감 돈의 사용법을 가르쳐주었습니다. 그리고 원숭이를 상대로 가격 공정성에 대해 실험했습니다.

첫 번째 원숭이에게는 장난감 돈을 내지 않아도 맛있는 포도를 공급했습니다. 두 번째 원숭이에게는 장난감 돈을 내게 하고 그 대가로 맛없는 오이를 주었습니다. 그러자 놀랍게도 두 번째 원숭이가 장난감 돈은 물론 오이까지 땅바닥에 내팽개치는 격한 반응을 보였습니다. 이유는 첫 번째 원숭이가 돈을 내지도 않으면서 더 맛있는 포도를 받았다는 사실에 화가 났기 때문입니다. 연구팀은 이번 실험으로 다음과 같은 결론을 내렸습니다.

"공정성에 대한 감정적 반응은 인간의 본능이다."

맥스웰 교수는 이와 관련하여 "사람들은 불공정한 가격에 본능적으로 격분한다. 따라서 불공정하게 가격을 책정하는 회사는 단기적으로 이익을 볼지언정 장기적으로는 문 닫을 위기에 처할 수 있다."라고 그 위험성을 지적하였습니다(맥스웰 교수는 4개의 실험그룹을 구성해 불공정한 가격에 대한 감정적 반응이 심화되는 경로를 연구했다). 아울러 판매자가 동일한 상품을 전과 같은 서비스로 제공하면서 가격을 올린다면 고객은 뭔가 속는 느낌을 받음과 동시에 응징할 준비를 한다고 설명하였습니다.

결국 이런 기업의 행동이 소비자를 극한 분노로 이끈다는 것이지요. 이 실험은 한마디로 제품의 질이나 서비스를 개선하지 않고 가격을 올리는 행위를 사회적으로 불공정이라 보고 기업에게 각별히 주의를 요했습니다.

맥스웰 교수의 가격에 대한 통찰력 있는 조언은 공정가격의 개념과 이를 실현할 방법에 대해서도 기술하고 있습니다.

그가 말하는 공정한 가격은 소비자들이 감정적으로 만족하거나 수용할 수 있는 정도를 말합니다. 더불어 소비자가 신뢰할 수 있다면 기업의 불공정한 가격에 대한 난제는 풀릴 것이라 말합니다. 문제는 가격책정을 투명하게 알리고 제품과 서비스의 가치에 대해 정확히 커뮤니케이션 하는 것입니다.

예를 들어 국내 정제유 가격은 원유가격이 아니라 국제 정제유 가격의 영향을 받습니다. 그런데 국제시장에서는 정제유 가격이 원유가격과 상관없이 형성됩니다. 국내 소비자들은 이런 사실을 모르므로 원유가격이 내렸는데 "왜 이렇게 기름 가격이 비싸냐."고 항의합니다.

이를테면 제품과 서비스에 대한 정보를 투명하고 바르게 전달하라는 것입니다. 그렇게 보면 가격 설정은 고객과의 보이지 않는 일종의 협상입니다.

결론적으로, 기업은 신뢰할 만한 가치와 가격을 정당하게 소비자에게 제공하기 바랍니다.

최근 10년 내 가격 전략의 큰 흐름은 세밀하게 분화된 세분화 시장에서 가격 전략의 최적화와 정교한 가격 차별의 고도화라고 합니다.

한 가지 아이러니하게도 역슈링크 기획 상품이 가성비보다 먹성비가 높아 소비자들로부터 호평을 받고 있습니다. 정부는 이런 트렌드를 두고 사업자가 용량이나 성분 등을 변경할 때 소비자들에게 정보를 정확하게 공개하도록 권유하고 있습니다.

MZ를 위한 D2C 모델로 푸시하라

여기서는 중간 유통단계를 없애고 소비자에게 직접 제품을 판매(Direct to Consumer)하는 D2C이커머스에 대해 살펴보겠습니다. 이 모델은 온라인시장의 규모가 커지면서 주목받기 시작했는데 전략적으로 고객 경험을 개선하고 브랜드 충성도를 높이며 동시에 마진을 개선하는 방법으로 인기를 얻고 있습니다.

먼저 중간 유통단계를 없앤다는 것은 백화점, 편집숍, 혹은 흔히 '오픈마켓'이라 불리는 이커머스 플랫폼 등 고객과 쉽게 접촉할 수 있는 채널을 더 이상 이용하지 않는다는 점에서 매우 혁신적이라 할 수 있습니다.

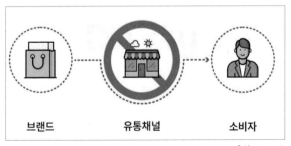

D2C 생산 방식

브랜드   유통채널   소비자

출처: open ads

성공적인 사례는 나이키였습니다. 그들은 2019년 아마존 탈퇴를 선언한 뒤 각종 온, 오프라인 유통 플랫폼에서 거래를 줄이고 자체 온라인몰을 통한 직접 판매에 집중하기 시작했습니다. 팬데믹 상황임에도 불구하고 이를 통한 판매량은 무려 10%가 증가했습니다. (최근 나이키는 기존의 D2C 전략을 수정하고 도매업체와 다시 관계를 맺고 있다고 합니다. 나이키의 충성도 높은 구매자들이 신발 이외의 제품을 아마존에서 찾으며 구매력이 조금씩 하락하고 있다는 분석도 일부 나오고 있습니다.)

여기서 한 가지 정리해야 할 점은 D2C 모델을 B2C 모델로 생각하기 쉬운데 그렇지 않다는 것입니다. D2C는 여러 브랜드의 한 판매자가 아닌 하나의 브랜드 소유자가 관여한다는 점에서 다릅니다.

그렇다면 대세가 되어버린 D2C 모델의 장점은 무엇일까요? 이런 방식을 통해 판매했을 때 어떤 효과를 기대할 수 있을까요?

일단 모든 것을 통제할 수 있습니다. 제품의 가격대, 브랜드 메시지

고객 경험을 통해 브랜드 로얄티를 강화한 나이키 D2C 전략

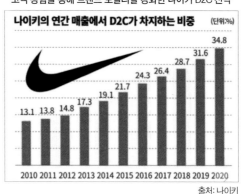

출처: 나이키

등 운영 측면에서 직접 고객 경험을 완벽하게 통제함으로써 매출 향상의 효율성이 높아집니다. 생산 비용에 따라 더 합리적인 가격을 제공하여 소비자가 저렴하게 구매할 수 있습니다.

아울러 고객과의 커뮤니케이션이 제한된 마켓플레이스와 달리 연락처 목록 등 전체 관리가 가능하며 동의를 구할 경우 이메일, SNS 등 기타 채널을 통해 구매자에게 직접 연락할 수 있습니다.

또한 피드백을 요청하거나 소비자를 향한 리타기팅retargeting도 가능합니다. 이를 위해 기업은 자체적으로 다양한 이벤트를 진행하여 소비자와 가까워지고 고객 문의도 빠르고 성실하게 응대할 수 있습니다.

앞서 말한 고객과 직접 소통한다는 측면은 품질을 소비자의 니즈에 맞게 발전시켜 나가고 있다고 보아도 무방할 것 같습니다.

소비자의 입장에서 보면 다양한 브랜드를 한눈에 비교해 볼 수 있고, 유통플랫폼에서 제공하는 각종 혜택을 받을 수 있는 오픈마켓을 이용하는 것이 더 나을지 모릅니다. 문제는 브랜드에 대한 신뢰와 인지도입니다. 이 신뢰만 있으면 굳이 타사 제품과 비교할 필요가 있을까요?

그렇다고 장점만 존재하는 것은 아닙니다. 제품 설계 및 제조 외에 마케팅, 보관 및 배송을 위한 전략이 있어야 합니다. 이에 따른 직원, 홍보 채널, 재고 보관 등에 투자해야 합니다. 이미 유통업체나 리테일을 통해 판매하고 있다면 D2C와의 충돌은 피해야 합니다. 이럴 경우 두 채널을 다 수용해야 합니다.

이를테면 D2C에게는 독점 또는 구독서비스를 제공하는 동시에 소매

업체에게는 특정 모델 또는 특정 제품 라인에 독점적인 권한을 부여하는 방식입니다. 이 밖에 물류 처리에 대한 소비자의 높은 기대, 고객서비스에 대한 책임도 풀어야 할 문제입니다.

1980년대 초에서 2000년대 초 사이에 출생한 '밀레니엄 세대'와 2000년대 초반에 출생한 'Z세대'는 무시할 수 없는 거대한 소비 주체입니다. 이들은 디지털, 스마트기기를 다루는 데 능숙합니다. B2C Business to Customer 방식의 전형성보다 다양한 요소들을 직접 체험하며 비교하고 소통하는 일에 역동성을 느낍니다. 조사에 따르면 제품 구매 전에 브랜드의 가치와 방향성을 고려하는 비율이, 일반 소비자에 비해 MZ세대가 훨씬 높다고 합니다. 또한 전자상거래에 중점을 두고 있는 D2C의 특성상, 온라인 친화적인 젊은 세대에게 자연스러운 일이 될 것입니다.

온라인에 친화적인 MZ세대는 D2C 방식을 선호한다

출처: 미디어 리서치

MZ세대에게는 소통의 유연성이 큰 매력으로 다가오고 기업의 입장에서는 고객의 데이터를 보다 쉽게 수집하고 활용할 수 있습니다. 자신의 개성과 편의를 중시하는 이 세대의 특성상 판매자에게 제품 피드백과 반영되는 과정이 크게 어필이 된다고 볼 수 있습니다. 최근 와디즈 같은 크라우드 펀딩crowd funding: 자금을 필요로 하는 수요자가 온라인 플랫폼을 통해 불특정다수 대중에게 자금을 모으는 방식을 활용한 D2C 방식이 확산되면서 시제품을 온라인에 공개한 뒤 일정량 이상 주문이 오면 주문량만큼 생산해 배송하는 트렌드가 유행입니다.

이를 통해 판매자는 유통망을 확보할뿐더러 불필요한 재고 걱정을 덜게 됩니다. 소비자는 재고비용만큼 싼 가격에 제품을 살 수 있어 원원

온라인 플랫폼을 통해 자금을 모으는 크라우드 펀딩 와디즈

출처: 와디즈 홈페이지

할 수 있습니다. 이는 기존 유통망에서 좀처럼 기회를 얻을 수 없는 스타트업이나 소기업에게 기회를 허락하기도 합니다.

업계 환경변화에 따른 발 빠른 대응, 데이터의 적극적인 활용, 민첩한 틈새시장 공략 등의 전략으로 시장 규모 대비 비대칭적으로 많은 점유율을 차지하고 있다는 점도 주목할 만합니다.

반대로 시장 진입 장벽이 낮아지면서 대형브랜드들은 여태껏 누려온 규모에서 오는 우위를 잃을 수 있습니다.

끝으로 효율적인 D2C 마케팅을 하기 위해서는 다음과 같은 전략을 사용하는 것이 좋습니다.

1) 집중적으로 고객의 정보를 기반으로, 즉 구매 주기, 비율, 선호제품, 성향 등 한 명 한 명의 데이터를 기반으로 패턴을 파악한다.
2) 열정적으로 관심을 보이는 고객을 VIP로 대접하고 이들을 위해 특별한 서비스와 이벤트를 제공한다.
3) D2C는 단순히 제품을 사고파는 차원을 넘어 브랜드가 지향하는 가치를 소비자에게 적극적으로 전달하는 방식이다. 각 제품과 라인에 담긴 특별한 이야기를 고객에게 들려준다. 매번 신선한 캠페인으로 관심을 끄는 것도 매우 효율적인 방식이다.

불황기 온라인 시장의 개인화와 다양화, 그리고 최적화, D2C 등 생존을 위한 비장의 카드를 꺼내야 할 시기가 도래하고 있음을 재차 강조합니다.

나쁜 전략을 넘어 좋은 전략보다 더 적확한 전략으로 전환하라

최근 우리가 아는 유니콘 기업, 스타트업이 실적으로 휘청대며 기업 가치가 하락하거나 매출, 수익 악화로 상장을 연기하는 일이 나타나고 있습니다. 심지어 인수합병에 실패하는 초유의 사태가 일어나고 있습니다. 나쁜 전략과 좋은 전략을 떠나 적확한 전략으로 불황기를 극복하는 방법은 어디 있는지 알아보겠습니다.

 ## 1) 왜 공유경제는 추락할까?

2019년 기업 가치가 470억 달러(약 64조 원)에 달했던 위워크의 시가총액이 3년 새 387분의 1로 줄어 파산을 향해 치닫고 있습니다. 어떻게 글로벌 공유경제 시장의 대표주자가 날개 없이 추락하고 있을까요? 전문가들은 공유경제가 최초의 개념, 즉 기존에 있던 자원을 남에게 빌려주면서 부수적으로 돈을 버는 협력 소비 형태였는데 지금의 공유경제는 사업 규모가 커질수록 수익 동반 상승이 어려운 한계가 있다는 것입니다. 공유보다는 대여사업 모델과 간접고용 등으로 성장할 수 없는 구조적 한계를 나타내기 시작했습니다.

숙박 공유업체인 에어비앤비는 뉴욕에서 80% 퇴출되었고 사업 금지 구역이 늘어만 가고 있는 추세이며 승차 공유였던 우버는 이르면 2025

출처: 홈페이지

년 유럽에서 운전자 직고용의 의무를 지게 됨으로써 적자는 물론 투자에 비해 수익을 내지 못하는, 이를테면 알을 낳지 못하는 닭 신세가 되었습니다. 소유에서 공유의 개념으로 여럿이 공유하며 사용하는 전략적 우위가 대여의 형태로 추락하면서 공유경제는 안정적 수익모델을 만들지 못하고 추락하고 있습니다.

2) '착한 기업'과 '착한 소비'는 가능할까?

2006년 설립된 미국 신발브랜드 '탐스'는 '내일을 위한 신발'의 슬로건으로 기업 가치가 한때는 6,000억 원을 넘어설 정도로 성공한 사회적 기업이었습니다. 이들이 성공한 브랜드로 입지할 수 있었던 것은 판매된 신발만큼 제3국의 어린이에게 신발을 무료로 제공한다는 독특한 판매 전략 덕분이었습니다.

2010년에는 즐기면서 기부하는 퍼네이션^{Fun+Donation}이 대세이자 마케팅기법으로 유행했는데 탐스가 여기에 해당합니다. 그러나 탐스는 초반과 달리 제대로 된 후속 제품 없이 후발주자에게 자리를 빼앗기고 말았습니다. 문제는 감동적인 슬로건을 제품 경쟁력이 뒷받침하지 못했다는 것입니다.

한순간에 지속 가능한 '착한 소비'는 소비자에게 외면당하고 말았습니다. 미국 대통령 오바마도 즐겨 신었다는 친환경 올버즈의 몰락도 궤를 같이합니다. 양모 소재로 '세계에서 가장 편한 신발'이라고 격찬받았던 올버즈의 문제도 역시 제품력이었습니다. 친환경에 몰두한 나머지 내구성에 실패하였습니다. 한마디로 환경에 대한 소비자의 관심이 제품 구매로 이어질 것이라는 가정이 패착이었음을 경영진들은 뒤늦게 알았습니다.

이런 사례는 또 있습니다. 47년 전 친환경 윤리 개념으로 시작하여 동물실험을 반대하며 세간의 주목을 받은 기업이 있습니다. 바로 더바디샵이었습니다. 그들은 특히 환경문제에 목소리를 내며 브랜드 정체성을 확립하였습니다. 1986년엔 그린피스와 '고래포획금지 운동'을 시작했고 1988년엔 오존층 보호 캠페인, 2002년에는 재생에너지 사용을 독려하는 목소리를 내었습니다. 초기에는 이런 운동이 더바디샵의 트레이드 마크가 되었으나 모든 기업이 지속 가능성을 내세우는 '착한 화장품'은 일반화가 되었습니다. 더 이상 더바디샵의 정체성은 빛을 발하지 못하고 있습니다.

왜 좋은 전략은 적확한 전략으로 전환하지 못할까요?

3) 다이소, 더 이상 어른들의 백화점이 아니다

온라인이 대세인 요즘 다이소의 선전은 화젯거리가 되고 있습니다.

1997년 1,000원 숍으로 문을 연 다이소는 2010년대 후반까지는 고물가 현상으로 합리적 소비를 원하는 소비자들이 가성비 제품을 찾으면서 급성장했습니다.

2020년에 들어 20대~30대층을 집중 공략했고(개발자도 동일한 연령층) 시대 변화와 소비자 요구에 맞추어 거듭해 온 변신과 발 빠른 가성비 제

익일 배송과 온라인서비스몰로 외연을 확장한 K국민가게
다이소-이커머스인사이트

품, 그리고 한국 정서 맞춤형 상품 발굴이 성공 비결이 되었습니다.

놀랍게도 다이소는 3만여 종의 상품 진용을 갖추고 있고 매달 평균 30여 개 업체를 만나 매달 600여 개의 제품을 내놓는다고 합니다. (현재 국내 900여 제조업체, 전 세계 35개국 3,000여 업체의 3만여 개 상품)

2021년에는 뷰티시장에 진입했고, 온라인시장 진출로 외형 확장이 가속화되고 있습니다.

4) 1과 2의 사례는 좋은 전략이었는가?

먼저 좋은 전략의 정의부터 내려 봅시다. 좋은 전략은 중요한 목표를 달성하기 위해 행동, 방침, 자원을 조율하는 일관성을 가져야 합니다. 반면에 나쁜 전략은 미사여구, 문제 회피, 목표와 전략을 혼동하기도 합니다. 심하면 잘못된 전략 목표도 세울 수 있습니다.

한마디로 싸우지 않고 이겨야 합니다. 더구나 미래를 위한 바람직한 시나리오가 사례 1, 2에는 결핍되어 있었습니다.

제품의 라이프사이클, 경쟁 환경 조사, 기술 동향 조사 등의 정보수집을 통해 새로운 시장기회를 발견한다거나 자사의 경영지원을 분석하여 독자적인 능력이나 노하우를 확인하는 과정도 필요합니다.

5) 적확한 전략, 포커스를 맞춰라

좋은 전략에서 한 걸음 더 나아가면 사전적 의미로 "정확히 맞아 조금도 틀리지 않는다."의 적확(的確)한 전략을 만날 수 있습니다. 이 전략은 라이프스타일이나 다품종소량 생산에 적합하고 고객 한 사람 한 사람에 맞춤인 고객특성 특화가 가능합니다. 이를테면 환자용 리커버리슈즈 같은 경우입니다.

물론 실패에 대한 위험부담이나 특화된 취향에 맞춰야 함으로써 운신의 폭이 좁기도 합니다.

앞선 사례 1, 2와 대비되는 사례 3을 우리는 적확한 전략의 효과라 말할 수 있습니다.

좋은 전략에 빠지다 시장에서 미아가 되는 기업이 있는 반면 예측 불가능하고 트렌드가 급변하는 시대에 효율성 높은 조직문화를 만들어 치열한 경쟁에서 살아남는 것보다 카테고리를 만들어 생존하는 파워풀한

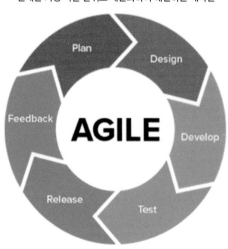

문제를 가장 작은 단위로 세분화하여 해결하는 에자일

출처: https://velog.io/@yyy96

전략입니다.

일례로 네덜란드 ING 은행은 13개 부서를 나눠 9명 이내 인원으로 구성된 350개 에자일Agile: 변화에 빠르게 대응하고 성과를 낼 수 있도록 필요에 맞게 구성된 소규모 그룹팀을 구성하였습니다.

6) 적확한 전략을 수행하는 조직의 특별한 2가지 특징

첫째, 기하급수적으로 성장하는 스타트업과 긴밀한 관계를 유지하여 공존하는 전략을 구사합니다.

- **기하급수기업(exponential organization)** 새로운 시장을 창조하고 기존 시장을 파괴하는 모든 혁신의 본산.

G.E는 고객과 시장에 유연하게 대응하기 위해 새로운 개발 프로세스인 퍼스트빌드first build: 작은 실험 공장를 구축합니다.

둘째, 끊임없는 혁신을 위해 실패를 용인하는 조직문화가 가능합니다. 아마존의 실패 사례를 볼까요? 그들에게도 아픈 손가락이 많았습니다.

- 2014년 모바일 결제서비스 웹페이가 파산했습니다.

- 자체 스마트폰인 파이어폰은 1억 7천만 달러 손실을 남기고 파산했습니다.

- 2015년 지역 호텔 예약 서비스인 아마존 데스티네이션은 출시 6개월 만에 에어비앤비에게 밀려 파산했습니다.

- 아마존월렛결제/아마존뮤직임포터음악재생플랫폼/아마존 로컬부동산 등도 실패했습니다.

7) 『부의 기원』 저자 에릭 바인하커의 전략이란?

"전통적 조직의 관점이란 예측과 통제식의 접근을 통해서 만들어진다. 전략을 수립하는 과정에서 우리는 먼저 예측을 통해 적절한 목표를 정한 뒤 그 목표에 도달하기 위한 방법을 계획한다. 그러나 이런 접근 방식 자체가 오류에 기초하고 있다. 우리가 예측할 수 있는 것보다 예측할 수 없는 것이 훨씬 많다."

8) 나쁜 전략 〈 좋은 전략 〈 적확한 전략

나쁜 전략은 틀에 박힌 형식적인 전략입니다.

좋은 전략은 무엇을 할지 무엇을 하지 않을지 명확히 정리합니다.

적확한 전략은 새로운 시장을 창조하고 기존 시장을 파괴하는 모든 혁신의 본산입니다.

여러분이라면 어떤 전략에 도전하시겠습니까?

어려울수록
진정성으로 승부하라

소비자는 과거와 다르게 다양한 매체를 통해서 정보를 얻을 수 있게 되었고
기업이 거짓을 말하고 있다면 그것을 쉽게 간파하고 거침없이 표현할 수 있게 되었습니다.
따라서 불황기에 왜 진정성 마케팅을 고객이 선호하는지,
그런 제품의 성향은 무엇인지 살펴보겠습니다.

 일단 소비자는 넘치는 상업성 광고에 피로감을 표현하고 있고 상품 정보와 실제 속성이 일치할 때 얻어지는 가치를 획득할 수 있다는 것을 알게 되었습니다. 여기에 불을 지른 것은 소셜미디어였습니다.

이 미디어는 사회관계 핵심 채널로 부상하여 구매 과정에 정보가 엄청나게 증대하였습니다. 과거 소비자들은 불완전한 정보와 제한된 대안 속에서 구매 의사를 결정해야 했습니다. 소비자들은 광고를 보며 이렇게 묻습니다. "이영애는 진짜 자이 아파트에서 살까?" "최불암은 인사돌을 복용할까?"

오래된 얘기지만 신민아의 실제 주거장면을 촬영한 아파트 광고도 있었습니다. 『구글처럼 생각하라』의 저자가 예시로 든 '도브' 광고캠페인

은 진정성 전략이 얼마나 효율적인지 잘 말해주고 있습니다.

도브는 직접 '아름다움의 의식조사'라는 주제로 한국, 일본, 중국, 대만 등 아시아 10개국에서 15~45세 여성 2,100명을 상대로 설문조사를 실시하였습니다. 비슷한 설문조사에서 남자의 경우 약 70%가 자신의 외모가 괜찮았다고 생각하고 여성들은 3%만이 스스로를 아름답다고 저평가하였습니다. (한국의 경우 1%만 아름답다고 평가)

도브는 여기서 생각을 발전시켜 문제의식을 마케팅으로 이어갔습니다. 기존의 광고들이 여성의 아름다움을 허상으로 이야기하고 있다고 판단하였습니다. 그래서 '리얼뷰티' 캠페인을 전개하였습니다.

"아름다움에 관한 여성들의 인식은 확실히 왜곡되어 있습니다."라는 카피로 '자연스러운 아름다움'이라는 가치를 지지하였습니다. 이 캠페인은 결국 평가절하된 여성들의 자존감 회복을 약속한 진정성 있는 전략이었습니다. 미디어가 왜곡된 미의 기준을 제시하였다면, 도브는 뱃살과 허벅지 살들을 걱정하는 평범한 사람들을 광고에 등장시켰습니다.

이 캠페인이 런칭된 후 연간 매출이 20억 달러에서 40억 달러로 두 배 이상 늘었고 도브는 여성의 건강과 아름다움 그리고 진정한 가치를 추구하는 긍정적 이미지의 기업으로 평가받았습니다.

소비자들의 진정성 추구는 광고에 특히 표출되었는데 일례로 TV에 나오는 맥도날드 햄버거와 실제 크기가 다르다든가 미국 콜롬비아 커피의 상징인 후안 발데스가 농부가 아니고 콜롬비아인도 아니라는 등의 에피소드를 남겼습니다.

미디어에 의해 왜곡된 여성의 미를 회복시킨 도브의 리얼뷰티 캠페인

출처: 도브 리얼뷰티 캠페인 캡처

진정성 마케팅은 2006년 9월 비즈니스위크가 미국 슈퍼마켓 체인 세이프웨이의 유기농매장 설립을 다룬 기사에서 처음 사용되었습니다.

말하자면 수익성 악화에도 유기농을 고집한 것을 두고 한 말이었습

소비자들은 광고에서도 진정성 있는 팩트를 원한다

니다. 동물실험을 하지 않는 '친자연주의 핸드메이드' 브랜드 러쉬 화장품을 아십니까?

나이키의 '기부러닝머신'의 마케팅도 효과적인 진정성 마케팅 사례로 손꼽힙니다. 10km를 달릴 때마다 기부금 35불이 쌓이는 방식이었는데 10일 동안 1,053km의 참여를 이끌어 냈고 총 3,685불의 기부가 유니세프로 전달되었습니다. 한마디로 '운동'이라는 나이키의 가치와 '기부'라는 사회적 가치가 결합된 형태라 할 수 있겠지요.

그렇다면 진정성을 인정받는 제품은 어떤 특징이 있을까요?

먼저, 인위적 요소가 배제된 천연소재 제품입니다. 러쉬의 경우라 하겠지요. 둘째, 지금까지 없었던 최초의 제품이거나 기존 제품과 구별되는 특별함을 가진 제품입니다. 셋째, 브랜드와 연관된 이미지를 진짜처럼 완벽히 구현하는 제품, 그리고 마지막으로 경제적 이득을 넘어선 대의를 추구하는 제품이 해당한다고 말할 수 있습니다.

진정성 마케팅의 범주는 크게 품질 좋고 가격이 좋은 굿프로덕트에서 탄생스토리, 철학, 개성, 열정, 팬심과 무한 스토리 등이 표출되는 굿컴퍼니가 되겠습니다.

대표적인 기업 사례를 들면 '갓뚜기'라 불리는 오뚜기입니다.

높은 정규직 비율(2020년 기준 99%)과 오랜 가격 동결, 완도 어민들의 다시마 재고 해결을 위해 출시한 '오동통면'의 사례가 그것입니다.

마지막으로 진정성으로 사랑받는 브랜드는 가슴에 와닿는 탄생 스토리가 있습니다.

2023년에 상영된 〈에어〉는 세계적인 스포츠 브랜드 나이키가 1984년 업계 꼴찌에서 브랜드의 간판이 되어줄 새로운 모델을 찾다가 NBA 무대 데뷔를 앞둔 마이클 조던이라는 신인과 만나 '에어조던'을 탄생시키는 감동적인 스토리입니다.

나이키는 자신만의 철학이 명확한 회사였고 정체성 또한 양보하지 않았습니다. 스타벅스처럼 청각장애인 매장 개설을 위한 'Race Together' 캠페인처럼 사회적 이슈에 반응하고 검증된 실력도 갖춤으로써 진정성을 인정받는 것입니다.

불황기에 명확한 것은 내용이야 어떻든 소비자는 진정성을 요구한다는 사실입니다. 『진정성이라는 거짓말』의 저자 앤드류 포터는 다음과 같이 설명해 주고 있습니다.

"진정성의 정확한 실체는 모르지만 '진정성이 없는 것'이 무엇인지 직관적으로 알고 있으며 진정성이 뭐든 간에 사람들은 그것을 원한다."

뉴노멀, 경쟁력 있는
비즈니스모델을 설계하라

시대의 변화에 따라 새롭게 떠오르는 기준이나 표준을 우리는 뉴노멀(New Normal)이라 합니다.
혁신과 더불어 소수의 전문가도 예측 못 하는,
나아가 기존과는 전혀 다른 방식은 어떤 것이 있는지 검토해 봅시다.

 2003년 버블경제 이후 미국 벤처투자가 로저 맥나미Roger McNamee는 뉴노멀New Normal이라는 용어를 사용하였습니다. 이는 '시대 변화에 따라 새롭게 떠오르는 기준'이라는 말로 2008년 세계 금융위기와 2012년까지 이어진 경제 침체 기간 동안 만들어진 세계적 경제 기준이었습니다. 왜 뉴노멀이 비즈니스의 승패를 좌우하냐고 묻는 사람도 있습니다.

생각해 보면 비즈니스의 전쟁은 언제나 시시각각 변하고 승자와 패자도 정해져 있지 않습니다. 이를테면 신생기업이 전쟁에 들어서서 강자가 되기도 하고 기성기업이 신생기업을 흡수해 제거하는 등, 시장의 주파수는 계속 바뀌고 있습니다.

사실, 뉴노멀은 위력적입니다. 왜냐하면 소수의 전문가도 예측하기에 역부족일 정도로 사회적, 문화적, 경제적 변화가 다가오고 이것은 대부분의 사람들에게 파괴적일 뿐 아니라 돌이킬 수 없는 영향을 미칩니다. 여기서 한 가지 잊지 말아야 할 것은 기존 관행과 철저히 단절해야 합니다.

뉴노멀은 종합하여 표현하면 '경제, 사회, 문화, 일상생활 등에서 예상하지 못한 거대한 변화를 겪은 후 기존과는 전혀 다른 방식이 일상화되는 현상'이라고 하겠습니다.

우리 경영사에도 뉴노멀의 강자는 있었습니다. 예를 들면 모델T 자동차를 생산한 헨리 포드나 프랜차이즈 경영을 선점한 맥도날드의 레이 크록, 자연 훼손에 반기를 든 파타고니아의 이본 쉬나드, 시장에서 종료되었던 게임 시장을 부활한 닌텐도의 야마우치 후사지로 등.

이들은 특이하게도 현재의 좋은 입지를 포기하거나 적재적소에 통제력을 확보해 틈새를 공격한다든가 때로는 상대의 약점을 활용하거나 전략적인 술책을 갖고 있다는 공통점이 있습니다.

혹 블랙베리를 아십니까? 2013년 최대 8,500만 명의 사용자를 보유한 스마트폰이었습니다. 2020년 자취를 감춘 블랙베리는 이후 뉴노멀에 밀려 파산한 사례로 언급됩니다. 아이러니하게도 블랙베리의 성공 비결 중 하나는 스마트폰 하단에 위치한 물리 쿼티QWERTY 키보드였습니다.

한때는 미국 대통령 버락 오바마가 애용한 폰으로도 알려졌는데 아이폰, 갤럭시와 비교할 수 없는 메이저 브랜드였습니다. 소비자들도 대부분 물리 쿼티 키보드를 최우선으로 구매할 정도로 인기가 높았습니다. 하지만 스마트폰 시장은 2010년 이후 급격히 개편되었는데 터치 방식의 대화면 스크린이 가능한 스마트폰을 내놓기 시작했고 다양한 애플리케이션이 출시되었습니다.

소비자들은 블랙베리보다 더 큰 스크린에서 사용할 수 있는 애플리케이션에 열광했고 터치스크린 방식의 키보드를 이용하는 데 빠르게 적응하였습니다. 물리 쿼티 키보드는 블랙베리가 처음 등장하였을 때는 문자 및 이메일 전송을 위한 최신의 방식이었지만 터치스크린이라는 뉴노멀에 밀려 버린 것입니다.

그렇다고 하면 뉴노멀의 양태는 무엇일까요?

첫째, 수익 창출의 기회입니다. 우리가 잘 아는 고객 가치, 개인화, 커뮤니케이션, 이커머스가 여기에 속합니다.

터치스크린이라는 뉴노멀에 추락한 블랙베리

둘째, 기업 준비입니다. 4차산업의 핵심인 디지털트랜스포메이션과 기업문화 그리고 프로세스 혁신과 위기관리입니다.

마지막으로 개인 생존입니다. 디지털노마드와 경력관리, 평생학습입니다.

혹자는 뉴노멀이 진심 비즈니스에 기회를 줄 수 있느냐 묻습니다.

1) 미지의 세계로 진입하게 합니다. 코로나19 이후 비대면 시대의 최고 스타트업은 누가 뭐래도 줌Zoom입니다.

2) 비즈니스를 움직이는 시대적 방향성입니다. IMF 이후 웅진은 렌탈, 그리고 코디코웨이 레이디로 전환했습니다.

3) 시간과 공간을 새롭게 재정의합니다. 이를테면 증강현실을 이용한 비대면 A/S 같은 것이지요. 통상 기업은 무경계의 경쟁을 합니다. 쿠팡의 경쟁자는 네이버인 것처럼 말이죠.

새로운 소통 방식의 줌

출처: www.facebook.com/zoom

마지막으로 커뮤니케이션 뉴노멀 시대의 매체 변화를 읽습니다. (소셜네트워크-인스타그램)

뉴노멀에 대해 『종의 기원』을 쓴 찰스 다윈은 이렇게 얘기했습니다.

"가장 강한 종이나 가장 똑똑한 종이 살아남는 것이 아니다. 변화에 잘 적응하는 종이 살아남게 되는 길이다."

히트상품 개발 원칙을 상기하라

불황기를 타개할 히트상품 개발의 원칙을 살펴보겠습니다.
여기에는 헤리티지 원칙과 마이크로밸류의 원칙, 그리고 포지셔닝 프레임의 법칙과
경험의 법칙이 있습니다. 이 원칙에 의해 불황이 위기인지, 기회인지 결정하시기 바랍니다.

 1) 헤리티지 원칙

만약 불황기에 신상품을 개발하고 런칭할 계획이라면 기업이 가지고 있는 가장 큰 자산Heritage을 활용하는 것에서 출발하는 것이 좋습니다. 기업이 보유하고 있는 헤리티지를 활용하면 1) 신상품 성공 확률을 높일 수 있고, 2) 신규 투자비를 절감하여 리스크를 최소화할 수 있으며, 3) 개발시간을 줄이고 상황 변화에 수월하게 대처할 수 있습니다.

그렇다면 기업에 있어 헤리티지는 무엇일까요?

헤리티지의 종류는 확실한 기술, 원료, 유통, 설비, 인프라, 브랜드, 브랜드 이미지, 사람, 고객층, 역사 등 다양합니다. 분명한 것은 모든 기업이 작든 크든 헤리티지를 갖고 있다는 것입니다. 대표적인 브랜드는 코카콜라입니다. 1916년 창립하여 무려 100년 동안 다양한 마케팅을 진행

기업의 자산을 활용하는 헤리티지 원칙의 예

코카·콜라 병 탄생 100주년
'100년의 헤리티지'

출처: 코카콜라 브랜드 공식 트위터

하여 왔습니다. 그리고 100주년 되던 해에는 2000년대의 디자인이 담긴 헤리티지 한정판을 판매하였습니다.

2) 마이크로밸류의 원칙

요즘은 대부분 제품의 기능이나 성능이 상향 표준화되어 있습니다. 또한 기업에서 차별화라 하는 것도 소비자 입장에서 따져 보면 그리 매력적이지 않게 보입니다.

제품의 우수한 스펙이나 차별적 기능은 품질 경쟁 차원에서 매우 중요한 요소이나 여기에 '작은 가치의 차별화'가 더해지면 본원적 품질이 빛나는 시대가 되었습니다.

마이크로밸류는 제품과 소비자의 감성을 연결하는 인연의 끈이라고

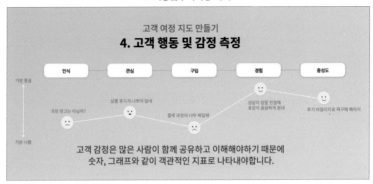

고객경험구매여정 예시

출처: CSsharing

보면 됩니다. 생각해 보면 감동은 크게 오지 않는 것 같습니다. 우리의 마음을 감동시키는 순간들은 스쳐 갈 수 있는 작은 것일지도 모릅니다.

마이크로밸류를 담아내는 3단계 F-P-S^{Finding-Product-Sharing}는 다음과 같습니다.

첫째, 가치의 발견^{Finding} - 고객의 파파라치가 되라.

고객 관점에서 마이크로밸류를 찾기 위한 기본적인 방법은 직접적인 소비자 인터뷰를 통해서 섬세한 니즈를 찾아내는 것입니다. 통상 전문가들은 파파라치처럼 '관찰기법'을 권유하기도 하는데 24시간 카메라로 관찰하거나 소비자를 따라가면 제품 구매에 대한 여러 스타일을 발견하게 됩니다. 여기에는 '고객경험구매여정^{Customer Experience journey Map}'이 주로 사용됩니다.

배려의 증거(절취선)를 남긴 마이크로밸류

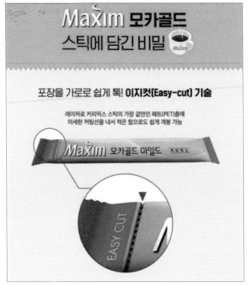

출처: 동서식품

둘째, 제품·Product - 배려의 증거를 제품에 남겨두라.

마이크로밸류는 소비자의 불편함을 해소해주고 감동을 줄 수 있는 제품과 서비스로 구현되어야 합니다. 인스턴트 커피를 가위 없이 자를 수 있게 절취선을 두는 것도 이런 경우입니다.

셋째, 알려라sharing - 왼손이 한 일을 오른손이 알게 하라.

마이크로밸류는 왜 그렇게 생각하였으며 어떻게 구현했는지 스토리를 알려주면 소비자에겐 감동의 포인트가 됩니다. 마이크로밸류는 알리지 않으면 알지 못하고 눈치채지 못하는 경우가 왕왕 있습니다.

3) 포지셔닝 프레임의 법칙

마케팅에서 포지셔닝은 고객의 머릿속에 브랜드의 위치를 부여하고 각인하는 것입니다. 소비자의 마음속에 최초로 들어가는 전략인데, 이럴 경우 오래 기억하게 됩니다. 과거 '2% 부족할 때'나 '게토레이' 같은 음료 광고가 그것입니다.

출발은 브랜드 아이덴티티Brand Identity: 고객의 마음속에 심어 놓고자 하는 바람직한 이미지에서 시작합니다. 특정한 이미지로 기억하기에는 두 가지 방법이 있습니다.

첫째, 관여도를 적중해야 합니다.

관여도Involvement란 내가 얼마나 관계되어 있는지, 관심은 무엇인지 따지게 됩니다. 만약 관여도를 적중시키면 소비자는 수백, 수천 개의 정보를 흘려보내고 눈과 귀가 반응하게 됩니다. 통상 소비자 프로파일 분

위장장애가 없는 두통약으로 포지셔닝한 타이레놀 광고

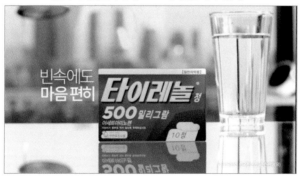

출처: 타이레놀 광고 캡처

석을 통해 찾아냅니다.

둘째, 프레이밍 효과Framing effect를 활용합니다.

사람은 어떤 프레임을 제시하느냐에 따라 이에 맞춰 마음이 움직이고 기억이 달라집니다. 이를테면 같은 문제라도 사용자에게 어떤 방식으로 질문하느냐에 따라 사용자의 판단과 선택이 달라지는 것이죠.

흥미 있는 사례를 들어보겠습니다. 미국 방역 당국은 정글모기가 퍼트리는 신종 전염병에 맞서고 있었습니다. 이를 방치하면 600명이 목숨을 잃게 된다고 합니다. 당국은 두 가지 전략을 마련했습니다.

- A안에 따르면 200명이 살게 된다. B안에 따르면 600명이 다 살 확률이 3분의 1, 아무도 살지 못할 확률이 3분의 2이다.
- A안에 따르면 400명이 죽는다. B안에 따르면 아무도 죽지 않을 확률이 3분의 1, 600명이 다 죽을 확률이 3분의 2이다.

자신의 추억을 만들 수 있는 특별한 경험 소비

출처: 신동아, 키워드로 보는 첨단기술 & 트렌드 50

결론은 어떻게 나타났을까? 200명의 목숨을 확실히 구할 수 있는 A안을 선호, 결과가 불확실한 B안은 '위험회피성향'을 보였습니다.

4) 경험의 법칙

세상에는 '소유 소비'와 '경험 소비'의 두 가지 소비가 있습니다.

필요와 욕망에 의해서 소비하는 것은 전자이고 후자는 여행을 가거나 강의를 듣는 것, 그리고 책을 읽는 등 새로운 생각과 감정을 유발해 냅니다. 소유 소비는 실용적, 지속적, 경제적으로 사람들을 행복하게 만드는 요소를 제공하며, 경험 소비는 자아발견과 향수 등 중요한 행복 요소를 제공한다는 점에서 다른 측면이 있습니다. 한때 유행했던 YOLO You Only Live Once 트렌드로 누구나 가질 수 있는 상품보다 자신만이 소유할 수 있는 경험을 소비하려는 사람들이 늘었습니다.

실제로 미국의 심리학자 반 보벤과 길로비치는 연구에 의하면 물질을 소비하는 것보다 경험을 소비하는 것이 행복지수를 높여 주는 요인이라고 발표하였습니다. 재미난 사실은 소유 소비의 희열과 만족감은 시간이 지나면 희미해지는데 비해 경험 소비는 시간이 지나도 오래 기억에 남습니다. 경험 소비의 원칙에는 사건, 사연, 사람, 장소가 있는데 이를 적절히 활용하면 소유 소비재도 경험 소비화될 뿐 아니라 브랜드 이미지를 효율적으로 인지시킬 수 있다는 점도 잊지 말아야 합니다.

리브랜딩(Rebranding)으로 공격수가 되라

어느 전문가는 불확실성 시대에는 투자 리스크를 대폭 감소시켜주는
스마트한 브랜드 활용 전략인 리브랜딩이 해답이 될 것이라 일갈하기도 하였습니다.
던킨도너츠가 던킨으로, 스타벅스커피가 스타벅스로, 마켓컬리가 컬리로
불황기 하나의 생존 전략으로 자리 잡기 시작했습니다.

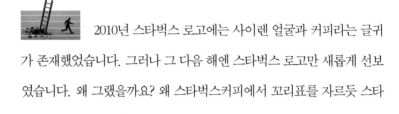 2010년 스타벅스 로고에는 사이렌 얼굴과 커피라는 글귀
가 존재했었습니다. 그러나 그 다음 해엔 스타벅스 로고만 새롭게 선보
였습니다. 왜 그랬을까요? 왜 스타벅스커피에서 꼬리표를 자르듯 스타
벅스로 리브랜딩했을까요?

이는 스타벅스의 커피 사업을 쥬스, 빵 등 다른 사업으로 확장하겠다
는 선포였을 것입니다. 이렇게 보면 던킨도너츠가 던킨으로 개명하면

최근 불황기 생존 전략으로 리브랜딩하는 업체가 늘고 있다

출처: 디자인덕 티스토리

서 커피 비즈니스로 확대한 것도 사업 영역 확장 같은 맥락이라 여겨집니다.

최근 당근마켓이 당근으로 리브랜딩했습니다. 서비스를 런칭한 지 8년 만의 변신이었는데 리브랜딩을 통해 지역생활 커뮤니티로서 서비스 경쟁력을 강화하고 속도감 있는 비즈니스를 전개하겠다는 것이 그 이유였습니다.

마켓컬리는 어떨까요? 이제 우리는 마켓이 떨어져 나간 '컬리'만 볼 수 있게 되었습니다. 이는 슈퍼마켓처럼 식품 위주에서 다른 영역으로 비즈니스모델을 확장하겠다는 의지로 보입니다. 뷰티컬리의 런칭이 그것이죠.

궁극적으로 위에 열거한 기업의 리브랜딩 현상은 불황기의 여러 위기 요인(매출 감소, 고객 이탈, 재정 악화 등)에 의한 것이지만 세밀하게 들여다보면 초기 비즈니스모델로는 지속적인 수익이 불가하고 한편으로는 고객의 가치가 끊임없이 진화하기 때문입니다.

일례로 당근의 새 로고에 당근이 추구하는 지역Local, 연결Connect, 삶Life의 핵심가치를 담은 이유가 그것입니다.

이렇듯 비즈니스모델을 확장할 의도로 개명을 시도할 때 두 가지 사실을 염두에 두어야 합니다.

첫째, 자신들의 원천적인 비즈니스모델과 새로운 모델이 충돌하여서는 안 된다는 것이지요. 2005년 코닥의 파산은 여러 요인이 있었겠지만 결국 필름시장(점유율 90%)과 디지털 비즈니스모델과의 충돌이 주요 요인이었습니다.

둘째, 아무리 새로운 가치 혁신을 통해 마케팅 상황을 바꾼다 해도 대상은 고객 중심이어야 한다는 것입니다.

경영학의 창시자 피터 드러커는 3가지 질문을 던지라고 충고합니다. 1) 고객은 누구인가? 2) 고객의 가치는 무엇인가? 3) 고객에게 적정한 가격으로 가격 전달을 어떻게 해야 하나?

2022년 베스킨라빈스는 16년 만에 로고를 바꿨습니다. 로고에는 레트로 감성이 개입되었습니다. 이 밖에 버거킹의 로고 변경, 기아자동차의 '기아', 페이스북의 '메타'로의 사명 변경 등 연이어 리브랜딩이 줄을 이었습니다.

구찌, 루이비통, 생로랑 등 명품 브랜드는 유연성과 확장성 기반의 '지속 가능한 아이덴티티'를 만들고 있다고 합니다. 이는 단순한 리브랜딩을 넘어 젊은 소비층을 위해 서로 협업하고 기존에 있는 것에서 새로움을 재창조하는 전략을 사용하며 나아가 소셜미디어를 통해 양방향 소통

지주회사 알파벳 설립과 더불어 사업 재편을 위한 로고 변경

출처: 연합뉴스

의 팬덤을 만들기도 합니다.

인터넷검색을 뛰어넘어 또 하나의 세계를 구축하겠다고 사업 확장을 위해 2005년 지주회사 '알파벳'을 설립한 구글의 시도는 성공 사례로 기록되는데 이는 시사하는 바가 매우 큽니다.

끝으로 한 가지 숙지해야 할 것은 리브랜딩 작업에 앞서 리브랜딩은 단순한 새로움이 아니라 성장 목표와 비전, 가치 등을 내포해야 한다는 것도 잊어서는 안 됩니다. 이를 성공적으로 수행하기 위해서는 다음과 같은 점이 고려되어야 합니다.

첫째, 필요성과 목적을 명확하게 정의해야 합니다.

일단 왜 하려는지, 어떻게 하려는지 근거와 방향이 명확해야 합니다.

둘째, 기존의 브랜드 자산과 유지해야 할 요소를 파악해야 합니다.

리브랜딩은 완전히 새로운 브랜드를 만드는 것이 아닙니다. 말하자면 기존의 브랜드에 새로운 이미지와 가치를 부여하는 것입니다. 기존 브랜드에 대한 충성도와 인지도를 고려하면서 유지하거나 강화할 요소를 선별합니다.

셋째, 타깃과 시장에 대한 연구와 분석을 철저하게 해야 합니다.

리브랜딩의 목적은 고객과 시장에 맞춰진 브랜드를 만드는 것입니다. 따라서 고객의 니즈와 행동 패턴, 시장 동향, 경제 상황 등을 깊이 이해하고 그에 맞는 브랜드 전략을 수립해야 합니다.

넷째, 결과물을 효과적으로 홍보하고 전파해야 합니다.

리브랜딩은 단발성이 아니라 지속적인 과정입니다. 리브랜딩 이후에 고객과 시장에 새로운 브랜드 이미지를 지속적으로 강화하고 커뮤니케이션해야 합니다. 이를 위해서는 다양한 마케팅 채널과 매체를 활용하여 피드백을 수집하고 반영해야 합니다.

현 시점에서 보면 리브랜딩으로 사업 영역을 확장하고 젊은 층을 공략하며 미래 지향성을 추구함으로써 수비에 급급한 모습보다 공격수로서 성과를 창출해 내는 것이 무엇보다 중요하다는 점을 강조하고 싶습니다.

기업의 해자를 구축하라

통상 기업의 해자보다 투자의 귀재 워런 버핏이 즐겨 썼다는 '경제적 해자'라는 용어를 자주 씁니다.
해자라는 용어는 본래 적의 침입을 막기 위해 성 바깥쪽을 파내어 물을 부어
못으로 만든 것을 뜻합니다. 불황기에는 먼저 경쟁 시 이길 만한 해자를 구축해야 합니다.
불황기 생존은 물론 진정 경쟁력을 갖게 하는 기업의 해자는 무엇인지 알아보겠습니다.

 특출한 기술이나 브랜드파워 등 확실한 우위를 점한 기업을 두고 투자의 귀재 워런 버핏은 기업의 해자 또는 경제적 해자라는 단어를 주로 사용하였습니다. 그는 버크셔 헤서웨이 주총에서 해자와 연관된 발언을 합니다.

"성공한 투자는 저비용으로 생산하는 기업 또는 강력한 브랜드를 소유한 기업에 투자하는 것이다."

"가장 중요한 것은 주변에 넓고 장기간 지속되는 '해자'가 있는 성을 보호하는 정직한 영주가 있는 기업을 찾는 것이다."

해자란 중세시대에 공격자가 성벽에 도달하는 것을 방지하기 위해

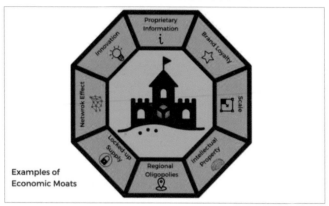

불황기에는 경쟁력의 틀을 점검할 해자가 있다

출처: 마노즈 나크라/Medium

성 또는 요새 주변에 호수 등 물로 채워진 깊고 넓은 참호를 말합니다.

더욱이 해자는 어느 날 갑자기 사라져 버린 기업과 경쟁력을 갖춘 기업을 구별해 낼 수 있는 기본틀을 제공해 준다는 측면에서 집중할 필요가 있습니다.

불황기에는 7가지 해자를 구축하는 것이 위기 극복에 유효한데 그 이유는 다음과 같습니다.

1) 브랜드 해자

경쟁 상대가 될 만한 강력한 브랜드가 등장할 가능성이 매우 작은 경우입니다.

시장을 선점하여 대표브랜드가 된 경우가 바로 여기에 해당하는데 코카콜라나 애플처럼 최초 상기도(특정 제품군을 떠올렸을 때 가장 먼저 떠올리는 정도)가 매우 높습니다. 애초에 강력한 상표, 브랜드 구축은 오랜 시간이 걸리며 한 번 구축되면 소비자들이 장기적으로 기억합니다.

2) 교체(전환) 해자

고객이 경쟁 제품이나 서비스로 갈아타기 매우 어렵거나 과정이 번거로운 경우입니다. 일례로 마이크로소프트의 소프트웨어를 들 수 있는데 (오피스와 엑셀) 이를 경제적 용어로 자물쇠 효과라고 합니다.

3) 네트워크 효과(교체 해자)

사용자가 접근하고자 하는 네트워크를 독점적으로 제공하는 경우입니다. 다른 서비스로 갈아타는 것 자체는 어렵지 않지만 그럴 경우 기존 네트워크에 접근성을 잃어버립니다. 마이크로소프트의 MS오피스나 카카오톡이 바로 그런 사례입니다. (사용자 수가 많을수록 가치가 증가하므로 신규 사업자의 진입이 불가)

4) 비용우위 해자

특별한 생산 방법과 판매 방법 등이 같은 업종의 다른 기업과 차별화되어 낮은 비용으로 생산, 판매가 가능할 때 이를 비용우위의 해자라 합니다.

예를 들면 테슬라의 경쟁력은 '무섭게 발전하는 제조 경쟁력'이었습니다. "전기차로는 돈을 벌 수 없다."는 기존 차량 회사들의 고정관념을

자동차 부품을 하나의 특수 알루미늄 합금으로 만드는 공법

출처: mekanika.com

깨고 테슬라는 설계 초기부터 전기차가 구사할 수 있는 최고 수준의 공용화를 준비했습니다. 이를테면 기존 전기차보다 부품 개수를 줄이고 기가프레스라는 공법을 사용하는 등 장기적으로 원가를 절감할 수 있는 구조를 만들었습니다. (대폭적인 코스트 절감/경량화/공정 단축/품질 향상)

심지어 배터리 개발에서도 원가를 낮출 구체적인 목표를 가지고 있다고 합니다.

5) 비밀 해자

기업에 재산적 성질을 갖는 비밀이 있어서 다른 기업의 모방을 방지하는 경우입니다. 특허, 영업비밀, 지적재산 등 종류가 다양한데 일례로 1886년에 출시된 코카콜라의 제조법은 어느 경쟁사도 모방할 수 없는 기업 비밀의 대표적 사례입니다.

6) 가격 해자

제품 및 서비스를 타 경쟁사보다 저렴하게 만들고 제공할 수 있는 저비용 공급자의 경우로 아마존이나 코스트코가 대표적인 사례라 할 수 있습니다.

7) 효율적 규모 해자

어느 한 기업이 속한 비즈니스 세계가 안정된 과점 규모로 서로 이윤을 나눠 배분하며 신규 기업이 시장 진입할 경우 이익을 포기하고 경쟁해야 하는 상황이 발생하므로 섣불리 진입하지 않습니다.

기업의 해자가 불황기 극복에 동력이 되는 이유는 다음 3사의 사례로 더욱 명확하게 결론 지을 수 있습니다.

테크 기업이지만 필수 소비재에 가까운 애플의 IOS는 사용자 경험에 묶여 생태계에서 빠져나올 수 없으며 구글의 유튜브와 검색엔진은 아무리 코로나, 금리 인상, 경기 침체가 몰려와도 넘지 못할 독점적 위치, 즉 기업적 해자를 변함없이 보유하고 있습니다. 향후 모든 소프트웨어에 ChatGPT를 접목해 독과점 체제를 구축해 나가려는 마이크로소프트의 혁신적인 시도도 결국 기업의 해자를 통해 불황기를 극복하려는 글로벌 IT기업의 고육지책苦肉之策임이 분명합니다.

각성하여 다시 시작하든지, 적의 심장에서 배우든지

위기에 처했을 때 그 위기를 어떤 관점에서 이해하고 해결해야 하는지 선택의 기로에 서게 됩니다.
글로벌 기업들의 파격적인 위기 대처 능력은 한 번쯤 다뤄볼 주제입니다.

 ## 1) 각성하여 다시 시작하기

2008년 레스토랑 체인의 최강자인 맥도날드가 커피전문점 사업에 뛰어들었습니다. 서브프라임 모기지 사태 이전에 커피 사업은 수직에 가까운 성장을 거듭하였고 매력적인 사업으로 인식되었습니다.

맥도날드는 자체 조사를 통해 커피 사업에 진출할 시 10억 달러 이상의 추가 수익을 올릴 수 있다는 결론을 얻었다고 합니다. 조사 결과는 이러했습니다.

- 미국인 5명 중 1명은 프리미엄 커피를 마시며 연 4%의 성장률을 보이고 있다.

- 맥도날드가 그동안 쌓아온 신속성과 편의성이 커피 사업에도 통할 것이다.

- 커피 사업 진출 시 매장당 12만 5천 달러의 추가 매출이 이루어질 것이다.

이런 낙관적인 결론에 힘입어 맥도날드는 2008년 가을부터 1만 4천여 자사 매장 옆에 맥카페McCafé라 불리는 커피전문점을 열고 커피 전문가를 배치해 본격적으로 경쟁에 뛰어들었습니다. 당시 서브프라임 모기지 사태로 저렴한 던킨도너츠 커피나 맥도날드 커피는 좋은 대안이 되었습니다.

맥도날드는 이런 소비자의 심리를 교묘히 파고들어 스타벅스를 공격했습니다. 엎친 데 덮친 격으로 2007년 컨슈머리포트의 시음테스트에서 맥도날드 커피가 스타벅스보다 낫다는 평가가 나왔습니다.

이에 대해 스타벅스는 격렬하게 논쟁했지만 결과는 끊임없는 주가 하락으로 이어졌습니다. 이런 상황을 대변해 주는 맥도날드 옥외광고가 있습니다. "4달러짜리 커피를 마시는 것은 바보 같은 짓이야four bucks

4달러짜리 커피를 마시는 것은 바보 같은 짓이라고 스타벅스를 조롱한 맥도날드 옥외 광고

출처: happist.com

is dumb." 여기서 'bucks'는 달러를 의미하는 단어이지만 가만히 곱씹어 보면 스타벅스를 의미하는 것이었습니다. 스타벅스로서는 치욕적인 광고였지요.

2008년 스타벅스의 하워드 슐츠 전 CEO는 금융 위기와 맥도날드 같은 강력한 경쟁자가 있었음에도 양적 팽창에 몰두하고 있던 임직원에게 한 통의 편지를 보냅니다.

"우리는 성장에만 집착한 나머지, 기업의 핵심가치를 점점 놓치고 있었다. 경영진의 결정에서, 각 매장에서, 그리고 고객들의 모습에서, 스타벅스의 설립 기반이 되어준 고유의 특성이 점차 사라져 갔다. 우리가 만들어 내는 것들이 우리 자신의 삶을 변화시키듯 다른 사람들의 삶도 변화시켜야 하지 않겠는가? 지금껏 스타벅스는 커피 그 이상의 가치를 추구해왔다. (중략) 2008년 다시 스타벅스의 CEO가 되었을 때 나는 다시금 모든 사람들이 스타벅스와 사랑에 빠지기를 간절히 바랐다. 오직 그 한 가지 바람으로 엄청난 타격을 예상하면서도 미국 전역의 매장을 일제히 닫기로 결심하였다. 나는 두려움을 떨쳐냈다. 그리고 그 자리에 마치 카드를 뒤집기 직전의 갬블러처럼 기대감이나 희망을 채워 넣었다. 어떤 비평가들은 우리가 스스로 실패를 자인함으로써 스타벅스 브랜드의 명성을 영원히 훼손시켰다는 등의 가혹한 논평을 서슴지 않았다. 그러나 나는 우리가 옳은 일을 했다고 확신했다. 우리 직원들에게 투자하는 것만큼 값진 일이 또 뭐가 있겠는가? 자기 자신의 믿음과 옳다고 생각하는 것에 대한 신념이 있어야만 모든 장애물을 뛰어넘고 멋진 삶을 펼칠 수 있다."

그들은 각성하여 다시 시작하기로 작정을 했습니다. 그들의 7대 혁신 운동을 보면 답이 나옵니다.

- 논란의 여지 없는 커피 권위자가 되자.
- 우리의 파트너를 고무시키고 참여시키자.
- 고객들과의 감정적 교감에 불을 지피자.
- 세계 시장에서 우리의 존재감을 확대시키고 각 매장을 해당 지역의 중심으로 만들자.
- 윤리적 방식의 원두 구매와 환경을 지키는 리더가 되자.
- 우리의 커피에 걸맞은 혁신적인 성장의 기반을 구축하자.
- 지속 가능한 경제 모델을 제시하자.

결과는 어찌 되었을까? 2008년 2월 26일 오후 5시 30분부터 9시까지 매장 문을 닫고 13만 5천 명 바리스타를 대상으로 에스프레소 엑설런스 트레이닝을 진행했습니다. 스타벅스는 '사람은 회사의 중요한 자산'이라고 믿은 경영자의 흔들리지 않은 신념 덕분에 위기를 탈출할 수 있었습니다.

2) 적의 심장에서 배우기

2023년 7월 16일 미국 밀워키 시내로 바이크 7,000대가 쏟아져 나왔습니다. 우리가 잘 아는 할리 데이비슨의 120년을 기념하는 '홈커밍 페스티벌'이었습니다.

13일부터 시작된 이 축제에는 무려 8만 명이 찾았고 도로는 두둥두둥 하는 특유의 말발굽 소리로 가득했습니다. 그야말로 할리 데이비슨이 아니면 볼 수 없는 장관이었죠.

재구매율이 95%인 할리 데이비슨은 세계에서 가장 많이 사용되는 문신의 소재로서 브랜드 충성도를 넘어 고객의 삶과 일치되는, 나아가 고객이 최고의 영업사원으로 활동하는 것^{브랜드 변호인}을 자부심으로 삼고 있습니다. 정체성이 강한 브랜딩이라는 측면에서 보면 재론의 여지가 없습니다. 실제로 최대 430kg이 넘는 묵직한 차체와 어마어마한 배기량을 자랑하는 엔진 '고등감'이라 표현하는 배기음 등은 어떤 브랜드에서도 찾을 수 없는 정체성입니다.

그렇다고 120년 동안 절대적인 꽃길만 걸은 것이 아니었습니다.

그들의 1970년은 한마디로 흑역사였습니다. 당시 할리 데이비슨은 엔진소리가 지나치게 크고 연비뿐 아니라 코너링도 좋지 않은 B급 브랜드에 불과했으며 결국 혼다에 밀려 파산 직전까지 갔습니다. 그러나 그들의 정공법은 경쟁자의 심장부에 가서 경쟁력의 본질을 탐색하는 일이었습니다. 전 CEO 본 빌스는 이런 인터뷰를 한 적이 있습니다.

"일본인에게 밀려난 것은 우리보다 뛰어난 관리자가 있었기 때문이다. 로봇, 문화, 아침체조, 사가 때문이 아니다. 사업을 이해하고 디테일에 주의를 기울이는, 자기 분야에 정통한 관리자가 있었기 때문이다. 그들이 그러한 결과를 만들었다고 생각한다."

이후 할리 데이비슨은 "파는 것은 바이크가 아니다. 우리는 체험을 판다."라는 캐치프레이즈하에 1983년 '할리 오너스 클럽'이라는 커뮤니티를 만들고 "To Ride and Have Fun"이라는 모토하에 운전자 교육, 단체 오토바이 여행 등 다양한 행사를 열어 오늘날 130만 커뮤니티를 결성하고 드디어 업계의 정상을 탈환했습니다.

1981년 혼다 공장 견학이 한 자릿수로 급락한 점유율과 존재감 없던 경쟁자(혼다, 야마하, 스즈키 등)의 선점, 치솟는 유가와 금리라는 불안정한 상황에서 유일하게 대안이었다는 것이 놀랍기만 합니다. 그들은 한마디로 경쟁자의 심장에서 눈에 번쩍 뜨인 경험이라고 후술합니다.

깨끗한 공장과 중간직이든 생산직이든 주인의식을 가진 직원, 재고가 쌓이지 않는 혼다의 적시 생산 방식 등….

120년 역사의 할리 데이비슨

출처: lsrbikes.blogspot.com

남성성과 자유를 내지르는 확성기, 바로 할리 데이비슨의 심장 소리를 내기 위해 그들은 오늘도 거리로 나섭니다.

앞으로 미래의 100년도 그러할 것인데 적의 심장부에서 자신의 모든 것을 바라보고 각성하며 배웠다는 점이 무엇보다 놀랍습니다.

고객도 모르는
뉴디맨드(New Demand) 전략을 구사하라

상품을 판매하거나 제공하는 기업들의 가장 중요한 고민 중 하나는 어떻게 고객을
매료시키느냐에 달려 있습니다. 실용성과 브랜드에 중점을 두었던 기성세대와는 달리
MZ세대는 가치와 신념에 따라 소비하는 경향이 있습니다.
불황기임에도 새로운 가치를 창출하여 소비자와의 접점을 확대하고 구매 욕구를 충족시키는
뉴디맨드 전략이 주목받고 있는데, 고객도 모르는 욕망과 매혹을 끄집어내는
뉴디맨드 전략에 대해 상세히 알아보겠습니다.

뉴디맨드 전략New Demand Strategy이란 획기적이고 사지 않고는 못 배기는 대체 불가능한 상품을 제작해서 새로운 수요를 창출하는 것입니다.

먼저 기업이 이전에 존재하지 않았던 시장을 창출할 수 있게 해주기 때문에 새로운 제품이나 서비스에 특히 효과적일 수가 있지요. 이를테면 제품이나 서비스를 알지 못하는 잠재고객을 식별하고 타기팅함으로써 기업의 입장에서는 수요를 창출하고 새로운 시장에서 발판을 마련한다는 측면에서 일거양득─擧兩得인 셈이겠지요.

뉴디맨드 전략에는 두 가지 유형이 있습니다.

첫째는 사용하고 있는 제품을 바꾸는 교체 수요이고 다른 하나는 가

뉴디맨드 전략으로 등장한 시몬스 침대의 난연 매트리스

출처: 한국 시몬스의 난연 매트리스와 일반 매트리스의 실물규모 화재 시험

지고 있지 않은 제품을 구매하는 신규 수요입니다.

전자는 업그레이드하기, 친환경 콘셉트, 프리미엄 콘셉트 등 콘셉트 덧입히기, 할부, 렌탈, 후불 등 지불 방식 바꾸기를 통해 수요를 창출할 수 있으며 후자의 경우 전에 없던 상품, 예를 들어 시몬스침대의 불에 타지 않는 난연 매트리스와 같은 카테고리 상품이나 마이크로 세그멘테이션 상품Micro Segmentation을 통해 수요를 창출해 낼 수 있습니다.

모든 콘텐츠를 한 번에 쉽게 즐길 수 있는 미디어포털로 업그레이드

누적자 11만을 기록한 그린카의 정기구독서비스 '그린패스'

출처: 그린카 홈페이지

된 KT의 '지니TV', 높은 대여 비용에 부담을 느끼는 소비자에게 새로운 형태의 카셰어링 구독 상품으로 호평받는 그린카의 '그린패스'는 신규 수요의 좋은 사례로 손꼽히고 있습니다.

그렇다면 교체 수요는 어떻게 창출할까요?

프랑스의 철학자 세르주 라투슈의 『낭비 사회를 넘어서』에서는 이 문제를 집중적으로 거론했습니다. 전구의 경우 1881년에 에디슨이 발명한 최초의 전구 수명은 1,500시간이었고 1920년대에는 2,500시간이었으며 현재는 1,000시간에 불과하다고 합니다. 더 잦은 재구매를 위해 제품의 수명을 줄였다는 사실이 충격적입니다. (김난도, 『트렌드 코리아』, 2023)

이렇게 내구소비재의 대체 수요를 늘리기 위해 제품을 의도적으로 낡게 만드는 것을 계획적 진부화라고 하는데 여기에는 새로운 기술을 적용해 기존 제품을 낡아 보이게 하는 '기술적 진부화'와 유행을 변화시켜 심리적으로 새 물건을 욕망하게 하는 '심리적 진부화'가 있습니다.

스마트폰의 예를 들겠습니다. 신제품이 출시되는 순간 당신의 스마트폰은 낡아 보입니다. 말하자면 기술적, 심리적 진부화가 동시에 진행되는 것이지요. 왜냐하면 스마트폰은 생태계가 중요한 상품이기 때문입니다. 아이폰의 iOS나 삼성의 안드로이드냐에 따라 사용하는 앱 생태계가 달라지므로 업그레이드 서비스를 위해 고객을 잡아둘 수 있습니다. 이런 이유로 세계적 투자가 워런 버핏은 애플에 투자했습니다.

새로운 길이 생기거나, 교통규칙이 생길 때 내비게이션을 업그레이드하거나 빠른 컴퓨터 속도, 이전보다 커진 모니터, 선명한 화질 등은

'품질 속성의 개선'을 통해 진부화된 고객 이탈을 막아줍니다. 업그레이드는 그만큼 위력적입니다.

먼저, 기능과 폼펙터form factor: 외형적 요소를 업그레이드합니다. 삼성전자의 접히는 폼펙터나 다이슨의 '날개 없는 선풍기'가 그것입니다.

둘째, 지속적인 업그레이드입니다. 통상 자동차는 기계라기보다는 전자제품이나 통신기기로 인식합니다. 스마트폰처럼 자동차나 가전제품의 업그레이드는 제품 간 연결성이 강화되면서 하나의 생태계로 인식한 결과입니다.

마지막으로 콘셉트 덧입히기는 상품 자체의 기능적 속성이 아니라 개념적 변화로 바라보는 것입니다. 말하자면 제품보다 제품에 대한 인식을 바꾸면 새로운 제품으로 받아줄 수 있다는 것입니다.

스타벅스의 공정무역 커피의 예가 그렇습니다. 최근 유행하고 있는 ESG환경 콘셉트와 지위를 표시하는 프리미엄 콘셉트도 같은 맥락이며 렌탈, 구독, 후불, D2PDisposal to Purchase: 기존 상품에 대해 일정한 보상을 주는 보상 판매 지불 방식도 교체 수요를 이루는 중요한 요소입니다.

제품과 서비스가 점차 상향 표준화되는 시장 상황에도 뉴디맨드 전략은 차별적인 경쟁력으로 크게 자리 잡을 것으로 전망됩니다.

전통적인 구독경제를
재해석하라

전통적인 비즈 모델을 재해석하고 디지털 전환으로, 창간 후
170년 만에 혁신적으로 성공한 뉴욕타임즈의 성공 사례입니다.
이 사례에서는 혁신의 민낯과 디지털 전환을 위한 각종 전략을 배울 수 있습니다.

 전통적으로 신문사의 수익원은 독자의 구독료와 기업의
광고비입니다. 구독자가 있어야 기업들로부터 광고를 받을 수 있으니
신문사는 구독자를 놓치지 않으려고 총력을 다합니다. 그러나 그것은
옛말이 되고 말았습니다.

뉴욕타임즈는 디지털 전환으로 생존을 이어간 대표적인 언론사입니
다. 놀라운 것은 2020년 기업실적에서 디지털 판매 수입이 종이신문을
추월하였다는 사실입니다. 이 괄목할 변화는 창간 후 170년 만에 이루
어진 최초의 사건이었습니다. 당시 이들이 밝힌 매출을 보면 종이신문
구독 매출이 1억 7,540만 달러, 디지털 구독 부문은 1억 8,550만 달러를
기록하고 있습니다. 구독자로 비교해보면 전체 650만 명 구독자 중 88%
에 달하는 570만 명이 디지털로만 콘텐츠를 소비하는 인터넷 구독자였

디지털 퍼스트를 선언한 뉴욕타임즈의 혁신 보고서

습니다.

나아가 2025년 유료구독자를 목표로 하는 뉴욕타임즈는 세계 미디어 업계 전반의 흐름을 정면으로 거스르며 디지털 전환에 성공한 유일한 언론사로 포지셔닝하였습니다. 그렇다면 이들의 디지털 성공 전략은 무엇이었을까요?

첫째, 디지털 우선 전략Digital First을 실행하였습니다. 일단 종이신문의 제약에서 벗어나 디지털 뉴스 생산에 가능한 모든 역량을 투입하였습니다. 디지털 뉴스 중에서 가장 훌륭한 뉴스를 선별curation: 재분류하여 익일 종이신문에 담아내는 방식으로 회사의 업무를 재정의하였습니다.

둘째, 구독을 최우선Subscription-First으로 하였습니다. 구독은 자신들이 170년간 유지해온 강점이었습니다. 말하자면 핵심 비즈니스모델이었습니다.

이들의 최상의 목표는 디지털 유료구독자를 늘리는 것입니다. 기존에 생산된 기사에 광고를 붙여 판매하는 방식보다 수익 창출에 도움이 되는 다양한 서비스가 가능한 상품 개발에 치중하였습니다.

최근 뉴욕타임즈는 '원스톱 숍ª one-stop shop'을 출시하였습니다. 뉴스와 쿠킹, 뉴스와 게임, 뉴스와 스포츠, 스포츠와 게임 등 2~3개의 미디어 상품을 묶어 이미 가입한 회원들에게 추가 판매하는 것으로 실패할 확률이 거의 없는 전략 상품인 셈입니다.

이렇게 되기까지 뉴욕타임즈는 젊고 유연한 조직을 만들기 위해 투자를 서슴지 않았습니다. 적응성과 유연성이 높은 리더가 필요했기에 경제잡지 포브스의 광고 책임자와 콘텐츠 큐레이션 서비스의 대표 매체인 허핑턴포스트Huffington Post, 버즈피드BuzzFeed 같은 스타트업의 인재들을 대거 중용했습니다.

이들에 의해 만들어진 뉴스 생산 프로세스는 이들의 관점이 독자 우선이었음을 짐작케 합니다. 예를 들면 웹, 모바일, SNS 등 양질의 콘텐츠를 더 빠르고 가깝게 제공하기 위해 1) VR기술을 이용한 360도 비디오 'The Daily 360' 2) 메인 뉴스를 오디오 형태로 다루는 팟캐스트 'The Daily' 3) 스냅챗과 제휴한 'Snapchat Discover'가 그것입니다.

아마존 CEO 제프 베조스의 5가지 원칙 중 새로운 발명이라는 코드가 있습니다. 그는 몰락해 가는 종이신문 워싱턴포스트를 인수하여 웹과 모바일 앱으로 전환했습니다. 그는 워싱턴포스트에 '워싱턴포스트 라이브^{The Washington Post Live}'라는 콘텐츠 큐레이션 서비스를 실시하였습니다. 이는 넓은 인터뷰 스튜디오에서 영향력 있는 각계 인사를 초대해 주기적으로 인터뷰를 진행하는 것입니다. 프로그램이 끝난 후 '라이브채팅'에서 전문가와 독자 간의 심도 있는 분석과 토론을 전개합니다. 이런 혁신적 시도는 웹사이트 방문자를 증가시켰고 방문자의 빅데이터를 보유하게 되었습니다.

물론 모회사인 아마존과 제휴하여 '아마존프라임' 회원에게도 각종 서비스를 제공하여(디지털 6개월 무료 구독, 6개월 후 정상 가격의 3분의 1) 디지털 뉴스 소비자를 양적으로 늘려 나갔습니다.

닮은 듯 다른 두 회사의 질주는 어떤 결과를 나타냈을까요?

뉴욕타임즈의 월간 순방문자는 1억 2,709만 명으로 워싱턴포스트의 8,680만 명보다 4,000만 명이 많았습니다. 이들의 경주는 아직 미완입니다.

아마존과 연계하여 콘텐츠 큐레이션 미디어로 재탄생한 워싱턴포스트

프리코노믹스(Freeconomics)로 돌파구를 찾아라

전 세계적으로 경기 불황이 짙어지고 있는 가운데 2008년 블루오션으로 떴던
공짜경제(Freeconomics)에 대해 짚고 넘어가 보려 합니다. 이는 침체된 시장에 활기를 주고
최대한 잠재고객을 확보하려는 전략으로 경쟁력 강화의 일환입니다.

 공짜경제Freeconomics, 즉 프리코노믹스는 제품이나 서비스를 무료로 제공함으로 새로운 시장 창출을 통해 수익을 만들려고 하는 마케팅 기법을 말합니다. 이는 롱테일 법칙의 창시자 크리스 앤더슨이 이코노미스트지의 '2008년 세계경제대전망'에서 보고서를 통해 소개했습니다. 그때부터 '공짜경제'라는 키워드가 유행하기 시작했습니다.

영국의 팝가수 프린스가 560만 달러의 인세를 포기하면서 일간지 데일리메일에 새 앨범 300만 장을 무료로 끼워 배포한 뒤 데일리메일 측으로부터 받은 라이선스와 콘서트 입장료 등으로 1천 880만 달러의 수익을 올려 프리코노믹스의 전형적인 사례가 되기도 하였습니다.

통상 침체기를 거치면 공짜경제 사업 모델이 확산될 가능성이 큽니다. 특히 강력한 대체재가 나타났거나 제품 범용화가 빠르게 진전되는

음악, 서적, 개인방송유튜브 그리고 고정비용이 크고 한계비용이 적은 항공, 운송, 인프라 산업에 적용되며 산업 간 융합이 활발하게 이뤄지는 분야나 패키지 소프트웨어처럼 특정 기업이 독점하거나 성숙에 달한 시장 범주에 해당된다고 보아야겠습니다.

실제로 이를 실행하기 위해서는 창의적인 수익모델이나 실행상 위협 관리, 진정성 관리 등 3가지 측면에서 유의해야 합니다. 정반대로 공짜 경제를 방어해야 하는 기업의 경우 시장 재정의를 통한 사업 영역의 고도화, 기존 시장 내 제품 차별화와 수익 원천의 선점과 관련 산업의 공짜 전쟁에 활용할 것인지 고려해야 합니다.

과거 유료였던 제품 및 서비스를 무료로 공급하면 소비자의 관심 attention과 명성reputation이 따라오고 나아가 광범위한 사용자 기반을 확보해 이를 바탕으로 관련 영역에서 새로운 수익을 창출해내기도 하는데 비즈니스모델 패턴의 무료 모델이 그것입니다.

특정 대상에 무료로 상품과 서비스를 제공하여 그것을 기반으로 다른 비즈니스와 고객을 연결시키는 모델로서 면도기를 무료로 제공하고

면도기와 면도날을 이용한 혁신적인 질레트 수익모델

교체용 면도날을 판매한 질레트나 굳이 공짜가 아니더라도 구입 비용이 비싼 복사기를 월 임대료로 대여한 제록스, 마음에 드는 안경이 있으면 5개까지 무료로 배송하고 시력검사만 입력하면 2주 안에 맞춤 제작한 안경을 보내주는 와비파커도 프리코노믹스의 차원에서 생각해 보면 나름 침체기 돌파의 또 다른 전략 같아 보입니다.

일단 인프라가 구축되면 상품과 서비스의 생산원가가 급격히 감소(한계비용 체감)해 0에 가까워지는데 무료로 서비스를 제공하는 것은 기업의 입장에서 그리 부담되는 사안이 아닙니다.

물론 프리코노믹스의 부작용이 없는 것은 아닙니다.

먼저 시장의 가격 질서가 붕괴되는데 소비자들은 정상적인 가격을 거부할 것입니다. 일례로 2004년 한국 최대 커뮤니티 사이트였던 프리챌이 순식간에 몰락한 것도 이 때문입니다. 공짜가 일반화된 인터넷 사업에서 무리하게 유료화를 추진하다 사용자들의 거친 반발로 파산되고

커뮤니티 유료화 정책으로 파산한 프리챌

말았습니다.

둘째, 기존 고객이 붕괴할 수 있습니다. 앞서 공짜경제의 유의점에서 진정성 관리라고 언급한 적이 있었습니다.

자칫 공짜의 의미가 왜곡되었을 때 기존 고객의 이탈은 불을 보듯 뻔합니다. 일부만 주고 생색내기보다는 '전량', '정품'을 줄 수 있어야 한다는 점도 프리코노믹스 실행 전 고려해야 할 사안입니다.

그래도 2008년 불황기에 프리코노믹스를 적극적으로 시도했던 이유는 소비자들을 통제하거나 관리하지 않아도 된다는 점이었습니다.

소비자들에게 다양한 선택권과 혜택을 부여하고 그 이후에 발생하는 소비 역시 스스로 결정할 수 있다는 장점으로 잠재고객을 확보했으며 브랜드 인지 효과가 꽤 상승했습니다. 아무래도 비용 부담 없이 누구나 손쉽게 접근할 수 있었겠지요. 따라서 해당 회사와 제품명이 알려지고 이것이 매출 증대로 이어졌을 겁니다.

일례로 세계 최대의 음원 스트리밍 플랫폼 스포티파이Spotify는 신규

무료 체험을 통해 고객의 호감도를 견인한 세계적인 음원 플랫폼 스포티파이

출처:Tunesolo

고객에게 무료 체험의 기회를 제공하는데 체험 기간에는 유료 요금제의 모든 혜택을 주고 프리미엄 서비스도 충분히 경험하게 합니다. 아울러 무료 체험 기간이 끝나기 전에 언제든지 취소할 수 있어 음악애호가들에게 매력적인 플랫폼으로 인식되고 있습니다.

끝으로 1930년 대공황에 유행했던 '공짜 점심'의 의미를 살펴보려고 합니다. 어떤 경제적 활동을 할 경우 그에 상응하는 대가 내지 기회비용이 반드시 발생한다는 격언으로 이와 연관하여 프리코노믹스의 적극적인 활용도 신중히 생각할 시기가 아닌가 생각됩니다.

세상엔 공짜 점심이 없다

"There's no
such thing
as a free lunch."

'The K-기업'은 어떻게 불황기 Small Giant가 되었나?

The Recession Immunity

복을만드는사람들㈜
가장 한국적인 것으로
세계인의 입맛을 사로잡다

코로나19 이후 미국으로부터 낭보가 날아왔다. 미국에서 품절된 K-김밥에 대한 기사였다. 미국 온라인 커뮤니티 '레딧'에 한 대형 마트 김밥 진열대에 "1인당 2개까지만 살 수 있어요."라는 쪽지가 붙은 사진이 올라왔다. 인기를 실감하는 순간이었다. 이 냉동 김밥 품절 대란에 복을만드는사람들㈜가 있었다. 2020년 국내 최초로 홍콩에 냉동 김

품절대란으로 이어지는 K-kimbap(스브스뉴스 화면캡처)

미국 유통업체의 새로운 냉동김밥 제품을 먹어보는 사람들의 영상이
SNS에서 입소문을 타고 있다.(스크린 캡처)

밥을 수출한 바 있는 복을만드는사람들(㈜)는 현재 미국, 영국, 카타르, 인도네시아 등 19개국에 그 파워를 이어가고 있다.

도대체 복을만드는사람들(㈜)는 어떤 불황기 면역력으로 전 세계의 시장을 공략하게 된 것일까?

1) 가치 혁신을 유도한 R&D

냉동 김밥이 글로벌 시장의 매력적인 상품이 되기까지는 2018년 ~2020년 약 2년간의 연구개발이 근간이 되었다. 일본에서 '노리마키(김말이)'라는 이름으로 냉동 김밥이 불티나게 팔린다는 소식을 접하고 복을만드는사람들(㈜) 경영진은 혁신적인 개발 의지를 다졌다고 한다.

그러나 이는 기존 시장에서 경쟁하기보다는 경쟁 없는 신시장을 개척하는 가치 혁신과 같은 획기적인 시도라는 점에서 여러 난관에 봉착하였다. 김밥이라는 상품은 즉석 조리제품이기에 위생관리가 어렵고 보관 및 유통기간이 타 상품과 달라 (상온 7시간, 냉장 36시간) 사업화하기

에 무리가 있었지만 역발상적으로 생각해보면 김밥은 레시피 응용이 많고, 어떤 식재료든 활용이 가능하여 또 다른 기회의 요소가 될 것이라 판단했다. 일단 12개월 장기 보관할 수 있도록 수분을 제거하고 제조 직후 영하 50도에서 급속냉동시킨다. (이는 김밥의 본연의 맛을 살리기 위함이다.) 아울러 3분 내 골고루 데워지는 특수용기를 개발하였고 김밥의 높은 열량을 최소화한 '저칼로리 냉동 김밥 제조 기술'인 자체 기술은 탄수화물에 부담을 느끼는 소비자에게 큰 호응을 얻었다. 복을만드는사람들㈜의 창의적인 R&D 역량은 트렌드를 주도하고 경쟁을 무의미하게 만들어 새로운 시장을 만들고 소위 블루오션으로 이어질 확률이 높다.

2) Target Segmentation(타깃 세분화)에 의한 차별화

복을만드는사람들㈜ 김밥에는 일반 김밥 외에 운동선수들을 위한 단백질 김밥(저탄수 고단백), 식물성 재료가 들어간 비건 김밥, 키토제닉 김밥(저탄고지), 이슬람과 유대인을 위한 할랄/코셔 김밥, 한국전통 퓨전 김밥(수출용), 식단 조절이 필요한 환자용 당질제한식 김밥 등 총 50종이 있다. 이는 시장을 객관적인 잣대로 분류하고 적합한 고객들을 명확히 분석하여 이들에게 소구할 수 있는 상품을 제공하는 전략이라는 측면에서 일반 김밥 시장에서 메이저로 포지셔닝할 승산이 크다.

3) 로컬에서 글로벌까지

복을만드는사람들㈜의 비전은 '세계인의 한 끼를 간편하게 해결하는 헬스푸드'이다.

작게는 지역 농축산물(하동)로 만든 웰빙 김밥으로 포지셔닝했으며 국내 컬리를 비롯 17사와 제휴하였을 뿐 아니라 크게는 전 세계 19개국에 수출하고 있다.

아울러 해외바이어 네트워킹을 보유한다든지, 해외 비건시장(미국, 네덜란드, 아랍권) 공략, 해외유통판매처 확대, K-푸드 현지화를 통해 전 세계 'Kimbap'으로서 위상을 공고히 하고 있다.

복을만드는사람들㈜의 세계로 수출되는 비건 김밥 종류

4) 사회적 기업으로서의 Value Chain

흔히 경제, 사회적 조건을 개선하면서 동시에 비즈니스 핵심 경쟁력을 강화하는 일련의 기업정책이나 경영활동을 사회적 가치Creating Shared Value라 하며 이를 실현하여 수익을 창출할 수 있는 비즈니스모델을 수립, 운영하는 기업을 사회적 기업이라 한다. 복을만드는사람들㈜는 "이윤 추구를 넘어 사람과 사람을 연결하고 지역경제와 국가 경제를 활성화하여 '복'을 만든다."라는 사회적 기업의 이념을 확고히 하고 있다. 이를 위해 지역농산물 매입, 지역민 중심 인력 고용 창출, 국내외 유통 판로 개척, 각종 지역사회재단을 위한 기부와 후원 등 직접 참여형 푸드테크 기업으로, 더 나아가 창조혁신형 기업으로 위상을 쌓아가고 있다.

복을만드는사람들㈜의 불황기 면역력

1) 역발상적인 R&D 및 신시장 개척
2) 경쟁사들이 모방할 수 없는 자체 기술 보유
3) 시장 세분화 및 타기팅
4) 국내외 제휴 및 현지화
5) 사회적 기업으로 Good Company

㈜장생도라지
글로벌 마켓의 경주마가 되다

㈜장생도라지는 흔히 접할 수 있는 도라지를 20여 년 이상 생존하게 하는 다년생 재배법을 자체 개발하여 이를 고부가가치 산업 소재로 탈바꿈함과 동시에 글로벌 브랜드로 세계 시장에 포지셔닝하고 있는 유망 농업벤처기업이다. (2002년부터 고교과정 교과서 한국지리에 "도라지 하나로 세계를 제패하다"란 제목으로 소개된 바 있다.) 어떻게 흔한 작물 하

장생도라지 회사 전경

나가 해외시장에서 각광받는 글로벌 브랜드가 되었을까? 일례로 ㈜장생도라지는 일본과 미국, 중국에 기 상표가 등록된 글로벌 브랜드로 일본의 경우 2006년부터 수출을 시작하여 2023년 누계액 2,500만 불을 돌파하였다.

1) 창업 및 브랜드 스토리

㈜장생도라지에는 창업자 가족의 눈물 어린 스토리가 있다. 이는 브랜드 스토리로 이어져 기업의 비전과 미션의 중요한 요소가 될 가능성이 높다.

자신의 제품이 아픈 사람과 나라의 보물이 될 것이라는 확고한 신념, 외환위기로 인한 경영난, 이를 극복하기 위한 가업 승계로 이어진 파노라마식 변혁이 오늘날 ㈜장생도라지를 있게 하였다. 특히 점진적인 성장과 더불어 매출액 대비 5%의 과감한 R&D 투자는 강력한 면역 활성을 바탕으로 혈당 강하와 항암 효과 등 탁월한 약리 활동을 입증하여 경쟁력의 기반이 되어 주었다.

장생도라지 개발자 이성호와 경영자로서 회사를 이끄는 아들 이영춘 대표

이성호의 재배법으로 지리산 자락, 엄격한 재배환경에서 생산한 장생도라지

2) 지속적인 R&D 활동

㈜장생도라지는 매출이 전무했던 창업 초기부터 현재까지 매출액 대비 연평균 5% 이상의 연구비를 투자하고 있으며 유관 대학 및 국립연구원, 임상병원 등을 망라하여 연구네트워크를 통해 '장생도라지 연구회'를 20여 년간 운영해 오고 있다. 이 활동을 통해 36건의 국내외 특허, 국제 학술지SCI에 등록된 논문이 30여 편에 이른다.

3) 체험 마케팅

㈜장생도라지는 도라지를 약용으로 사용하는 아시아권을 대상으로 1999년 해외박람회를 시작으로 런칭하였는데 일본지사를 개설하고 일본 내 국제학술대회 개최 및 건강식품 전문회사의 경영진과 고객들을 대상으로 체험 투어를 진행하였다. 이는 고객의 감각을 자극하고 마음을 움직이는 체험 마케팅의 강점으로 작용하였다. 창업자를 만나 대담하고 직접 재배지를 탐방하는 그 자체가 수출의 원동력이 되었음은 의심의 여지가 없다.

일본에서 진행한 국제학술심포지엄 현장 사진

4) 철저한 품질 관리 시스템에 의한 품질 경쟁력

까다롭기로 유명한 일본 바이어가 ㈜장생도라지를 선택하게 한 이유는 제품 본연의 기능이 전부는 아니었다. 대내외적으로 효율성보다 언제나 동일한 품질을 유지하는 ㈜장생도라지의 '항공기 생산 방식'의 공정관리 때문이다. 항공기 생산 방식은 제조사가 발행한 작업 단계별 지

장생도라지의 항공기 생산방식 시스템 현장

침(매뉴얼)에 따라 작업을 하고 그 결과를 실시간으로 기록 및 확인하게 되어있는 절차로서, 공정을 담당하는 사람을 비롯하여 어떤 조건이 변하더라도 설계자가 의도한 결과가 나오도록 지나칠 정도로 세밀한 지침으로 구성되어 있어 품질 경쟁력이 매우 탁월하다는 평가를 받고 있다.

이를 반영하여 ㈜장생도라지는 사람이 섭취하는 상품은 사후관리를 할 수 없다는 엄중하고 철저한 인식으로 모든 과정이 전문가가 설계한 표준문서에 의해 진행되고 그 결과가 기록되어 해당 제품이 폐기될 때까지 보존하고 있다.

㈜장생도라지의 불황기 면역력

1) 창업 및 브랜드 스토리
2) 지속적인 R&D 활동
3) 체험 마케팅
4) 철저한 품질 관리 시스템에 의한 품질 경쟁력

KEAB
창의성을 끌어내는 건축가의
'기억'이라는 도발

 2010년 아시아 최초로 프랑스에서 젊은 건축가에게 수여

하는 '폴 메이몽 건축가상'을 수상한 KEAB 백희성 대표는 "건축 재료 중

에 기억이라는 재료가 가장 핵심"이라며 주로 '기억'을 단서로 설계하는

저자는 인터뷰이들의 의사를 존중하여 팩트에 약간의 허구를 덧붙여 팩션을 만들기로 마음먹었다. 그는 8년 동안 조사해 온 모든 집과 사람의 이야기를 『보이지 않는 집』 속에 구슬처럼 한 알 한 알 꿰어 하나의 스토리로 재구성했다. 파리에서 인터뷰에 응해 주신 분이라면 금방 알아볼 수 있는 그들만의 비밀, 저자로서 독자에게 보낸 수수께끼까지……. 그는 파리에서 8년간 건축가로서 일하며 깨닫고 발견하고 마음에 담았던 이야기들을 이 책에 모두 담아냈다.

길을 지나가다 문득 아름다운
집을 볼 때마다 그 집의 우편함
에 편지를 적어 넣곤 했다.

간혹 그 편지에 대한 답장으로
초대를 받았고, 그 집에 숨어
있는 신비한 이야기를 들을 수
있었다.

국내 유일의 건축가이다. 특히 공간을 단순히 장소 개념을 넘어 인문학적, 예술적 개념으로 보고 그 안에 존재하는 사람들의 인터뷰를 통해 휴머니즘, 휴식, 치료공간의 콘셉트를 구현해 나간다. 평소 인간의 정체성을 결정하는 것은 선택된 경험, 즉 '기억'이라는 지론을 펼쳐 온 그는 복제가 불가능한 기억을 건축으로 변환시키는 유일무이한 경쟁력을 보유하고 있다. 어떻게 KEAB 백희성 대표는 기억을 건축으로 작품화했는가?

1) 충분한 인터뷰를 통해 기억을 재구성하고 보이지 않는 것에 집중

"건축가가 조금 부족한 공간을 만들면 거기 사는 사람이 나머지를 추억과 사랑으로 채운다. 세상의 모든 불편해 보이고 부족한 것들은 어찌 보면 깊은 사연을 담고 있을지도 모른다."

- 보이지 않는 집(MAISON INVISIBLE)/백희성/레드우드출판사

사례 1

은퇴 후 자신의 직업처럼 운명 같은 길과 원하는 길을 토로했던 전직 소방관과의 심도 높은 인터뷰는 공간 사이마다 시선이 가리키는 방향과 걷는 방향을 엇갈리게 하고 계단을 올라가도 다른 길로 가게 하는 역발상적인 설계를 실행하게 하였다. 그의 인생을 건축 공간에 표현한 프로

공감선유 외부와 내부 사진

젝트였다.

'공감선유'라 불리는 이 문화공간은 해마다 10만 명가량 방문하고 있으며 오지임에도 불구하고 군산의 핫플레이스가 되었다. 혹자는 이곳에서 소방관이었던 그의 인생을 이야기하고 미술관 카페에서 소확행의 힐링을 한다.

사례 2

식당을 운영하시면서 주변 학교에 장학금을 주시고 배고픈 아이들에게 따뜻한 밥을 내주시는 아버지에게 당신을 닮은 식당을 지어 드리고 싶다는 고객이 있었다. 한마디로 아들의 사랑과 존경을 공간으로 표현하는 의미 있는 프로젝트였다. 완공된 그곳에 1층은 식사공간이 되었으며 2층에는 미로처럼 생긴 아버지의 공간이 있다.

그곳에는 평생 자식을 위해 고생하고 아버지로서, 가장으로서의 무게를 짊어진 아버지의 조각상이 있다. 그 소재는 젓가락과 수저였다.

서예정식

아버님과의 인터뷰에서 우리는 또 다른 소재를 찾았다. "자식은 내게 빛입니다. 저는 별것 없습니다. 자식은 제게 등불이요 오늘날까지 버티게 해준 진정한 빛입니다." 이 독백을 공간 속에 구현하기로 했다.

1) 아버지 조각상 맞은편에 앉을 수 있는 작은 의자를 만들었다. 2) 그 조각상 위에 조명을 설치했다. 그러나 조명은 조각상을 비추지 않는다. 대신 맞은편 아들의 의자를 비춘다.

이렇게 하여 아버지의 찬란한 빛인 아들을 부각해 주었다. 이곳은 감동스러운 스토리가 알려져 '효자가 지어준 식당'이라는 별칭을 가지고 지역의 명물이 되었으며 서예정식이라는 이름을 달았다.

2) 각자의 기억을 복제할 수 없는 스토리로 콘셉트화

1) 독특한 가치제안

인터뷰를 통한 정보를 바탕으로 고객이 요구하는 독특한 가치를 정의하고 제안한다.

2) 고객의 관점

건축의 기능적 특징 외에 의뢰자의 감정적, 심리적 요구를 충족시켜 하나의 브랜드 스토리를 구성한다.

3) 명확하고 간결한 메시지

KEAB의 건축 메시지는 의뢰자의 소중한 기억을 찾아서 이를 공간으로 바꾸고, 그 공간에서 행복한 웃음을 자아내도록 하는 효과적인 커뮤니케이션을 담고 있다. 복잡하거나 모호한 메시지는 자칫 일방적인 커뮤니케이션으로 인해 소비자의 이해를 방해할 수 있기 때문에 이는 더 경쟁력이라 할 수 있다.

백희성 대표의 스토리를 콘셉트화하는 사진

KEAB의 불황기 면역력

1) 충분한 인터뷰를 통해 기억을 재구성하고 보이지 않는 것에 집중

2) 각자의 기억을 복제할 수 없는 스토리로 콘셉트화

청채원
세계 최고의 스마트팜을 꿈꾸다

다이어트 수요와 건강에 대한 관심이 늘어나면서 애피타이저나 서브 메뉴로 여겨졌던 샐러드가 한 끼 식사로 자리 잡게 되었다. 온라인 마켓에서는 이를 입증하듯 매출이 지속적으로 증가하고 있는데 최근 한국농수산식품유통공사aT의 설문조사에 따르면 응답자의 21.3%가 코로나19 이후 구매를 늘렸다고 답했다. 현재 우리나라 상추 등 쌈류 시장 규모는 생산액 기준 3천억 원대로 추산되며 이를 모든 쌈채류로 확대하면 7천~8천억 원대로 추정된다.

청채원은 연중 유러피언 샐러드 채소를 무농약, 친환경 담수경 방식으로 재배해 생산 유통하는 미래형 스마트팜으로서 다양한 시설(수직형 스마트팜vertical farm, 일반 단동하우스, 연동하우스)과 운영 경험이 풍부해 불황기 내성기업으로 성장할 확률이 커 보인다.

왜 청채원은 미래 스마트팜으로 도약할 가능성이 큰가?

1) 유러피안 샐러드 상추 시장 규모의 확대

기존의 쌈용 야채 중심의 샐러드에 비해 유럽형 샐러드 중심의 샐러드는 식감에서나 맛에서 큰 차이가 나는데 스마트팜이 늘어남에 따라 유러피안 샐러드가 샐러드 시장의 대세를 이루고 있다.

아울러 엽채류 스마트팜은 수경재배 농법을 적용하여 수분 함량이 많고 부드러워 과거 쓴맛의 질긴 상추를 먹어 본 고객에게는 선택의 여지가 없다. (유럽, 특히 네덜란드, 프랑스, 벨기에 엽채류 생산의 70% 이상이 수경 재배로 생산된다.)

미래형 스마트팜, 수직형 스마트팜(vertical farm) 환경

2) 축적된 자체 기술과 초기 구축 비용 절감

청채원은 2023년 12월 현재 총 7,000평의 일반 하우스를 수경재배로 전환하였으며 매입된 하우스를 기준으로 3,000평 하우스를 수경재배로

전환하여 시장에 최적화된 시설뿐 아니라 이와 관련된 경험과 데이터를 축적하고 있다. 이 또한 국내 사례가 전무하여 모든 설비를 자체 기술로 해결해야 했으며 특히 설치 비용을 줄이기 위해 단동 일반 비닐하우스를 수경재배로 전환하는 농법에 대한 연구개발을 지속해야 했다. 따라서 초기 구축 비용의 절감은 가격과 경쟁력에 깊은 영향을 미칠 것으로 전망된다.

*국내 엽채류 수경재배 분야에서 수직형 스마트팜, 온실, 비닐하우스 등 각기 다른 재배 형식을 직접 설치하고 운영한 회사는 청채원이 유일하다.

3) 가성비 선호도 및 불황기 마케링 확장성

청채원의 스마트팜 모델은 수직형 스마트팜이나 온실형으로만 운영하는 여타 농가나 법인에 비해 크게는 2배 이상의 단위 중량당 가성비일 가능성이 크다. 이는 향후 가격이 하락해도 생존할 모델이라 여겨진다. 단지 유럽형 샐러드 상추는 상온유통이 어려워(주로 cold chain으로 유통) 일반적인 농산물의 경우처럼 공판장이나 경매시장에 내놓기가 어렵다. 현재 판매 중심이 샐러드 제조회사에 B2B로 나가는 이유가 그것이다.

그러나 2023년부터 프리미엄급 상추로 포지셔닝하여 대형마트, 온라인 시장을 통해 B2C로 확장해 나가고 있으며 단일브랜드보다 온라인 판매망이 구축된 회사를 중심으로 협업하여 공동마케팅을 전개해 나갈 것이다.

마케팅 전략에는 협업사의 요구에 맞춘 맞춤형 상품과 대량상품 판매가 가능하도록 소포장 능력을 집중적으로 키워온 청채원의 역량이 발휘된 것으로 보인다. 이제 봄, 가을 성수기 주문 폭주에도 여유 있게 대응할 뿐 아니라 재배면적 확대에도 유연하게 대응할 수 있게 되었다.

4) 지역 농가와 협업, 기술 이전으로 미래형 스마트팜 네트워크 조성

향후 청채원은 단동 하우스를 중심으로 한 수경재배는 지역 중심의 농가들과 협업하여 기술 이전을 하되 소규모 인원으로 손쉽고 저렴하며 빠르게 운영할 수 있는 모델을 만들어 진입장벽을 낮춘다. 또한 이를 표준화하여 보급할 계획이 있다.

6차산업은 향후 농업기업의 성장 핵심이며 미래라고 인식될 공산이 크다. 따라서 스마트팜은 빛과 물 등을 이용하는 미적 활동이 가능하며 나아가 자동화를 통한 첨단이미지, 중앙관제식 AI 농업 등이 구현될 수 있다.

이는 스마트팜의 관광 자원화를 이끌어 낼 계기가 될 것이며 각종 가공상품과의 연계, 힐링센터 등의 커뮤니티 공간을 통해 체험의 공간 폭을 넓힐 수 있다.

청채원의 불황기 면역력

1) 자체 기술로 초기 비용 감축
2) B2B를 기반으로 한 B2C 진출
3) 가성비 선호도 및 불황기 마케팅 확장성
4) 지역 농가와 협업, 기술이전으로 미래형 스마트팜 네트워크 조성

지니언스
보안 시장의 지배적 리더

 사이버 위협의 증대와 디지털 대전환, AI기술의 상용화 등으로 사이버 환경에서의 안전성에 대한 중요성이 급증하고 있다. 특히 인터넷상의 방대한 정보를 AI가 학습해 기존에 없던 악성 피싱과 악성 소프트웨어를 쉽게 생성할 수 있게 되면서 사이버 보안이 강화되는

지니언스 글로벌 고객분포도

추세이다.

지니언스는 NAC네트워크 접근 제어 솔루션와 EDR단말 기반 지능형 위협 탐지 및 대응 솔루션, GPIPC 보안 진단 솔루션, 제로 트러스트 보안솔루션ZTNA 등 주된 영역에서 성장해 온 국내 대표 IT 보안업체이다. 이 중 EDR은 2017년 지니언스가 국내 최초로 개발한 AI 기반 보안 제품으로 단말에서 랜섬웨어 악성코드 등 고도화된 공격 위협을 탐지하고 진행 상황을 추적하는 솔루션으로 국내 EDR 시장점유율 1위를 기록하고 있으며 이에 발맞추어 NAC 비즈니스는 글로벌 및 SMB시장Small and Medium-sized Business: 소규모 및 중소기업으로 비즈니스 커버리지를 확대해 시장점유율을 높였다. 어떻게 지니언스는 2005년 설립 이후에 19년간 보안 시장의 독점적이고 지배적인 리더가 되었을까?

1) 독자적으로 개발한 솔루션으로 글로벌 기술경쟁력 확보

지니언스는 전 세계 33개국의 41개 글로벌 벤더들과 다양한 보안제품을 연동하거나 협업하여 효율적인 프로세스를 사용자들이 손쉽게 적

지니언스 CI

용할 수 있도록 연구개발에 심층 노력하고 있다. 현재 중동지역은 지니언스의 최대 수출처로 급부상하고 있으며, 이 지역 누적고객은 전체 글로벌 고객 수의 38%를 점유하고 있다.

나아가 R&D 컨트롤 타워라 할 수 있는 미국 법인을 중심으로 IBM, 시스코, 팔로알토 네트웍스, 퀄리스, 테너블과 함께 APT 방화벽, 침입 탐지 및 침입 방지 시스템 분야는 물론 취약점 관리, SIEM^{Security Information & Event Management: 보안 정보와 이벤트 관리}, SOAR^{Security Orchestration, Automation and Response: 보안 오케스트레이션, 자동화 및 대응} 등 차세대 분야까지 광범위하게 협력 범위를 확장하고 있다.

이런 기업 활동의 결과 지니언스는 가트너 선정 차세대 NAC 대표기업으로, 글로벌 시장조사기관인 프로스트 앤 설리번의 '글로벌 솔루션 마켓

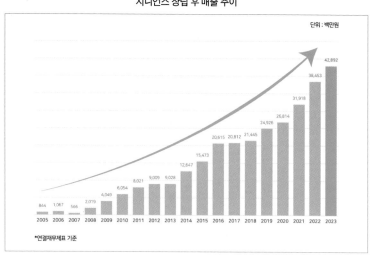

지니언스 창립 후 매출 추이

가이드'에 국내는 물론 아태지역에서 유일하게 등재되는 영광을 안았다.

국내의 여러 제약조건을 극복하기 위해 8년간 해외에 투자한 결과 2024년에는 글로벌 비즈니스의 퀀텀 점프^{Quantum Jump: 대약진}의 원년이 될 것으로 기대한다.

2) 포티룰(Forty Rule)에 기반한 내실 강화

지니언스는 성장과 수익을 동시에 추구하기 위해 일명 포티룰(매출 20% 성장, 영업이익률 20% 유지) 전략을 수립, 불황기에 적극 대처하고 있다.

포티룰이란 성장을 위해 새로운 시장을 개척하거나 기존 시장에서의 점유율 확대를 위해 신규 매출을 창출하며 수익과 비용 간의 균형 유지를 기반으로 영업이익률을 높이는 성장 전략이다. 결국 포티룰의 핵심인 매출 성장과 안정적인 수익 실현은 파트너와의 지속적인 상생과 협력에서 출발한다.

지니언스 세계 최대 보안전시회 RSAC 현장 사진

3) 에자일 기반의 스피드 전략

에자일은 현대적인 비즈니스 환경에서 프로젝트를 효과적으로 관리하고 성공적으로 완수하기 위한 혁신적인 접근법이다. 즉 변화에 유연하게 대응하고 빠르게 가치를 창출하는 프로젝트 관리방법론이다.

기존의 전통적인 개발 방법론에 비해 반복적이고 점진적인 접근을 채택하여 프로젝트를 진행하며, 고객 요구 사항의 우선순위를 중시하고 피드백과 학습을 통해 지속해서 개선한다.

지니언스는 기업 내 의사결정 구조를 효율적으로 구조화하여 불황기에 빠르게 대응할 수 있는 민첩성을 확보하는 것이 핵심이다. 이 가운데 적용 가능한, 유연한 비즈니스모델을 채택하여 안전하고도 다양한 환경에 대응할 수 있게 하였다.

4) 상생과 협력

지니언스는 제품 개발부터 고객의 니즈를 반영하고 고객과 함께 미래의 청사진을 그려가기 위해 상생과 협력의 철학과 가치관을 실천하였다. 특히 파트너에게 교육, 마케팅, 기타 지원 등을 일관성 있게 추진하였다.

5) 불황기에 즉각적이고 선제적인 대응 전략 구사

지니언스는 팬데믹 이후 직원들의 안전과 업무의 지속적인 운영을 위해 보안업계 최초로 전 사원의 재택근무를 채택하였다. 또한 온라인 기술지원의 프로세스를 신속하게 구축하여 고객서비스를 흔들림 없이 실행하고 있으며 불황기에 고객 및 파트너를 위한 지원 강화 전략으로 밖으로는 새로운 비즈니스 기회를 발견하고 안으로는 불황기 극복을 위해 효율적으로 자원을 축적, 구사하였다.

지니언스 EDR 솔루션 '지니안EDR' 대시보드

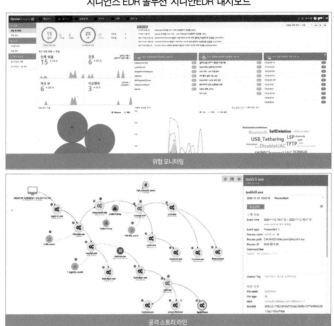

지니언스의 불황기 면역력

1) 독자적으로 개발한 솔루션으로 글로벌 기술경쟁력 확보

2) 포티룰(Forty Rule)에 기반한 내실 강화

3) 에자일 기반의 스피드 전략

4) 상생과 협력

5) 불황기에 즉각적이고 선제적인 대응 전략 구사

쿠키씨엔씨
큐레이션 SNS로 비즈니스의 빅픽처를 그리다

쿠키씨엔씨 문성실 대표는 자사가 운영하는 SNS를 기반으로 큐레이션커머스 비즈니스(여러 상품 중 전문가가 선별한 상품을 제시함으로써 소비자의 선택을 쉽게 해주는 전자상거래)의 빅픽처를 그려가는 게임 체인저이다. 그러나 그녀의 큐레이션커머스 입문은 그야말로 평범하다 못해 미미할 정도였다. 쌍둥이를 키우는 전업주부로 무료한 마음을 달래기 위해 만든 블로그(문성실의 심플 레시피)에 집에 늘 있는 재료를 밥숟가락 계량법으로 요리하여 매일매일 밥상에 올린 레시피와 진솔한 삶의 얘기를 담은 것이 전부였다.

어떻게 문 대표는 식품 리뷰를 게시하던 단순한 블로그를 상품을 추천하고 소개하는 큐레이션커머스 비즈니스로 성장시킬 수 있었을까?

생존율도 낮고 성공과 실패의 부침이 심한 사업 영역에서 어떤 경쟁

산지를 직접 찾아가서 좋은 품질과 가격으로 소싱하려 노력한 성실함이 문성실 대표의 가장 강력한 경쟁력으로 10년 넘게 매니아층의 신뢰를 유지한 비결이다. 산지를 직접 찾은 문성실 대표.

력을 바탕으로 팬데믹 이후에도 20~30%씩 지속적인 성장을 이끌어 낼 수 있었을까?

먼저 쿠키씨엔씨는 식품류 상품 소싱 능력이 탁월하다. 쿠팡이나 컬리와 같이 많은 품목을 취급하는 것이 아니라 소비자들이 애용하는 70~80개 정도의 품목만 취급한다. 주부의 눈으로 깐깐하게 농산물과 식

푸드샵, 문성실의 심플레시피 블로그를 통해 공동구매를 진행한다.

품을 선별한 경험을 살려 국내에서 가장 본질적 경쟁력이 높다고 객관적으로 판단된 농수산식품 분야의 생산자를 직접 찾아다닌다. (이들의 산지 출장만 500회에 이른다고 한다.)

결론적으로 산지 네트워크가 ㈜쿠키씨엔씨의 경쟁력이라 할 수 있다.

둘째, 자사 운영 SNS를 기반으로 한 큐레이션커머스이다.

쿠키씨엔씨는 문성실 대표의 명의로 블로그, 인스타그램, 유튜브, 카

다양한 요리법은 물론, 그 과정에서 사용하는 조리도구, 가전제품, 그릇 등을 100% 소비자의 관점으로 콕콕 집어내어 큐레이팅한다. 식재료를 구매하는 시점부터 마지막 디스플레이에 사용되는 쟁반까지 고객구매여정을 적극 반영한 제품 큐레이션이 돋보인다.

카오스토리 채널, 틱톡, 네이버TV, 새로운 인스타그램 채널 등 총 7개의 SNS 계정을 운영하고 있다. 2021년부터는 다양한 SNS를 동시에 운영하는 콘텐츠 생산 능력을 배가해 콘텐츠 기획, 조리 및 스타일링, 스틸컷, 동영상 촬영 및 편집을 수행할 역량을 집중적으로 키웠으며 요리 콘텐츠와 상품 소개 관련 콘텐츠(스틸컷, 동영상, 쇼츠, 상황극 등) 연출이 가능하게 되었다. 이런 경험들은 대형 SNS 채널을 신규 구축할 노하우로 발전하여 문성실 대표 이외의 다른 전문가의 SNS 계정을 만들고 육성할 시스템을 운영하게 만들었다.

그렇다고 큐레이션커머스 비즈니스가 불황을 피해 가지 않는다. 문성실 대표의 쿠키씨엔씨에서는 불어닥친 불황기에 어떻게 대처했는가?

1) 적자 사업의 과감한 정리

앞서 언급한 사업모델 외에 외부 인플루언서 채널 제휴로 계획했던 상품 판매와 식품류의 B2B 사업을 중단했다. 이는 2021년부터 불어닥친 유통 부문의 경기침체가 주원인이었다.

2) 신규 육성한 SNS 사업의 성공적 런칭

'문성실 인스타그램 채널'은 런칭한 후 10개월 만에 팔로우 수 17만을 기록하며 수익을 발생시켰으며 현재 29만 명의 대형 채널로 자리 잡게 되어 매출과 수익이 동반 상승하였다. 이를 통해 신규채널의 육성 노하우를 보유하게 됨은 큰 자산이 아닐 수 없다.

3) 기획 쇼츠 동영상의 성공

문성실 인스타그램, 틱톡 등에 적용한 기획 쇼츠 동영상은 타 SNS와 크리에이티브하고 차별화되었다고 평가를 받는다. 요리 콘텐츠와 상품 판매 콘텐츠는 팔로워 및 소비자들로부터 연이어 호평받았다.

도드람 팀과 제품의 공급가격과 혜택에 대해 집요하게 노력하고 있는 문성실 대표. 인스타그램으로 직접 방문하고 회의하는 과정을 익살스럽게 올리며 고객과 소통하고 있다.

4) '공구의 여왕' 프로젝트의 성공적인 진행

불황기 저가 시대에 물가안정을 목표로 생산자와의 직접 협상을 통해 공급 가격을 안정시키는 프로젝트를 진행하였다. 이는 쿠키씨엔씨 수익모델로 '공구의 여왕'이라는 이름으로 전파되었고 추후 안착하도록 전력투구를 다 할 것이다.

5) 사회적 책임을 다하는 기업으로 도약

SNS를 홍보 수단으로 특화한 식품 전문 온라인 쇼핑몰 쿠키 쇼핑은 사회적 기업 ㈜이로운넷과 더불어 "착한 상품을 입소문으로 팔아 주자."

는 독특한 사회공헌 협약을 체결하였다. 이는 경제적 이윤 추구뿐 아니라 동시에 사회적 가치도 지향한다는 의미가 있다.

쿠키씨엔씨의 불황기 면역력

1) 적자 사업의 과감한 정리

2) 신규 육성한 SNS 사업의 성공적 런칭

3) 기획 쇼츠 동영상의 성공

4) '공구의 여왕' 프로젝트의 성공적인 진행

5) 사회적 책임을 다하는 기업으로 도약

부엉이돈가스
돈가스의 품격을 높이다

부엉이돈가스는 2014년 홍대 뒷골목에서 작은 돈가스 매장에서 시작했는데 소비자에게는 '줄 서서 먹는 돈가스 맛집'으로 알려져 있다. 한때는 '눈꽃치즈돈가스'를 개발하여 유명세를 떨쳤으며 현재 '더티치즈돈가스'와 '체다퐁듀돈가스'를 출시하여 명실상부 프리미엄 돈가스로서 손색이 없다는 호평을 받고 있다.

　부엉이돈가스가 초기 맛집에서 프랜차이즈로 나서게 된 이유는 기존 프랜차이즈 관행을 바꾸고 가맹본부와 가맹점이 이익을 공유하는, 가치 있는 경영구조를 실행하고 싶었기 때문이다. 프리미엄 돈가스 레스토랑으로서 백화점, 호텔, 쇼핑몰 위주로 입점해 왔으나 코로나19는 10여 년 경력의 부엉이돈가스를 위기에 몰아넣었다. 어떻게 부엉이돈가스는 프리미엄 돈가스의 본질을 지키고 위기를 기회로 전환했을까?

줄서서 먹는 돈가스 맛집, 부엉이돈가스 대치점

1) 불황기 전략 모델 설정

앞서 언급한 대로 통상 부엉이돈가스는 백화점, 호텔, 쇼핑몰 위주로
입점하거나 40평 이상의 로드샵을 오픈해 왔다. 그러나 코로나19 이후
상황은 날로 악화되었다. 이들이 이런 악재 가운데 기획한 것은 기존 매
장을 축소해서 작은 평수에도 즐길 수 있는 새로운 버전이었다.

아울러 품질은 그대로 유지하되 고객들에게 가성비를 줄 수 있는 메
뉴 리뉴얼 작업도 병행하였다. 예상했던 것보다 결과는 놀라웠다. 소형
매장이지만 메뉴를 단순화시켜 고객 회전율을 높이고 키오스크 매장으
로 인건비를 줄인 것이다.

최근 들어 오픈하는 대부분의 매장이 소형 컴팩트 매장인 것이 다
그런 이유이다. 옛말에 "어려울 때일수록 몸집은 작게, 행동은 빠르

게 하라."는 금과옥조金科玉條를 부엉이돈가스는 직접 실현하고 있는 것이다.

2) 다양한 고객 접점과 브랜드력을 높여줄 비즈니스모델

작은 평수의 컴팩트한 매장으로 불황기를 극복하기엔 부족한 면이 많았다. 따라서 부엉이돈가스는 가맹점의 추가 매출도 견인하고 브랜드 인지도를 높일 방안을 고민하다가 돈가스밀키트 사업을 전개하기로 결정했다. 이 사업은 코로나19 이후 불황기 대응 전략으로 연구되고 시장 조사를 통해 가능성을 타진해 왔으므로 발 빠르게 진행되었다.

드디어 부엉이돈가스 브랜드를 달고 출시한 '더티치즈돈가스'는 카카

불황기 극복을 위한 컴팩트형 매장, 인건비 절감을 위한 키오스크 도입, 1인고객을 위한 좌석 등 가맹점의 효율성을 높여주는 프랜차이즈 시스템 도입

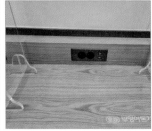

오메이커스에 처음 출시되어 한 시간 만에 100세트를 팔고 10시간도 안 돼서 완판되는 신기록을 세웠다. 이런 결과는 기대 이상이었고 뜨거운 반응도 예측을 넘어섰다. 이는 밀키트라는 한계를 뛰어넘어 매장에서 먹는 맛과 동일한 퀄리티를 나타내기 위한 연구진들의 수백 번의 테스트와 6개월간의 노력의 결과라 아니할 수 없다.

현재 이 제품은 쿠팡, 컬리, 오아시스 등 온라인 마켓에 입점해 있으며 홈플러스 100개 매장에도 입점된 상황이다. 그동안 밀키트 사업의 확장을 위해 5개의 제품을 출시했고 2024년에는 3~5개 제품을 더 추가할 계획이다.

3) 가맹점과의 상생 철학 실현

부엉이돈가스는 중소기업청의 이익 공유형 프랜차이즈 사업자로 선정되었다.

이 정책은 프랜차이즈 가맹본부와 가맹점 간의 이익 공유 방식을 사전 가맹계약서에 '이익 공유 계약 항목'으로 명시해 이익을 서로 나누는 프랜차이즈 육성 사업으로 부엉이돈가스 선정은 곧 기업철학과 일치되는 측면이 있다.

이는 부엉이돈가스가 준비하는 두 가지 사업에서도 나타난다.

하나는 CK Central Kitchen: 조리를 끝냈거나 반조리를 끝낸 식품 재료를 계열의 점포에 공급하기 위한 조리시설 공장 설립으로 발생하는 소스의 제조 원가 절감을 가맹점과 나누는 방법으로 가맹점당 월평균 30만 원 정도의 이익 공유가 가능해진다. 다른 하나는 매년 말 당기순이익의 10%를 차기 연도 각 가맹점의 마케팅 비용과 물류 지원 예산으로 편성해 지원한다는 계획이다.

4) 퍼스트무버로서 다양한 시도

부엉이돈가스는 국내 돈가스 시장에 최초라는 수식어로 장식되어 있다. 프리미엄 국내산 1등급 돈육을 100시간 저온 숙성하면서 세계 최초로 '녹차마리네이드 레시피'를 개발하였다. 여기에 국내에 존재하지 않았던 스노우치즈돈가스나 아이스돈가스, 볼케이노돈가스 등의 제품력은 돈가스의 새로운 차원을 보여주는 대표적인 사례가 되었다. 아울러 전문 주방장이 없는 퀵조리 시스템과 합리적 원가 구조, 안정적 수익구조, 밀착형 슈퍼바이징 프로그램 등 선도자로서의 다양한 시도는 부엉이돈가스의 탁월한 경쟁력으로 부각되고 있다.

프리미엄 돈가스 밀키트 시장을 선도하는 부엉이돈가스

부엉이돈가스의 불황기 면역력

1) 불황기 전략 모델 설정

2) 다양한 고객 접점과 브랜드력을 높여줄 비즈니스모델

3) 가맹점과의 상생 철학 실현

4) 퍼스트무버로서 다양한 시도

포프리
식문화에서 혁신을 주도하는
룰브레이커(Rule Breaker)

 세계적인 경영학자 개리 하멜은 기업을 크게 세 가지 범주로 구분한다. 룰메이커Rule Maker, 룰테이커Rule Taker, 그리고 룰브레이커Rule Breaker. 룰메이커는 산업 내에서 새로운 규칙을 만들어 내고 시장을 지배하는 기업이다. 마이크로소프트나 인텔 같은 회사가 이에 속한다. 반면, 룰테이커는 기존의 규칙을 따르며 낮은 위험과 적은 보상을 수용하는 기업들이며, 룰브레이커는 기존의 경계를 넘어 새로운 시장을 창출하고 변화를 주도하는 기업을 말한다.

포프리는 이 중에서도 룰브레이커의 대표적인 예로, 2000년부터 계란 정기 배송을 시작하면서 식문화에 새로운 패러다임을 제시했다. 이 회사는 자연에 가까운 방식으로 생산된 신선한 식품을 최단 시간 내에 배송하는 것을 목표로 삼고 있다. 포프리가 시장에서 독특한 위치를 차지할 수 있었던 이유는 무엇일까?

1) 거대 기업을 앞서는 전략

포프리의 성공적인 시장 진입과 지속 가능한 성장은 그들의 혁신적이고 전략적인 접근 방식에서 기인한다. 창업 초기부터, 포프리는 기존의 구독형 배달 서비스 시장의 틈새를 파고들며, 구독경제 모델을 적극적으로 도입했다. 이러한 접근은 특히 우유나 신문 등 전통적인 구독 서비스가 확립되지 못한 영역에서 주목할 만한 성과를 거두었다.

포프리는 'Four Free' 전략을 핵심으로, GMO 무첨가, 항생제 미사용, 비린내 제거, 동물성 지방 무첨가 등 건강하고 안전한 식품을 제공함으로써 차별화된 가치를 소비자에게 제공했다. 이러한 전략은 단순한 제품 판매를 넘어서, 소비자의 건강과 환경에 대한 책임감을 강조함으로써 시장에서 브랜드 이미지를 강화하는 데 크게 기여했다.

특히 주목할 만한 것은 포프리의 물류 및 배송 시스템 전략이다. 대형 물류 회사들이 일반적으로 사용하는 일일 배송 시스템과 달리, 포프리는 주간 배송 모델을 채택함으로써 물류 비용을 상품 가격의 25%에서 10% 이하로 대폭 절감하는 성과를 달성했다. 이는 제품 가격 경쟁력을 높이는 동시에, 고객에게 더 합리적인 가격으로 제품을 제공할 수 있는 기반을 마련했다. 또한, 이러한 주간 배송 전략은 특히 주간 배송이 가능한 제품군에 특화되어 있으며, 이를 통해 포프리는 고객에게 최상의 신선도와 품질을 유지한 제품을 지속해서 제공할 수 있게 되었다.

24시간 내 팜 투 테이블을 실천하고 있는 신선한 포프리 계란

24시간 내 팜 투 테이블을 실천하고 있는 신선한 포프리 계란

포프리의 이러한 전략적 접근은 그들이 거대 기업들과의 경쟁에서 우위를 점하고, 시장에서 독특한 위치를 확보하는 데 결정적인 역할을 했다. 또한, 이는 포프리가 단순한 식품 제공 업체를 넘어서, 소비자의 건강과 환경을 고려하는 혁신적인 기업으로 인식되게 하는 중요한 요소가 되었다. 이러한 전략적인 배송 시스템과 Four Free 전략의 결합은 포프리가 룰브레이커로서 시장에서 선도적인 위치를 차지하는 데 핵심적인 기반을 제공했다.

2) 옴니채널을 통한 고객 접점 확대

포프리는 단순히 제품을 판매하는 것을 넘어, 고객과의 다양한 접점에서 의미 있는 연결을 구축하고자 하는 전략을 취하고 있다. 이를 위해, 전통적인 오프라인 채널과 현대적인 온라인 플랫폼을 아우르는 옴니채널 전략을 적극적으로 활용하고 있다. 백화점, 편의점 등의 오프라

인 매장과 함께, 쿠팡 프레쉬, 인스타그램, 유튜브와 같은 온라인 플랫폼을 통해 고객과 소통하며, 이를 통해 제공되는 서비스와 제품에 대한 고객의 접근성을 대폭 향상했다.

포프리의 옴니채널 접근 방식의 핵심은 고객이 언제 어디서나 포프리의 제품과 서비스를 쉽게 이용할 수 있도록 하는 것이다. 이를 위해 포프리는 정기 배송 서비스에 그치지 않고, 고객이 일상생활 속 다양한 접점에서 포프리와 상호작용할 기회를 제공한다. 예를 들어, '포포'라 불리는 전동형 이동 카트를 통해, 고객이 직접 제품을 체험하고 구매할 기회를 마련함으로써, 오프라인에서도 강력한 고객 경험을 제공한다.

또한, 포프리는 소셜 미디어와 같은 디지털 플랫폼을 통해 고객과의 쌍방향 소통을 강화하고 있으며, 인스타그램과 유튜브를 활용한 마케팅은 고객에게 브랜드 스토리와 제품 정보를 효과적으로 전달하고, 고객 참여를 유도하는 이벤트와 프로모션을 통해 고객 충성도를 높이고 있다. 이러한 전략은 불황기에도 시장에서 변화와 도전을 지속할 수 있는 중요한 동력이 된다.

포프리의 옴니채널 전략은 고객과의 지속적인 소통과 관계 구축을 가능하게 하며, 고객의 다양한 니즈와 선호도를 충족시키는 핵심 요소로 작용하고 있다. 이러한 접근은 포프리를 단순한 제품 제공자에서 고객의 일상생활 속 깊이 자리 잡은 브랜드로 탈바꿈시키는 데 크게 기여하고 있으며, 시장에서의 지속 가능한 성장과 경쟁력 확보에 중추적인 역할을 하고 있다.

3) 문화적 접근을 통한 소통 강화

포프리의 미래 업세일 전략 일러스트

Flower
Flower market potential
is about
1,000,000,000,000

Fruit
Fruit market potential
is about
20,000,000,000,000

Pet food
Pet food market
potential is about
1,000,000,000,000

Meal kit
The meal kit market has
unlimited potential

포프리는 단순히 제품을 판매하는 것을 넘어, 고객과 깊은 연결을 추구하는 문화적 접근 방식을 채택하고 있다. 이를 위해 '포프리쇼'라는 유튜브 채널을 운영하며, 50만 명이 넘는 구독자와 활발히 소통하고 있다. 이 채널은 단순한 제품 정보 제공을 넘어서, 정신적 건강 증진과 육체적 건강을 모두 아우르는 내용을 다루며, 포프리의 철학과 가치를 고객에게 전달한다.

포프리의 이러한 문화적 접근은 브랜드와 고객 사이의 감정적 유대를 강화하며, 고객 충성도를 높이는 중요한 역할을 한다. 고객이 포프리의 제품을 선택하는 것은 단순히 품질이 좋기 때문만이 아니라, 포프리가 전달하는 긍정적인 가치와 철학에 공감하기 때문일 것이다. 이러한 접근은 특히 불황기에 고객의 신뢰와 지지를 얻는 데 크게 기여하며, 포프리를 단순한 식품 제공 업체를 넘어서, 고객의 건강하고 행복한 삶을 지원하는 파트너로 만들어 줄 것이다.

포프리 생산 주요 제품 리스트업

포프리 생산 및 판매 제품 리스트 2024	
계란류	포프리 계란, 옥란, 반숙란, 구운란
두부/ 묵	전두부, 옥두부, 단백이지, 도토리묵
쌀/밥	포프리밥(즉석밥), 포프리 백미, 포프리 현미, 포프리 현미100%, 보름왓 메밀쌀
간편식/ 냉동	콩나물, 숙주나물, 올리브김, 한우곰국, 올리브돈까스 등심, 올리브돈까스 치즈
두유	포프리 두유 (플레인/ 리치)
오일	올리브유
디저트	휘낭시에, 마들렌, 카스텔라, 마카롱
스킨뷰티	스킨볼트

포프리쇼를 통한 이러한 문화적 소통의 강화는 포프리가 시장에서 독특한 위치를 확보하는 데 핵심적인 요소로 작용하며, 지속적인 성장과 발전을 가능하게 한다. 이는 포프리가 단순히 제품을 판매하는 기업을 넘어, 고객의 삶의 질을 높이는 사회적 기업으로서 역할을 강화하는 방향으로 나아가고 있음을 보여준다.

마음의 건강도 함께 나누기 위한 포프리쇼 문화캠페인

4) 미래를 향한 공격적 경영

포프리의 전략 중에서도 특히 주목할 만한 것은 그들의 미래 지향적
이고 공격적인 경영 방식이다.

이 회사는 단순한 농업회사나 식품 제조업체의 경계를 넘어서, 기술
과 혁신을 결합한 푸드테크 기업으로서 자리매김하려 한다. 이러한 비
전 아래, 포프리는 바이오 기술을 식품 생산에 접목하여, 인슐린 계란,
항암 계란 등과 같이 특정 질병을 관리하거나 예방할 수 있는 기능성 식
품 개발에 주력하고 있다. 이를 통해 단순히 식품의 영양가나 맛을 넘어
서, 소비자의 건강과 삶의 질을 향상시키는 새로운 가치를 창출하는 데
중점을 두고 있다.

또한, 포프리는 '인공바이러스phage' 기술 개발에도 힘을 쏟고 있다. 이
기술은 식품을 통해 특정 질병의 발병 위험을 낮추거나, 이미 발병한 질
병을 자연스럽게 관리하고 조절할 가능성 탐색을 목표로 한다. 이와 같
은 연구개발 활동은 포프리가 식품 산업 내에서 지속 가능한 혁신을 주도
하며, 미래 식품 산업의 트렌드를 선도할 수 있는 기반을 마련하고 있다.

포프리의 이러한 공격적인 미래 경영전략은 단기적인 이익 추구를
넘어서, 장기적인 관점에서 회사의 성장 가능성을 극대화하고자 하는
노력의 일환이다.

이는 포프리가 단순한 식품 제공자를 넘어, 사회적 책임을 지니며 소
비자의 건강과 환경을 고려하는 지속 가능한 비즈니스모델을 추구한다
는 강력한 메시지로 볼 수 있다. 기술과 혁신을 통한 새로운 제품 개발

과 서비스 제공은 포프리를 혁신의 선두 주자로 자리매김하게 하며, 브랜드 가치와 시장에서의 경쟁력을 더욱 강화하고 있다.

이와 같은 전략적 접근은 포프리가 미래 식품 산업의 트렌드를 선도하며, 지속 가능한 성장의 길을 걷고 있다는 것을 분명히 보여주고 있다.

포프리의 아름다운 사옥 내외부 모습

포프리의 불황기 면역력

1) 거대 기업을 앞서는 전략
2) 옴니채널을 통한 고객 접점 확대
3) 문화적 접근을 통한 소통 강화
4) 미래를 향한 공격적 경영

가인지컨설팅그룹
비즈니스 교육의 언더독 챌린저

국내 사업체의 95%는 100인 이하로서 소위 언더백^{Under} ¹⁰⁰이라고 부른다. 그런데 이 많은 기업이 체계화된 경영시스템 부재로 성장이 둔화되며 비효율적인 시스템으로 수익 악화를 경험한다. 비즈니스를 통해 보다 나은 세상을 만들며, 비즈니스 세계를 변화시키기 위해 존재한다는 가인지컨설팅그룹은 언더백 기업들에 의해 특화된 경영시스템의 지식과 노하우를 기업 현장에서 운영될 수 있게 시스템화하는 일을 돕고 있으며 아울러 지난 23년간 3,700여 개의 기업에서 경영자와 직원들을 대상으로 비즈니스와 관련된 교육과 컨설팅을 수행했다. 지난 2~3년간 교육 시장에도 예외 없이 코로나19로 인한 불황기가 몰아닥쳐 왔다. 그러나 가인지컨설팅그룹은 국내 최초 오피스 OTT영상 서비스를 런칭하여 기업 현장에서 발생할 수 있는 문제들을 토크쇼, 오피스드라마, 세미나 등 다양한 프로그램으로 접근하였다.

1) 교육계의 언더독 전략

비즈니스 변화는 곧 언더백 기업의 변화가 중심이 될 것으로 보고 가인지컨설팅그룹은 이를 지원하기 위한 2가지 중심 부서를 운영하고 있다.

그 첫째가 컨설팅사업이고 또 하나는 '가인지캠퍼스'라 알려진 온라인사업부이다. 전자는 기업명처럼 가치, 인재, 지식 기반의 언더백 경영 컨설팅 매뉴얼을 통해 컨설턴트가 직접 투입되어 언더백 경영자의 문제를 풀어주고 있으며 후자는 '가인지캠퍼스'라는 온라인구독서비스로 전 세계 언더백 경영자들에게 필요한 영상과 자료를 제공하고 있다.

현재도 두 부서가 함께 현장의 실제 지식과 사례를 모아 고객을 위한 메뉴판과 시스템을 업그레이드하고 있다.

비즈니스는 사랑이다. 가인지캠퍼스 교육현장

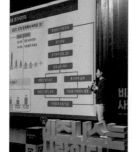

2) 컨설팅의 피봇(비전을 유지한 채 사업모델만 변경)

미국은 이미 오래전부터 지역적 한계를 극복하기 위해 가인지캠퍼스와 같은 서비스가 상용화되었는데 Remote Office(사무실과 멀리 떨어진 곳에서 통신망을 이용하여 사무실에 있는 모든 컴퓨터 자원과 접속하여 업무를 수행하는 방식) 개념이 자유롭고 On-demand주문형서비스 방식의 개별화된 콘텐츠를 기업 교육에 접목시켜 왔다. 컨설턴트의 투입이 기업 수요에 비해 한계에 다다랐다고 판단한 가인지컨설팅그룹은 '전문가'를 보내지 않아도 고객의 어려움을 해결해 주고 지식과 사례 기반의 콘텐츠를 보내면 지구 반대편의 경영자도 도울 수 있지 않을까 하는 신념으로 가인지캠퍼스를 런칭하였다. 특히 컨설팅회사가 사례와 노하우를 푼다는 것은 업계에서는 통용할 수 없는 역발상적인 시도였다. 경영컨설팅을 구독한다는 인식의 전환은 어느 정도 시간이 필요한 사안이었지만 가인지컨설팅 실무진은 흔들리지 않고 과감히 실행을 이어나갔다. 컨설팅그룹의 54개 메뉴판에 있는 컨설팅 방법을 영상과 자료로 옮기고 모든 고객이 구독할 수 있게 된 것도 일종의 피봇pivot의 결과라 말할 수 있다.

가인지캠퍼스는 마케팅 고객 관리 등 3,000여 개의 강의와 각종 양식을 보유한 비즈니스 교육의 OTT서비스스트리밍동영상 서비스로서 온라인강의와 채팅으로 컨설턴트를 만날 수 있으며 변리사, 세무사 등 전문가들의 강의와 마케팅 트렌드 영상도 접할 수 있다. 20여 년 동안 축적된 1,500개 기업의 현장 사례가 담긴 컨설팅솔루션을 언제 어디든 무제한으로 만난다는 것은 가인지컨설팅그룹의 차별화된 역량이다.

3) 국내외 비전에 따른 제휴마케팅

가인지컨설팅그룹은 "대한민국 모든 오피스가 하루에 한 번 이상 가인지 콘텐츠를 즐기게 하자."는 비전을 가지고 있다. 오픈 시점에서 약 300개의 강의, 오피스 드라마들이 공개되어 있지만 향후 국내외 크리에이터들과 협력하여 1년 내 1,000개 수준의 다양한 장르 콘텐츠를 확장하겠다는 계획을 세우고 있다.

이런 제휴전략은 2021년부터 일관성 있게 진행되어 국내는 물론 세계 9개 도시 40개 센터 글로벌 공유오피스 저스트코를 비롯 날로 증가할 것으로 보인다.

비즈니스 교육의 OTT서비스를 제공하는 가인지캠퍼스

출처: 가인지캠퍼스 웹사이트

가인지컨설팅그룹의 불황기 면역력

1) 교육계의 언더독 전략　　2) 컨설팅의 피봇　　3) 국내외 비전에 따른 제휴마케팅

그랜드오스티엄
세상에서 가장 행복한 순간마다
함께한다

웨딩업계 최초로 서비스 벤처기업을 지향하는 그랜드오스티엄은 컨벤션 분야로 특화된 웨딩과 키즈, 패밀리 연회서비스를 전문으로 하는 기업이다. 아울러 경기 인천 랜드마크인 문학경기장 내에 웨딩컨벤션 그랜드오스티엄과 준 국제회의 시설인 콜라보마이스컨벤션센터CMCC 등 2,000평이 넘는 사업장을 운영하고 있으며 벤처기업답게 '더 나은 삶의 방식'을 지향하는 라이프스타일 큐레이션 사업마이알 리멤버십서비스과 멤버십 전용 쇼핑몰인 리멤버십몰을 운영하고 있다. 미래에 사양산업으로 알려진 웨딩업계에 그랜드오스티엄은 어떤 생존 전략을 구사하고 있을까?

1) 시장을 바라보는 전략적 발상의 전환

"사양산업은 있어도 사양사업은 없다."는 것이 그랜드오스티엄의 지론이다. 따라서 웨딩산업에서 생존을 위해서는 특별한 발상의 전환을 근거로 해야 한다는 것이다. 이것을 전략적 발상의 전환Strategic paradigm Shift이라 하는데, 기존 시각에서 벗어나 관점을 바꾸어 블루오션을 탐색하는 전략을 말한다.

그렇다면 그랜드오스티엄은 현재의 웨딩 시장을 어떤 각도로 보고 있을까?

1) 웨딩 시장은 전체 규모가 줄어도 매년 새롭게 형성하는 탄력성이 있다.
2) 풍부한 현금 유동성이 존재하는 매력적인 비즈니스이다.
3) 재고, 반품 등의 부담이 없는 시장이다.

4) 독점적 시장지배력을 갖춘 회사가 존재하지 않으며, 아직 성숙하지 못한 미개척시장이다.

2) 시장점유율에서 고객 점유율(Customer Share)로 전환

대부분 기업은 시장점유율을 높이기 위해 전력 질주하며 이를 경쟁력의 유무로 판단한다. 그러나 시장점유율이 높아진다고 반드시 수익이 상승하지는 않는다. 왜냐하면 시장점유율을 높이기 위해 광고, 마케팅 비용을 대거 지출하기 때문이다. 시장점유율의 기준이 마켓의 규모라 하면 고객 점유율은 '갑'이라는 고객 1인이 기준이 된다. 따라서 전자는 하나의 상품을 수많은 고객에게 판매하는 것이라면 후자는 한 사람의 고객에게 다양한 제품을 여러 번에 걸쳐 오래 판매한다는 점에서 관점부터가 상반된 측면이 있다.

현재 그랜드오스티엄의 시장점유율은 1%에 미치지 않는다. 그럼에도 불구하고 동시에 시장점유율 1%를 달성한 기업은 시장에서 존재하지 않는다. 이는 시장의 절대강자가 존재하지 않는다는 사실뿐 아니라 고객에게 영향을 미치고 장기적인 관계를 맺을 수 있는 고객점유율로 전환하라는 시장의 암묵적 신호가 작동한다는 것이다. 이는 더 나아가 고객평생가치Customer lifetime total value로 이어지고 결국 고객의 라이프스타일로 연결된다. 그랜드오스티엄은 '사업 차별화'에서 '고객 차별화'로, 샵매니저는 고객매니저로, 더불어 매스마케팅Mass Marketing: 대규모 대중을 상대에서 인디비주얼마케팅Indivisual Marketing: 고객 생애으로 패러다임시프트패러

다임전환를 하고 비즈니스모델을 혁신적으로 전환하였다.

3) '행복한 고객'을 위한 고객과 조직의 공동 체험

그랜드오스티엄은 "세상에서 가장 행복한 순간마다 함께한다."라는 비전과 "행복한 고객이 평생 관계로 이어진다."라는 미션을 가지고 있다. 이는 곧 그랜드오스티엄의 업의 본질과도 연결된다. 과연 그랜드오스티엄이 정의한 '행복한 고객'은 무엇일까?

일단 다양한 과정을 만족하고 공유하는 체험 고객이다.

이를테면 매장 공간의 동선이라든지 인테리어 디자인과 디스플레이로 연출되는 하드웨어적 자극, 눈과 눈이 마주치는 인격적 교감과 격려와 위로가 공감되는 감성적 이벤트 같은 소프트웨어적 서비스를 체험한 고객이다.

미션의 속뜻은 '평생 관계 유지'이다. '행복한 고객'은 본인의 만족으로 인한 지속적인 구매뿐 아니라 주변 지인으로 전파하는, 매개체 역할의 열광 고객이 된다. 그랜드오스티엄에는 주목할 만한 고객 만족 프로그램이 있다. 즉, 오마커블^{그랜드오스티엄+리마커블} 서비스는 고객이 매력 있는 공간에서 유니크한 체험을 할 수 있도록 조명, 음향, 복장, 디스플레이 등을 확인하는 '비주얼오디션'과 고객의 동선과 그 교차점에서 고객이 경험하게 될 서비스를 확인하는 '드라마오디션'으로 나누어져 있다.

이를 위해 스타벅스가 직원을 파트너로 부르고 디즈니랜드가 캐스트라 부르듯 그랜드오스티엄에서는 파트타임 근무자를 에디^{EDDY: Every Day}

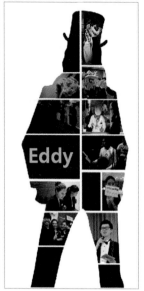

happy DaY라 하고 교육책임자를 연출자 PD라 명명한다. 이는 고객이 한 편의 드라마의 주인공이 된 듯한, 나아가 잘 연출된 뮤지컬을 본 것 같은 경험을 유도한다.

4) 서비스사이언스 구성으로 앞서 나가는 서비스 벤처기업 매뉴얼

서비스사이언스란 서비스 산업을 보다 체계화하고 관련 분야의 연관 성을 과학적으로 연구하며 해석하는 학문으로 그랜드오스티엄의 비즈 니스모델의 기반이 되고 있다(사업 전략/사업 프로세스/인적자원/기술).

이를 위해 그랜드오스티엄은 가망 고객을 발굴하기 위한 전략적 제 휴 및 영업모델과 이후 실행을 위한 고객만족 실천모델, 재가망 고객화

더 나은 삶의 방식을 제안하는 My R 리멤버십 서비스

를 통해 재구매를 유도하기 위한 인센티브 제안 모델 그리고 본인이 재구매하고 소개하며 상품기획에 참여하는 프로슈머 모델 등으로 단계를 설정하고 있다.

이는 3차산업의 기반인 서비스 분야와 벤처 문화가 어우러진다는 측면에서 저물어가는 웨딩 시장의 대반전이 될 공산이 크다.

그랜드오스티엄의 불황기 면역력

1) 시장을 바라보는 전략적 발상의 전환
2) 시장점유율에서 고객 점유율로 전환
3) '행복한 고객'을 위한 고객과 조직의 공동 체험
4) 서비스사이언스 구성으로 앞서 나가는 서비스벤처 매뉴얼

단꿈아이
역사 콘텐츠의 팬덤문화를 열다

㈜단꿈아이는 온 가족이 역사와 인문학에 더 쉽고 흥미롭게 접할 수 있도록 출판, 애니메이션, TV 방송, 유튜브, 뮤지컬 등 다양한 콘텐츠를 기획하고 제작하는 에듀테인먼트Edutainment 콘텐츠 기업이다.

특히 ㈜단꿈아이의 출발은 타 기업과 달리 국내 유명 한국사 강사이며 작가로서 강력한 팬덤을 보유하고 있는 설민석 대표의 『한국사 대모험』으로 시작되었으며 (세계사 대모험, 삼국지 대모험, 그리스 로마신화 대모험 등 70여 종) 대모험 시리즈를 기반으로 원천 IP에 해당하는 콘텐츠 기획부터 출판과 영상물 제작, 유통까지 사업 영역을 확장하고 있다.

㈜단꿈아이는 어떻게 해야 팬덤을 강화하고 에듀테인먼트 콘텐츠 전문회사로서 마켓 포지션을 점할 수 있을까?

설민석 대표의 대모험 시리즈로 정기적으로 출간되고 있다. 2022년 교보문고에서 가장 많이 사랑받은 작가 TOP 10에 선정되었으며 누적판매 600만 부 이상을 기록하였다.

1) 팬덤 커뮤니티를 통해 자발적으로 브랜드를 알린다

한국사 일타강사로 유명한 설민석 대표의『한국사 대모험』은 아동서적임에도 불구하고 국내 대형 서점에서 누적 600만 부가 판매된 메가히트 베스트셀러로서 상위권에 올라 있다. 이는 한국사를 비롯한 역사가 지루하고 딱딱하다는 선입견을 깨고 함께 배우고 이야기할 수 있는 새로운 콘텐츠로 자리 잡았다는 방증일 수 있다. 따라서 강력한 충성도와 유대감 기반의 팬덤 커뮤니티는 단꿈아이의 중요한 세일즈포인트가 되고 있다.

2) OSMU를 통해 'No.1' 역사 브랜드 구축 및 강화

대모험 시리즈를 기반으로 원천 콘텐츠 IP 확보 및 세계관 연결을 통

설민석 첫 한국사 판타지 소설, 요괴어사1, 2

해 지속적인 팬덤을 확보하고 이를 바탕으로 애니메이션, 라이선싱, 뮤지컬 등 OSMU One-Source Multi Use: 하나의 자원을 토대로 다양한 사용처를 개발해 내는 것의 경쟁우위를 갖는다. 최근에는 유, 아동을 뛰어넘어 성인을 대상으로 한 그리스 로마신화 예능 방송과 역사 판타지『요괴어사』를 런칭하여 사업 영역을 확대하고 있다.

3) 일정한 출간 간격을 통해 독자의 브랜드 로열티(brand loyalty) 강화

2017년 출간된『한국사 대모험』은 3개월에 1권씩 정기적으로 출간하여 27권까지 누적 판매 500만 부를 초과할 만큼 꾸준히 사랑받아 온 역사 학습만화이다. 따라서 독자들에게는 역사 콘텐츠를 오락처럼 유익하

게 즐길 수 있는 또 하나의 재미를 제공했다는 점에서 좋은 평가를 받아 오고 있다. 앞으로도 단꿈아이는 출판, 애니메이션, 뮤지컬, 유튜브 등에 역사, 꿈, 재미, 의식의 가치를 변함없이 구현하여 갈 것이다.

4) 비즈니스모델의 확장으로 불황기 성장 견인

단꿈아이의 주력 상품인 출판은 기존 학습만화에 그치지 않고 재미를 유지하며 유익함을 담아낸 신규 대모험 시리즈^{미술 대모험}나 신규 단행본 개발을 지속하여 독자층을 강화해 나갈 계획이다. 이 밖에 대모험 애니메이션을 TV 방송^{SBS}에 런칭하거나 완구, 문구 등 라이선싱 사업과 뮤지컬사업에 본격적으로 나설 계획에 있으며 기존 성인 대상의 자격증 분야(한국사 능력 검정시험, 컴퓨터활용능력시험)뿐 아니라 초등 한국사 강의 서비스인 오픈아이 런칭, 한국사 대모험 외 세계사 대모험 무빙툰^{moving}

OSMU로 한국사 대모험 스토리를 활용한 뮤지컬 공연으로 관객 참여형 공연을 연출했다.

cartoon: 이미지가 움직이며 소리도 나는 인터넷만화 시즌 3와 삼국지 대모험 무빙툰 시즌

1도 본격 추진할 예정이다.

단꿈아이의 불황기 면역력

1) 팬 커뮤니티를 통해 자발적으로 브랜드를 알린다

2) OSMU를 통해 'NO.1' 역사 브랜드 구축 및 강화

3) 일정한 출간 간격을 통해 독자의 브랜드 로열티 강화

4) 비즈니스모델 확장으로 불황기 성장 견인

유동커피
스페셜티 커피 마니아들의 핫플레이스

커피업계에도 앨빈 토플러의 '제3의 물결'처럼 일종의 '물결이론'이 있다. 이는 커피의 혁명적 변화와 동향 그리고 추세를 일컫는 것이다.

스페셜티로 커피 맛에는 진심을, 눈에는 익살스런 유머를 선물하는 유동커피

샌프란시스코에 소재한 랙킹 볼 커피로스터스의 공동창업자 트리시 로스게브의 지론은 커피산업에도 제3의 물결이 존재한다는 것이다. 제1의 물결은 20세기 중반 커피산업의 태동기라 할 수 있다. 이 시대에는 커피의 품질보다는 카페인 섭취가 주목적이었다. 인스턴트 커피의 대명사 맥스웰, 네슬레가 대표적이다. 제2의 물결은 에스프레소를 기반으로 한 커피음료의 다양화이며 제3의 물결은 개성화되는 커피 시장, 즉 스페셜티로 '특별한 지리적 조건에서 만들어진 특별한 풍미의 커피'를 말한다.

"나에게 수만 번째 커피일지 몰라도 누군가에겐 그토록 원하던 한 잔의 커피일지 모른다."는 슬로건을 내세운 유동커피는 국내 제1의 바리스타 조유동 대표의 퍼스널브랜드와 스페셜티커피가 결합된 핫플레이스이다.

네스프레소와는 커피캡슐을, GS25와는 아메리카노인지 맥주인지 헷갈리는 비어리카노를 선보이며 매니아층을 만들기 위한 고객접점을 늘리고 있는 유동커피. 사진. GS25제공

조유동 대표는 지역적 개성을 찾아 소금공장과 같은 매장을 오픈하는 등 제주에서 성공적인 커피 사업을 시작으로 전국 25개 매장을 운영하고 있으며 '커피왕'으로서 매장뿐 아니라 프랜차이즈 사업 등에 두각을 나타내고 있다. 그리고 GS25 등 대기업과의 콜라보를 통해 커피 사업을 넘어 음료 시장 전체로 확산시키고 있다. 왜 커피 마니아들은 유동커피를 스페셜티커피의 핫브랜드로 기억하고 있을까?

1) 고객이 직접 원두를 고르는 파격적인 선택 경험 제공

제주 본점을 오픈한 후에 매출을 늘리는 방법으로는 스페셜티 커피의 원두를 여러 타입으로 나눠 고객이 직접 선택하는 역발상적인 전략

세상 제일 완벽한 앞광고라며 인스타에 새로 선보일 게이샤를 광고하는 유동커피, 그림@moonsub, 유동커피 공식 인스타그램

을 실행하였다. 스페셜티 커피란 스페셜티 협회 기준으로 100점 만점에 80점 이상 받은 원두를 말하는데 이런 방식으로 인해 매출이 급격히 오르고 브랜드 인지도가 높아졌다. 반등 시점은 신선하고 다양한 원두를 매장에 A, B, C 형태로 선택하게 한 이후 나타난 성과이다.

또한 유동커피는 오프라인은 물론 온라인에서도 만날 수 있어 고객 접점이 수월해진 것도 장점 중의 장점이다.

2) 선불카드로 기존 고객 관리 및 브랜드 로열티 제고

유동커피 선불카드는 매장에서 모든 음료와 베이커리 구매 시 현금처럼 사용할 수 있으며 10만 원 이상 충전 고객에게는 10% 추가 충전 혜택이 주어진다. 아울러 고객이 카드 정보를 등록하면 카카오 알림톡을

브리타 파트너사 중 로스터리 30곳이 모여 다양한 커피브랜드를 선보이는 로스터즈클럽의 유동커피 부스에서 진행했던 '나의 유동아저씨' 그리기, 유동커피의 팬덤문화와 유동커피만의 편경영 방식을 배울 수 있다. 유동커피 공식 인스타그램

통해 결제, 충전, 이용 내역 등을 받을 수 있으며 정보를 등록하지 않는다면 별도의 조회페이지를 통해 잔액과 이용 내역 등을 확인할 수 있다.

이는 매장 만족도나 기존 고객의 만족도에 영향을 미쳤다. 스타벅스는 2011년 선불충전식 카드를 발행하였다.

3) RTD 산업, F&B, 엔터테인먼트로 퍼스널브랜드와 기업의 인지도 상향

사회적 거리 두기로 집콕생활이 지속되고 야외활동 등 새로운 취미 트렌드가 생기면서 커피트렌드에도 변화가 불어왔다. 배달과 포장이 용이한 RTD 산업이 그것이다. RTD^{Ready To Drink}는 별다른 조제 없이 바로 마실 수 있는 상태로 캔, 패트 등에 포장된 음료를 의미하며 번거롭지 않은 간편함과 용량 대비 저렴한 가격으로 소비자들의 관심이 높아지고 있다(국내 RTD 커피 시장 규모는 3억 8천만 리터, 24년까지 연평균 6% 수준의 성장 전망).

소금공장을 리모델링한 제주 영일소금공장점, 소금공장에서 만든 소금빵을 활용하는 아이디어가 돋보인다.

이 밖에 외식산업F&B으로 진출뿐 아니라 조유동 대표의 개인적인 엔터테인먼트 활동으로 스페셜티 커피의 새로운 마케팅 가능성을 늘려 나갈 예정이다.

최근 조유동 대표가 독일 전자동 커피머신 브랜드 WMF 전속모델로 발탁된 것도 이런 맥락이라 여겨진다.

신제품 소금우유라떼와 현재 핫메뉴 깍두기스무디, 망고를 활용한 이색비주얼이 눈길을 끈다.

유동커피의 불황기 면역력

1) 고객이 직접 원두를 고르는 파격적인 선택 경험 제공

2) 선불카드로 기존 고객 관리 및 브랜드 로열티 제고

3) RTD 산업 등 다양한 분야 진출

남문통닭
남다른 문화가 통하는 통닭집

영화 〈극한직업〉 수원왕갈비통닭의 모티브가 된 남문통닭. 이후 브랜드가치는 수직상승 했다. "남문통닭은 닭을 팔지 않습니다. 우리는 한국의 맛과 멋을 팝니다."라는 슬로건을 표방하는 남문통닭은 엔터테인먼트 요소가 결합된 세계 최초 K통닭 패밀리 레스토랑으로 일반적인 외식사업을 넘어 음식과 문화가 공존하는, 즉 외식문화 콘텐츠를 지향하는 기업이다. 2019년 국내 1,600만 명 이상의 관객을 동원한 메가 히트작 〈극한직업〉에 소개된 남문통닭의 수원왕갈비통닭은 문화콘텐츠의 최대 수혜자가 되었을 뿐만 아니라 전 국민이 인지하는 대표적인 브랜드가 되었다. 치킨계의 스타벅스로 포지셔닝 되어있는 남문통닭은 어떻게 치열하다는 치킨업계에 자기만의 시장을 주도하고 있을까?

1) 로컬브랜드(Local Brand)에서 로컬크리에이터(Local Creator)로

남문통닭만의 로컬크리에이팅 정신이 만들어낸 수원왕갈비통닭은 영화 〈극한직업〉을 통해 소개되면서 브랜드 인지도가 높아졌다. 이후 공중파, 각종 예능프로, 유튜브 등을 통해 수많은 국내 연예인들의 맛집 성지로, 더 나아가 외국인 셀럽들의 킬러 콘텐츠로도 발전했다.

특히 수원시 관광특구인 '수원통닭거리'의 대표적인 로컬브랜드로 지역의 특징과 정체성이 반영되어 있을 뿐 아니라 지역의 식재료를 개발하여 지역경제 활성화에도 이바지하고 있다.

아울러 한국 각 지역의 농수산물을 담은 메뉴(의성마늘 직화구이, 연무동 고추장 통닭, 신안소금 직화구이)를 개발하여 독특한 경험을 제공하는 로컬크리에이터로 호평받고 있다.

연간 140만 명의 관광객이 방문하는 수원통닭거리, 영화 극한직업에 나온 수원왕갈비통닭을 먹기 위해 매년 수많은 방문객이 찾아오고 있다. 최고 매출 신기록으로 연매출 30억까지 달성한 수원통닭거리의 명소, 남문통닭 본점.

2) 자물쇠 효과를 위한 문화적 접근

남문통닭의 마케팅 전략은 유튜브, 인스타그램, 소셜네트워크를 통해 긍정적인 자물쇠 효과를 발생시키는 데 있다. 남문통닭의 소비 경험은 이용할수록 기대와 만족감이 커지는데 이를 위해 남문통닭 브랜딩을 중심으로 OSMU_{One Source Multi Use} 콘텐츠 시스템을 구축하여 버스킹 등 공연문화와 축제 기획, 이모티콘, 굿즈 상품 등 아이디어 벤처기업으로서도 다양하게 접근하고 있다.

'통닭을 먹지말고 경험하라.' 매장 내 이벤트와 전통체험은 물론 매장 내에서도 버스킹 공연과 즉석 퀴즈 쇼를 펼치는 등 잇터테이먼트를 추구하는 치킨업체 편경영의 대명사 남문통닭, 버스킹 공연의 메카 새빛권선점

남문통닭 온라인채널 '남문스튜디오'

3) 가맹점주와의 적극적인 상생 문화 고양

南문통닭은 가맹점 선정을 까다롭고 엄격한 기준에 의해 진행하고 있다. 고객들에게 최상의 서비스를 제공하기 위해서는 내부마케팅이 철저히 이루어져야 한다는 기업 신념이 있기에 그렇다. 따라서 본사가 가맹점주에게 제공하는 물품들의 원가를 투명하게 공개하고, 소위 물류 정찰

가맹사업을 위한 모델링매장으로 5시간 집중운영과 월 매출 1억 원을 기본으로 하는 시스템을 만드는 영통점(첫 번째), 수원통닭거리의 명소를 활용한 거리매장으로 운영하는 별관(두 번째), 배달전문 겸 R&D매장으로 활용되는 광교점(세 번째)으로 다양한 형태의 매장을 직접 운영하며 노하우 개발을 통해 불황기에도 경영의 기본을 잃지 않는 남문통닭.

본점과 영통 직영점의 2021년부터 2023년 1분기 매출 비교자료로 매출이 꾸준히 증가했으며 코로나에도 기본 경영을 실천하면서 2023년 이후 매출이 점프하는 모습이다.

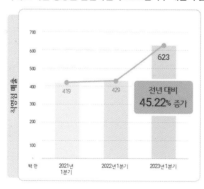 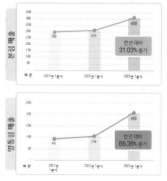

제를 시행하여 양자 간의 신뢰 관계를 구축하고 최종적으로 이런 가치사슬이 고객에게 좋은 브랜드를 소비한다는 인식을 심어줄 것이라 확신한다. 향후 확장 시 일반적인 프랜차이즈 방식이 아닌 브랜드의 통일성과 안정성을 위해 직영점이나 반직영 체제로 확대할 계획이라 한다.

4) 새통닭운동, 남문통닭의 사회적 책임(CSR)으로

전 세계 맥도날드보다 대한민국 치킨집이 더 많은 이 시대에 새로운 변화의 바람을 불겠다고 내놓은 것이 남문통닭의 새통닭운동 캠페인이다. 배달 문화와 스마트폰으로 집 안에 갇혀버린 혼밥, 혼술, 바이러스로 위기에 처한 지구인을 깨우자는 것이 캠페인의 목표였다. 기업이 이윤 추구보다 사회적 문제 해결에 나섰다는 점에서 주목할 만하다. 이 밖에 수원시 단체 기부 릴레이, 소아마비 퇴치 캠페인, 생활임금제 실행, 수원시 플로깅 캠페인, 코로나19 응원캠페인 등이 있다.

새통닭캠페인 - 단순한 F&B 사업이 아닌 외식과 문화 요소를 결합하여 '잇터테인먼트' 영역을 만들어나가는 남문통닭의 캠페인이다. 이외에도 수원시 단체 기부 릴레이, 소아마비 퇴치 캠페인 등 다양한 캠페인 활동으로 기업의 사회공헌 역할을 위해 노력하고 있다.

5) 내부 고객을 위한 인재 양성 플랜

남문통닭의 인재성장 플랜에는 하루 5시간 집중 운영, 주 40시간 근무와 직급별 명확한 체계와 보상이 있다. 아울러 전통외식직업전문조리학교 및 세종사이버대학교에 교육을 연계하고 있으며 인사이동과 목표 관리, 사전평가 등을 도입한 종합적인 인재육성 프로그램 CDP^{Career Development Program} 시스템을 철저하게 운영하고 있다.

무쇠가마에서 튀겨내는 전통적인 방식을 고수하면서도 남문통닭만의 치킨 맛을 활용한 유통상품과 갓 튀긴 치킨을 활용한 수제치킨버거도 매장에서 만나볼 수 있다.

남문통닭의 불황기 면역력

1) 로컬브랜드에서 로컬크리에이터로

2) 자물쇠 효과를 위한 문화적 접근

3) 가맹점주와의 적극적인 상생 문화 고양

4) 새통닭운동, 남문통닭의 사회적 책임으로

5) 내부 고객을 위한 인재 양성 플랜

아리모아
뽀로로도 긴장하는
발랄한 도전 치치핑핑

20여 년간 애니메이션과 웹서비스업으로 지속적이고 안정적인 성장을 거듭해 온 ㈜아리모아는 5년간 100억 원을 투자하여 TV 방영 애니메이션 〈치치핑핑〉을 시즌4까지 제작했다. 글로벌 애니메이션 기업으로 도약해 치치핑핑 캐릭터를 활용한 OSMU^{One Source Multi} 비즈니스를 지속적이고 공격적으로 전개하고 있으며 2023년 중소벤처기업부 장관 표창장을 수상했다. 어떻게 ㈜아리모아의 〈치치핑핑〉은 K-애니메이션의 대표 콘텐츠로 세계 시장에 진입하게 되었으며 차별화된 기술과 마케팅 전략으로 경쟁우위에 서게 되었을까?

1) 저비용 고효율의 캐릭터모델로 광고시장 진입

과거 연예인 광고모델이 가지는 리스크(위법적/비도덕적)를 해지하

글로벌 캐릭터 치치핑핑

고 인공지능^{AI} 시대에 시공의 제약이 없고 이미지를 변함없이 유지할 캐릭터 모델은 디지털 시대의 대세적인 트렌드다. 〈치치핑핑〉은 이미 TV 채널과 인터넷, 유튜브 등 기타 매체에 상당히 노출된 바 있으며 60여 종의 상품과 계약을 체결하였다. 비싼 연예인 대신 〈치치핑핑〉 캐릭터를 저렴하게 광고모델로 사용할 수 있으며, 다양한 캐릭터를 활용할 수 있어 저비용-고효율의 마케팅 전략을 구사할 수 있기에 광고시장의 기대주로 떠오르고 있다. (2023년 전국 144개 CGV에서 〈치치핑핑의 쿵쿵따 탐험대〉 상영)

2) 자체 개발한 기술력으로 차별화 및 미래 핵심 전략 기반 완성

㈜아리모아는 최근 차세대 기술 모션 캡처와 게임 엔진을 활용한 '3D 버추얼 캐릭터 애니메이션 제작 시스템 VC-Maker 1.0'을 자체 개발하여 3D영상 제작비를 40% 절감하였으며 15초 분량의 숏폼^{Short Form: 짧은 영상}

으로 이루어진 콘텐츠 등 다양한 신규콘텐츠를 제작하고 틱톡, 인스타그램 업로드 및 라이브 커머스 등에 적극적으로 활용할 예정이라고 한다. 최첨단 기술을 체험하고자 이종호 과학기술정보통신부 장관이 현장을 방문하였다. 이는 경쟁사와의 차별화 및 기술 콘텐츠(생성형 AI, 언리얼, VR, AR, 모션캡처)를 통해 미래에 IP 플랫폼 기업으로 성장한다는 미래 핵심 전략과도 맞물려 있다.

3) 콘텐츠 라이선싱 및 다양성 강화

(주)아리모아의 마케팅 전략은 애니메이션 캐릭터 플랫폼을 런칭하여 인기 있는 캐릭터 및 애니메이션을 다양한 형태로 라이선싱하여 수익모델을 다각화하고, 이종 및 동종기업의 브랜드 및 플랫폼과 협업하여 시장 확대 및 시너지 창출을 하는 데 있다(스트리밍서비스, 소셜미디어, 플랫폼 콘텐츠 공급).

AI홈페이지 전문제작 아리모아

4) 글로벌 시장 공략 및 도입기 성과

다양한 국가와 문화에 대한 이해를 기반으로 글로벌 마켓에 진출하고자 원하는 ㈜아리모아는 〈치치핑핑〉 TV 3D애니메이션을 59개국에 수출 배급되었고 한국어, 영어, 중국어, 스페인어, 아랍어 등 5개 국어 더빙이 완료되어 글로벌 키즈시장에 괄목할 성과를 거두었다(전 세계 6,000여 개 유튜브 키즈 채널 중에서 구독자 증가율 4위).

치치핑핑 캐릭터를 호텔 스위트룸 객실 패키지로 운영하며 호텔 로비에 치치핑핑 포토존 설치

아리모아의 불황기 면역력

1) 저비용 고효율의 캐릭터모델로 광고시장 진입

2) 자체 개발한 기술력으로 차별화 및 미래 핵심 전략 기반 완성

3) 콘텐츠 라이선싱 및 다양성 강화

4) 글로벌 시장 공략 및 도입기 성과

탐나라공화국
없을 것도 다 있는 상상망치

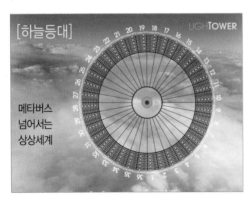 탐나라공화국은 버려진 남이섬을 10년간 이끌면서 연 방문자 330만 명이 찾는 세계적 관광지로 탈바꿈시킨 강우현 대표가 제주에 정착하여 10만 제곱미터(3만 평)의 '미완의 상상나라'를 표방하여 만든 인공테마파크이다.

[하늘등대]

LIGHTTOWER

메타버스
넘어서는
상상세계

천당에도 주소가 있다. 지상과 천당, 메타버스와 현실을 잇는 구름나라. 탐나라공화국의 "하늘등대"(사진: 국제뉴스, 강도영)

나무도 물도 없는 돌담에 나무를 심어 숲을 만들고, 80여 개의 빗물 연못으로 황무지 성공 신화를 이루며 제주의 숨은 보물로 변해가는 탐나라공화국은 어떻게 이 세상에 단 하나뿐인 미완성의 상상실험실이 되었을까?

1) 자연생태예술과 정신문화를 아우르는 유니크한 콘텐츠

탐나라공화국의 투어콘텐츠는 다른 투어와는 비교가 안 되는 절대적 공감이 있다. 주요 콘텐츠를 보면 지역사회와 협력하여 만든 인공자연, 업사이클과 창의성으로 조성된 생태공원, 2021년 메타버스와 현실 세계를 결합한 상상나라, 그리고 이어지는 정신문화공간인 노자예술관, 헌책 30만 권이 기증된 도서관, 멀티아티스트 강우현 대표의 'One Source Multi Use' 300점이 전시된 NFT갤러리. 중간중간 강우현 대표의 인문투어와 창의와 상상력 넘치는 쾌도난마快刀亂麻식 강의는 압권이다.

탐나라공화국 곳곳의 역발상이 빚어낸 현판들

종이책이 사라질 미래를 대비한 헌책도서관으로, 30만 권의 기증도서로 만들어졌다.

이 밖에 용암 체험이라든지 화산도자, 업사이클, 아트상품체험 등은 상상유발자와 협업자가 하나가 되는 기이한 체험의 공간이 된다.

2) 역발상적이고 창의적인 접근

일단 탐나라공화국은 일반 테마파크가 아니다. 국가를 표방한 만큼 여권과 비자를 받아야 한다. 이것부터가 역발상적이다. 펀fun 요소가 느껴져 더욱 그렇다. 탐나라공화국 홈페이지에 들어가면 이런 문구가 눈길을 끈다.

"탐나라공화국은 상상 속의 이상을 현실에서 구현해 보려는 미니 국가로 대한민국의 법과 제도 안에서 자유와 창조의 기회에 도전하는 가능성을 모색하는 실험장입니다."

일례로 탐나라공화국의 메인은 업사이클(재활용품에 활용도를 더해 그 가치를 높인 제품)이다. 한마디로 세상의 쓰레기를 유의미한 창조물로 만든 것이다. 최근 탐나라공화국의 공중에 뜬 추모공간, 하늘등대 또한 역발상과 창의력의 산물이다.

하늘을 추모공간으로 나누고 분양받은 추모공간의 주소를 소유하여 그곳을 모든 데이터(목소리, 사진, 영상, 저작권 등)의 클라우드 저장소로 활용한다는 아이디어이다. 사후에 소유자의 지인들이 하늘등대의 데이터를 불러내어 돌아가신 분들의 목소리나 영상으로 실제로 만난 것 같은 가상현실이 이루어진다면⋯. 이 메타버스를 넘어서는 상상의 세계를 매스컴은 이렇게 정리했다.

"천당이 사고 쳤다."

모든 관람객은 탐나라공화국 여권이나 당일 비자를 발급받는다

3) 여행자가 함께 만드는 인공테마파크

탐나라공화국의 80%는 버려지는 것을 재탄생시킨 업사이클 아트 작품들이다.

여기에 스토리를 덧붙이거나 전국의 지자체, 기업, 대학교의 협업을 통해 브랜드의 업사이클 성지가 조성되었는데 이는 돈이 없으면 돈 안 드는 방식으로 문제를 해결하는 강우현식 역발상 경영의 일환이다.

또한 여행지는 여행자가 즐길 권리를 주장하는 것이 아니라 의무감을 지니고 여행지를 함께 가꾸는 것이라는 강우현 대표의 강력한 의지는 탐나라공화국 곳곳에 구현되어 있다. 그는 이것을 '바이오 투어리즘'이라 말한다.

나아가 상상하는 바를 이루고 싶은 사람은 누구든지 자유롭게 활용하라는 개방적인 의도도 역시 매한가지이다.

4) 역발상에서 역발동으로 성장의 기반 견인

상상 유발자로 타의 추종을 불허하는 크리에이터 강우현 대표에게는 '재미난 궤변'이 있다.

반짝이는 아이디어는 설익었으므로 상상을 실천 단계로 옮긴다면 한 번 더 뒤집어야 대중적 이해와 객관성을 확보할 수 있다는 것. '역발상에 역발동!'

이를테면 반대의 반대는 정상이듯 거꾸로 생각한 발상을 다시 뒤집어서 실현 가능성을 찾아야 한다는 의미다. 이런 역발동의 힘이 성장의 기반을 견인할 수 있다고 노하우 아닌 노하우를 현장 투어 강의에서 강우현 대표(현장에서는 총통이라 불림)는 강조한다.

상상을 '놀이'라 하고 상상으로 경영하여 안 되는 것은 되게 하고, 없

돼지 여물통을 재활용해 만든 전등(좌), 버려진 캔을 재활용한 테이블(우)

는 것은 다 있게 만드는 그 힘의 원천….

One Sourse Multi Use - 제주도를 상징하는 현무암. 현무암을 용광로에 녹여서 작품도 만들고(첫 번째 사진), 현무암 구멍을 들여다보니 다양한 형이상학적 무늬가 나온다. (두 번째 사진) 그것을 다시 모아보니 또 다른 작품이 된다. (세 번째 사진)

탐나라공화국의 불황기 면역력

1) 유니크한 콘텐츠(자연생태예술과 정신문화)

2) 역발상적이고 창의적인 접근

3) 여행자가 함께 만드는 인공테마파크

4) 역발상에서 역발동으로 성장의 기반 견인

페이보넥스
아마존 창업을 꿈꾸는
창업자의 길잡이

페이보넥스의 최우석 대표는 전 세계 아마존 판매자 4위 (매출 4,000억)인 '슈피겐코리아' 출신 전문가로 아마존 디벨로퍼라는 별칭을 가지고 있다. 페이보넥스는 자사 제품 및 국내 브랜드를 기획, 마케팅하는 스타트업으로 소비자를 효과적으로 설득할 수 있는 글로벌 B2C 시장, 특히 아마존시장을 공략하고 있다.

페이보넥스 홈페이지, 아마존 입점을 원하는 기업들과 파트너쉽을 통한 컨설팅을 진행하고 있다.

글로벌 시장에서 입지를 다지게 한 K-뷰티상품, 슈테인더(Steinder)

제품개발 과정부터 글로벌 시장을 겨냥하였고 아마존닷컴과 아마존 유럽Amazon.Europe을 우선 판매자로 선정, 도전하여 '슈테인더Steinder'의 자사 브랜드의 경우 출시 3개월 만에 미국 손톱깎이 아마존 판매 랭킹 20위 안에 진입하는 놀라운 성과를 얻었다.

어떻게 창업 4년 차인 스타트업이 아마존이라는 거대 유통사에 동승하여 괄목할 성과를 얻었을까?

1) 경쟁사의 포지셔닝을 분석한 제품 카테고리 진입 및 콘셉트 전략

페이보넥스는 판매와 브랜딩을 주요 업무로 하는 기업으로 여러 분류의 제품 카테고리로 시장에 진입할 수 있는 이점이 있다.

전 직장 슈피겐코리아에서 핸드폰 액세서리 판매 노하우밖에 없음에도 불구하고 뷰티툴 카테고리와 K-food 카테고리에 진입한 것은 일종의 무리한 시도처럼 보였을 것이다. 그러나 여기에는 경쟁하는 제품들과 그들의 카테고리에 솔루션이 있었다. 일반 기업은 자기의 제품을 시장

세계적 관심사인 'Korean'을 키워드로 기획되어 Kim's table에 런칭된 K-푸드, K- 고구마 스낵

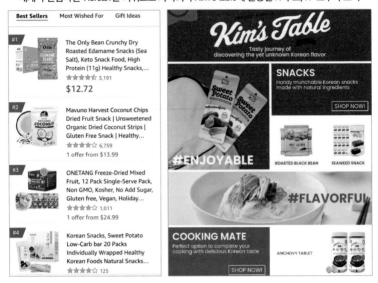

에 팔려고 노력하지만 페이보넥스의 경우 시장을 분석한 후 카테고리와 제품 전략을 잡는다. 이 부분이 가장 다른 부분이라고 생각한다. 그리고 먼저 고객이 되어 보아야 한다는 것이다. '내가 고객이라면 객관적으로 우리와 관련한 제품을 어떤 키워드로 서칭searching하고 들어올까?', '우리 제품은 어디에 노출이 될까?', '경쟁사들과 차별화되어 우리 제품이 보일까?'라는 질문을 끊임없이 한다.

한 예로 아마존에서 판매하고 있는 페이보넥스 제품들과 연관된 키워드는 Nail clippers(nail clipper하고는 검색량이 하늘과 땅 차이로 다르다), Toenail clippers, Nail clipper for senior 등 다수의 키워드로 먼저 검색량 중요도를 차례로 나열하고 그중 자사 제품이 어디에 노출되어 있는지,

위치 키워드는 무엇인지와 관련하여 경쟁사들을 주의 깊게 파악하는 것이 중요한 업무이다. 오랫동안 아마존을 경험하고, 나아가 4년 차 사업을 운영하고 있기에 기본적인 일은 이제 시스템이 되어 주요 경쟁사들의 판매와 노출 위치 등을 거의 파악하고 있다고 할 수 있다.

K-food의 Kim's Table이란 브랜드의 경우는 과거 STEINDER라는 자사 브랜드를 판매하던 중 중국제품과의 과도한 경쟁과 광고비 지출을 효율적으로 운영하기 위해 런칭한 사례이다. 아울러 Korean food 혹 Korean snacks가 상당히 트래픽이 높은 것을 파악하고 고구마 말랭이를 판매하기 시작하여 현재 30% 매출을 올리고 있다.

미국 아마존시장에서 최고 4위까지 기록하고 있으며 현재 Kim's Table 브랜드 스토어는 초기 한 제품으로 시작하여 20여 개 제품군으로 확대하여 마켓에서 브랜드 포지셔닝을 구축하고 있다.

이는 경쟁사 분석을 통한 고객 중심의 제품을 만들고자 하는 페이보넥스의 마케팅 전략 결과이다. 아울러 제품의 느낌, 컬러, 성능을 통해 콘셉트를 완성해 가는 데 가치뿐만 아니라 프라이싱pricing: 가격 책정에 영향을 미치는 것도 주목할 만한 요소이다.

2) 끊임없는 광고 기법 테스트 및 카테고리 진입을 위한 판매 기법 등 실험적 도전

페이보넥스는 4년간 비즈니스 경험을 통해 시장 변화에 대응할 지속 가능한 시스템과 기회비용을 얻기 위해 새로운 카테고리에 제품을 판매하는 방법과 실험적인 광고 기법 테스트 등의 적극적인 도전을 하였다. 국내시장의 불황기 리스크를 줄이기 위해 아마존 인도, 동남아시아 온라인시장 개척도 같은 맥락이라 보인다(2023년 13개 이상 제품 시도).

* 2022년 미국 법인 진행

아마존 시장에 한국 제품을 판매하다 보면 여러 제약이 생긴다. 이를 해결하기 위해 페이보넥스 USA 법인을 만들고 미국 제품들을 아마존에서 판매해보기로 하고 어떤 사안도 고려하지 않고 TEXAS DALLAS라는

새로운 도전으로 시작한 미국 런칭 브랜드 'Geo Bounty'

최우석 대표 사진(좌), 최우석 대표는 공동저서로 퇴근 후 아마존을 출간하여 좀 더 자세한 아마존 판매 전략을 공개함.

곳에 회사를 만들었다.

4년 차 스타트업으로 여러 가지 부족한 부분이 많았지만 일단 용기 내어 도전하는 것이 중요했다. 실행하지 않으면 평생 후회가 남지 않던가. 그 일환으로 페이보넥스는 아마존에서 취급해보지 않은 건강식품(브랜드: Geo Bounty) 분야에 새로운 도전을 하고 있다.

3) 아마존식 마케팅 커뮤니케이션 전략

페이보넥스는 아마존사업에서 실천해야 할 황금률 같은 철학을 실현해 가고 있다. 즉 "고객이 구매하려고 했을 때, 바로 그때 그곳에 우리 제품이 있어야 한다는 것"이다. 이커머스e-commerce에서 제품이 가장 중요하지만, 두 번째로 장소place와 첫 번째 페이지 노출도 간과해서는 안 되며 광고 테스트는 키워드와 제품의 차별화 포인트가 녹아든 이미지를 만들어 내야 한다는 아마존식 비즈니스를 디벨로퍼로서 강의 및 컨설팅을 통해 전파하고 있다. 페이보넥스 최우석 대표는 창업을 꿈꾸는 미래의 사장님들을 위한 아마존 판매 전략이라는 부제로 『퇴근 후 아마존』이라는 저서를 출간한 바 있다.

페이보넥스의 불황기 면역력

1) 경쟁사의 포지셔닝을 분석한 제품 카테고리 진입 및 콘셉트 전략
2) 끊임없는 광고 기법 테스트 및 카테고리 진입을 위한 판매 기법 등 실험적 도전
3) 아마존식 마케팅 커뮤니케이션 전략

한국세라프
벽칼로 주방을 정복하라

20여 년간 주방용 조리도구를 개발한 토종기업 한국세라프는 30여 종의 생활용품, 약 80여 종의 다양한 조리기구 세트, 생활용품 세트 등을 생산하는 국내 주방용품 대표기업이다. 한국세라프의 벽칼

기능과 아름다움을 동시에 담은 한국세라프 주방 조리도구

BUKCAL은 가성비가 높고 성능이 좋아 국내 유명식당뿐 아니라 이마트, 다이소 등 대형마트에 입점되었으며 기업(교촌치킨, CJ제일제당 외) 및 공공기관의 판촉물로 애용되고 있다. 아울러 중국, 일본을 비롯한 동남아시아와 미국 등지에 수출되고 있어 글로벌 브랜드로의 도약이 전망되고 있다.

왜 '벅칼'은 주방의 명품으로 회자되고 있는가?

1) 차별화된 제품력(인체공학적 설계)

'벅칼'BUKCAL은 '주방의 아름다움과 편리함을 추구하는' 브랜드로, 특수한 제작 방식을 거쳐 날카로운 상태를 오랫동안 유지하는 우수한 절삭력과 스테인 압축 생산방식으로 매우 강한 내구성을 가지고 있다(반영구적).

또한 손잡이는 오랫동안 사용해도 사용자가 통증을 느끼지 않고 힘을 과도하게 들이지 않도록 인체공학적으로 설계되어 있을 뿐 아니라 손잡이별로 선명한 노즐을 씌워 어떤 제품이 어디에 위치하는지 식별하도록 한 점과 점자 표시가 되어있는 유니버설 디자인 제품으로 주방의 분위기와 미적 감각을 한층 더 높여주었다.

이 밖에 세척 후 건조가 되어 세균 번식을 막아주기 위한 통풍기능(보관함 바람구멍)을 갖추고 있으며 제품은 식도, 과도, 주방 가위, 집게, 야채칼 등 다양한 종류의 칼과 이를 깔끔하고 안전하게 정리할 수 있는 칼꽂이 세트로 구성되어 있다.

아울러 집게발, 가위날, 야채칼 등의 제품 끝은 둥글둥글 안전하게 마감 처리가 되어있으며 꼼꼼하게 라운드 처리가 되어있어 손이 찔리거나 흠집이 나지 않는다. 행거 자체를 넣어 쉽고 편리하게 스팀살균이 가능해 주방의 위생적인 측면에서도 호감도를 높이는 요소가 되고 있다.

2) 주방 외 또 다른 미적 감각의 인테리어 효과

벅칼의 스탠드형 칼꽂이는 구조 변환이 가능하며 그립감이 좋을 뿐 아니라 촛불을 형상화한 인체공학적인 디자인이 돋보인다. 또한 '벅칼 패밀리 풀세트'는 큐브가 함께하여 사용자의 조합과 방식으로 주방을 벗어나 집 안 곳곳에서 마음대로 연출할 수가 있다.

아울러 주방용품을 보관할 뿐만 아니라 생활용품, 화훼 인테리어 소품까지 활용이 다양하다.

칼, 가위 제조 시 미세한 각도 장인정신을 발휘해 체크하는 김영훈 대표

3) ESG(environment social governance) 경영으로 제품 및 기업 신뢰도 높이기

벅칼은 특허 및 디자인 등록으로 국내 자체 생산하고 있으며 환경호르몬이 검출되지 않아 신뢰도 있는 제품으로 정평이 나 있다. 앞서 언급한 대로 세균 번식이 왕성한 주방과 칼을 위해 스팀살균이 가능하다는 특장점은 주방조리기구 시장에 색다른 경쟁우위로 인식되고 있다.

아울러 벅칼 제조사 한국세라프는 ESG 경영에 앞장서는 강소기업으로 알려져 있다. 그동안 사회적 책임을 다하고 지속적 경영을 위해 2009년 장애인 고용정책을 활용한 장애인 표준사업장으로 인증받아 25명의 중증장애인을 근로기준법에 의해 직접 고용하였으며 2020년부터 장애인들과 함께할 수 있는 아이템을 연구 개발하고 있다. 예를 들면 목공 DIY^{Do it Yourself: 가정용품의 제작, 수리, 장식을 직접 하는 것}를 장애인이 쉽게 만드는 아이템으로 선정하여 50여 가지의 교구재, 교보재, 놀이기구 등을 생산하고 있다. 장애인 표준사업장의 공공기관 지자체 의무고용 비율에 의한 사업 다각화를 추구하여 장애인 직원들과 함께 보행매트를 직접 생산하고 있으며 조달청, 학교장터 등에 이들 제품이 등록되어 있다. 더불어 친환경적인 나무를 사용하여 어린이, 장애인, 노인들이 생활할 수 있는 가구, 재미있는 놀이 가구, 노인 치매 예방과 어린이 장애인의 상상력을 키워줄 교보재 등을 '나무속 자연공작소' 브랜드로 판매하고 있다.

나무속자연공작소에서 작업 중인 김영훈 대표, 장애인뿐만 아니라 어린이도 직접 제작해 볼 수 있는 체험교실로 운영되고 있다. 교구와 원목 가구들은 본드나 못을 최소화하여, 옛 한옥을 건축하듯 틈새 연결을 활용한 교구로 어린이집, 유치원 등의 원목 교구로 큰 관심을 받고 있다.

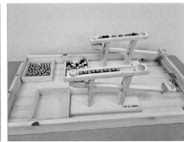

장애우 고용이 늘어남에 따라 제조시설을 활용한 사업 다각화를 추구하여 장애인 직원들과 함께 보행매트를 직접 생산하여 공공기관 및 지자체에 판매경로를 두고 있다.

한국세라프의 불황기 면역력

1) 차별화된 제품력(인체공학적 설계)

2) 주방 외 또 다른 미적 감각의 인테리어 효과

3) ESG 경영으로 제품 및 기업 신뢰도 높이기

닥터올가
K클린뷰티의 꿈을 꾸다

 2023년 글로벌 화장품 455개 업체의 제품 중 닥터올가의 제품이 4관왕을 수상할 정도로 기염을 토하였다. 그중 선크림 부문 1위를 수상하며 '대한민국 1위 선크림은 글로벌 1위'라는 브랜드 이미지를 확고히 하였으며 이는 K뷰티의 위상과 닥터올가의 차별화된 제품력을

북미에서 권위 있는 서트클린&뷰티어워드에서 선크림뿐만 아니라 다양한 제품으로 연속하여 4관왕을 수상하여 K-뷰티의 위상을 높였다.

입증하는 결과라 그 의미가 남달랐다.

이러한 수상 이력은 "진정한 의사는 자연이다."라는 가치를 내걸고 비록 원가가 비싸더라도 내츄럴 오가닉 제품과 친환경을 고집하며 클린뷰티에 전념해 온 노력의 결과로, 향후 K-클린뷰티를 선도해 나가는 닥터올가의 부단한 노력과 도전에 많은 희망을 기대하게 한다.

1) '비건&클린뷰티 닥터올가'의 명확한 콘셉트

닥터올가는 앞서 언급한 대로 "진정한 의사는 자연이다."라는 슬로건으로 자연과 고객을 생각하는 비건&클린뷰티의 대표적 브랜드이다. 30년 유통 경험에서 출발해 '어떻게 하면 고객의 민감한 피부에 좋은 화장품을 만들 수 있을까?'라는 원천적인 질문을 두고 그 해답을 자연에서 찾았다. 자연에서 찾은 좋은 원료를 피부에 오롯이 전달하는 것이 최적의 솔루션이라 믿고 자연 유래 성분을 가득 담은 내츄럴 오가닉 화장품으로 포지셔닝하였다.

닥터올가 비건&클린뷰티 제품라인

2) 환경까지 멀리 바라보는 클린뷰티

닥터올가는 청정한 자연에서 얻은 성분과 이를 통해 건강해지는 사람, 그리고 지구에 대한 고마움과 후대에게 온전하게 물려줄 자연, 지속가능한 지구환경을 고민하는 브랜드이다. 일례로 성분은 최대한 자연유래 내츄럴 오가닉 성분을 사용하며, 용기 및 부자재 또한 지속 가능한 지구를 위해 가능하면 재활용 플라스틱 PCR 용기를 사용하고 단계적으로 탄소가 배출되는 플라스틱 사용을 줄이고 향후 생분해 용기를 최대한 사용할 것을 목표로 하고 있다.

하나뿐인 지구를 생각하는 클린뷰티 캠페인으로 친환경적인 내용물과 더불어 사용하는 용기와 용기에 부착하는 뚜껑재질, 스티커 제거 방식까지 친환경적인 소비자를 만들기 위한 닥터올가의 노력은 범위가 넓다.

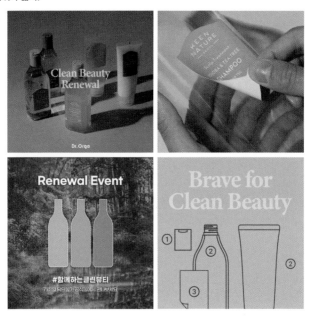

3) 고객 중심의 원칙을 지키는 '히든 챔피온'

닥터올가는 고객에게 더 좋은 경험과 가치를 제공하기 위해 고객에게 길을 묻고 고객과 소통한다. 다양한 커뮤니티를 조성하고 이를 통해 고객 중심의 원칙을 지키는 것이 진정한 숨은 챔피언이라 생각한다.

4) 고객클레임에서 답을 찾고, 고객의 소리에서 트렌드를 읽다!!

"모든 문제는 고객으로부터 출제되고 그 답도 고객이 준다."

닥터올가는 고객클레임을 해결하기 위해 좋은 성분에 집중하면서 '문제성 피부 솔루션'이라는 트렌드의 제품으로 불황기를 극복하였다 그 후 더욱 고객의 소리에 집중하다 보니 '내츄럴 오가닉 콘셉트'의 트렌드를 담은 제품을 런칭하게 되었다.

아무리 소비패턴과 트렌드가 빠르게 변한다 해도 고객의 감성은 변하지 않는다는 것이다. 브랜드가 고객으로부터 외면받지 않으려면 초심을 잃지 말아야 하며 고객의 변화 속도에 맞춰 끊임없이 고객의 언어를 학습하고 고객이 주는 메시지를 해석하고 이에 맞게 변화해야 한다.

닥터올가의 불황기 면역력

1) '비건 & 클린뷰티 닥터올가'의 명확한 콘셉트
2) 환경까지 멀리 바라보는 클린뷰티
3) 고객 중심의 원칙을 지키는 '히든 챔피온'
4) 고객 클레임에서 답을 찾고, 고객의 소리에서 트렌드를 읽다!!

인스타그램을 활용한 참여형 이벤트와 지속적인 와디즈펀딩을 신규제품 론칭에 활용하여 고객 또는 예비고객과의 꾸준한 소통을 유도하고 있는 닥터올가.

아시아레이크사이드호텔
그곳에 가면 천상의 힐링이 있다

아시아레이크사이드호텔은 서부 경남인의 식수원이요 수자원 보호구역으로 설정된 진양호를 바라보는 청정지역에 위치하고 있다.

1969년 진양호 댐 준공보다 먼저 준공이 되었을 정도로 오랜 역사를 가진 아시아레이크사이드호텔은 진주 8경 중 제8경인 노을과 몽환적인 물안개, 편백숲, 밤하늘의 쏟아지는 별빛 등의 자연이 만들어 내는 환상적인 풍경과 천연기념물 수달을 비롯한 청정지역에서만 볼 수 있는 동물들이 서식할 정도로 오염되지 않은 곳에 있는 국내 최고의 친환경 호텔이다.

'진주晉州 속의 진주眞珠'라 불리는 아시아레이크사이드호텔은 어떤 불황기 경쟁력을 갖추고 있을까?

진양호를 바라보는 아시아레이크사이드호텔

1) 천혜의 자연과 서비스의 만족을 동시에

한 폭의 산수화처럼 한쪽 벽 전체를 차지하는 통창을 통해 바라보는 진양호 풍광, 지하 300미터 암반층에서 나오는 천연 연수, 맑은 공기와 도심의 소음을 허락하지 않는 조용함 등의 자연이 주는 혜택과 세계적인 브랜드의 매트리스와 깨끗하고 부드러운 침구류, 유기농 성분으로 만든 어메니티, 사소한 것까지 배려한 객실의 다양한 비품들, 친절한 직원들과 지역의 특산물을 이용해서 만든 맛있는 음식 등으로 '작지만 강한 호텔'이란 슬로건에 부합하는 서비스를 제공하려고 최선을 다하고 있다. 이뿐 아니라 중세 유럽의 분위기를 자아내는 20년이 넘은 유러피안 레스토랑에서 진공관 스피커를 통해 시간대별로 흘러나오는 여러 장르의 음악은 고객들의 귀를 즐겁게 해주고 셰프가 만드는 다양한 요리와 계절마다 바뀌는 시그니처 메뉴들은 고객의 오감을 자극한다.

계절의 변화를 느낄 수 있도록 사계절 프로모션이 준비되어 있고, 연

KBS드라마 〈징크스의 연인〉 포스터, 아름다운 경관과 분위기 있는 공간을 활용한 영화 및 드라마 촬영이 진행되었다.

회장에선 아름다운 진양호를 배경으로 야외결혼식과 세미나, 가족연 등 다채로운 행사를 진행하고 있다.

2) 웨딩 및 F&B까지 거점 전략에 의한 비즈니스모델 확장

1970년대 경남지역 신혼부부들의 신혼여행지로 인기를 끌었던 아시아레이크사이드호텔은 15년 전부터 웨딩사업에 진입, 다양한 문화행사, 세미나, 각종 이벤트 등 복합문화공간으로의 가능성을 열어놓았다.

특히 웨딩사업은 스몰웨딩(100명 내외)에 적합한 테라스 웨딩홀과 200명 이상의 인원을 수용하는 컨벤션 홀에서 데이&나이트 타임으로 구분, 하루 단 두 번만 웨딩을 진행한다. 고객이 상상하고 꿈꾸는 웨딩을 할 수 있게 충분한 시간을 제공함으로써 단순한 결혼식이 아닌 일생일대의 큰 추억으로 남는 파티가 되도록 하고 있다. 오랜 기간 야외 웨딩을 운영한 경험으로 고객의 불편과 야외라는 특수성 때문에 발생할 수 있는 일들을 사전에 철저히 준비하여 야외 결혼식의 장점은 살리고 단점은 보완한 야외 웨딩의 명소로서 손색없는 시설 및 최적화된 서비스를 제공하고 있다. 아울러 지리산과 삼천포 등을 30분 이내 거리에 두고 있는 지리적 장점으로 인해 다양한 먹거리, 건강한 식재료를 활용한 호텔의 세컨드 브랜드인 '오담채 도시락 카페'를 운영하고 있으며, 지역의 크고 작은 행사나 국제포럼(K기업가 포럼), VVIP 방문과 세계적인 행사의 만찬을 수행하고 있다.

3) K기업가 정신의 발원지로 동반 성장

진주는 K기업가 정신의 메카이다. 진주 지수마을은 삼성그룹 이병철 회장 등 초기 대기업 창업자들이 유년 시절을 보냈다는 공통점이 있고 역사적으로는 실천적 유학자 남명 조식의 사상이 영향을 주었다는 스토리가 있다. 따라서 이런 지역적 유산과 더불어 아시아레이크사이드호텔은 단순한 숙박이 아니라 역사와 문화, 그리고 인문학적인 접근이 가능한 힐링의 명소로 자리 잡게 될 것이다.

아름다운 진양호를 배경으로한 아시아레이크사이드호텔 야외웨딩

아시아레이크사이드호텔의 불황기 면역력

1) 천혜의 자연과 서비스 만족을 동시에

2) 웨딩 및 F&B까지 거점 전략에 의한 비즈니스모델 확장

3) K기업가 정신의 발원지로 동반 성장

라인교육개발
미래 온라인교육의 핫라인

라인교육개발은 25년간 온라인교육 소프트웨어 분야에 정진한 소프트웨어 기업으로 코로나19 이후 온라인교육의 시장성 확대라는 급격한 기회를 맞아 에듀테크 기반의 이러닝기업으로 확장하였다.

어떻게 온라인교육 소프트웨어 개발회사에서 콘텐츠 개발회사로 리

라인교육개발 홈페이지

브랜딩rebranding: 소비자의 취향이나 환경변화에 따라 기존의 제품이나 상표 이미지를 새롭게 창출하는

활동하였을까?

1) 소프트웨어 개발에서 콘텐츠 개발 회사로 리브랜딩

라인교육개발은 회사 설립 이후 25년간 교육 관련 소프트웨어를 개발하여 왔는데 설립 초기엔 대학 LMSlearning management system: 학습관리시스템 개발을 시작으로 온라인 시험인 CTEST, C-SCHOOL초등학교 기반의 LMS, 그 외 온라인교육에 필요한 각종 프로그램을 자체적으로 개발하여 판매에 이르기까지 소위 원스톱 시스템을 갖추었다. 이렇듯 온라인교육이라는 아젠다를 기초로 다양한 소프트웨어를 개발하였지만 자금 조달과 작업 기간의 연장, 핵심 개발 인력의 이직, 경쟁사의 유사프로그램 선점과 예기치 않은 개발 일정의 연장 등과 더불어 시장성 하락이라는 끝없는 난관이 이어졌다.

여러 가지 한계와 문제점에 봉착한 소프트웨어 개발은 더 이상 답이 될 수 없다고 판단하고 콘텐츠 개발에 필요한 자금 확보를 위해 그동안 개발해 온 소프트웨어 소스를 비롯해 판권, 지적 재산권을 매각하고 2년간 거의 휴업 상태로 콘텐츠 개발에 모든 역량을 쏟아부었다.

이 기간에 교육환경은 급변하여 놀랍게도 라인교육개발에겐 절호의 기회가 주어졌다. 이를테면 학교 밖에서 이루어지는 다양한 형태의 학습 및 자격을 학점으로 인정받을 수 있도록 하고 학점이 누적되어 일정 기준을 충족하면 학위를 취득하게 해 이른바 열린학습사회, 평생학습사

회를 구현하기 위한 온라인 학점은행제가 시작되었다. 그동안 축적된 소프트웨어 개발 능력이 온라인 교육콘텐츠에 직접 반영되어 콘텐츠 개발, 콘텐츠 운영, LMS 개발, 네트워크 구축까지 모두 자체적으로 해결할 수 있게 되었다. 더욱이 콘텐츠에 소비자의 니즈를 실시간 반영할 수 있는 최고의 시스템을 반영하게 되었다.

2) 교육용 콘텐츠 시장 도입기, 타깃 확장 전략으로

교육용 콘텐츠 진입 시 라인교육개발은 학점은행제를 시작으로 청년, 중장년, 구직자, 재직자 등 디지털 기초역량 개발을 지원하는 'K디지털 기초역량 훈련'을 담당하여 온라인 교육콘텐츠가 4차산업의 콘텐츠로 포지셔닝되고 다양화되는 역할을 수행하였다.

K디지털 기초역량 훈련을 위한 교육콘텐츠

3) 코로나19 위기 후 기회로 전환되는 패러다임 전략

코로나19는 비대면, 즉 온라인 교육시장이 폭발하는 계기가 되었다. 소프트개발을 멈추고 본격적으로 콘텐츠를 개발한 이후 시장 상황에 따라 직원 수도 기하급수적으로 증가하였으며(2023년 말 기준 150명, 관리교강사 400명) 이후에도 초, 중고등학교를 비롯 대학교, 직업훈련과정에서 K

소프트웨어 인재 양성을 위한 SW미래채움사업 코딩교육

디지털까지 외연 확장 및 수요가 기대 이상으로 늘어났다.

그러나 온라인교육 시장에도 상상치 못한 파고가 밀려왔다. 매년 200% 성장을 보이던 온라인교육이 코로나가 끝나감과 동시에 둔화되고 고물가, 고이율 환경과 겹치면서 마이너스 성장세를 기록했다.

이미 비대면 교육시장이 멈추지 않고 성장할 것이라는 예측하에 콘텐츠 개발 및 시스템을 확장한 이후였다. 온라인교육이 줄어들고 오프라인 교육이 쇄도하는 예상치 못한 상황이 벌어졌다.

역설적으로 라인교육개발은 코로나19에 4차산업 관련 콘텐츠 개발에 공격적으로 투자한 결과 자율주행, 사물인터넷 등 다양한 코딩교육을 통해 4차산업교육(초, 중고등학교)에 참여하는 기회를 포착하게 되었다.

4) 이러닝 선두 교육기업 약진 전망

라인교육개발은 한마디로 정의하면 에듀테크 기반의 이러닝 전문기업이다.

AI, 메타버스 등 신기술을 적용한 교육시스템과 상호작용에 기반하여 다양한 학습 도구를 포함하는 학습관리시스템(LMS)과 학습콘텐츠관리시스템LCMS이 핵심기술이다.

라인교육개발의 콘텐츠는 온라인교육에 적합한 반응형 콘텐츠로 4차산업혁명에 따른 수요를 반영해 빅데이터, AI, 클라우드 관련 콘텐츠를 개발하고 있다. (개발과 운영을 두루 갖춘 온라인 콘텐츠 개발기술과 LMS는 현장에 최적화된 최고의 기술력이라 평가받음)

이 온라인 교육시스템은 플립러닝Flipped Learning: 거꾸로 학습, 블랜디드러닝Blended Learning: 혼합형 학습, 마이크로러닝Micro-Learning 등과 같은 교수법이 적용하기 쉬운 차별화된 기술로 온라인교육의 패러다임을 변화시키는 데 한몫을 할 것으로 기대된다.

라인원격평생교육원과 함께하는 국가지원교육과정

5) 4차산업 콘텐츠 개발을 위한 인재 투자

AI와 ChatGPT를 활용한 개인 맞춤형 학습법 개발은 이러닝의 학습한계를 극복하기 위한 라인교육개발의 주요 전략이며 나아가 소프트웨어와 정보통신기술ICT, 4차산업혁명과 관련된 전문강사 인력 확충(300명 강사)도 이러닝 교육기업으로 선두를 달리기 위한 마케팅 전략이다.

라인교육개발의 불황기 면역력

1) 소프트웨어 개발에서 콘텐츠 개발회사로 리브랜딩
2) 교육용 콘텐츠 시장 도입기, 타깃 확장 전략으로
3) 코로나19 위기 후 기회로 전환되는 패러다임 전략
4) 이러닝 선두 교육기업 약진 희망
5) 4차산업 콘텐츠 개발을 위한 인재 투자

엔터스코리아
출판 기획의 큰 획을 긋다

 엔터스코리아는 국내외 출판기획 및 매니지먼트 회사로 2000년 설립되어 연간 1,000종의 콘텐츠를 개발하였으며 수많은 베스트셀러와 작가를 배출하였다.

초기에는 번역으로 출발하였지만, 사업 영역을 확장하여 해외저작권 에이전시, 홍보마케팅, 출판기획, 교정, 교열, 디자인 등의 업무를 수행했으며 현재 출판을 희망하는 사람들을 대상으로 책 쓰기 아카데미(책쓰기브랜딩스쿨)를 운영하고 있다. 기성 작가에는 인생작을 펼칠 기회를 선물하고 신인 작가에는 베스트셀러 작가로 입문할 기회를 주는 엔터스코리아의 불황기 면역력은 무엇일까?

엔터스코리아의 베스트셀러들

1) 성장의 축에는 내부 고객, 문화 활동으로 보상

출판전문기획자 양원근 대표의 손을 거친 베스트셀러를 카운트하기가 쉽지 않은 현실에서 그는 사원이 첫째가 정도경영이며 가장 중요하게 여겨야 할 존재라고 말한다. 그래서 엔터스코리아의 직원 인선은 실력보다 인성을 최우선으로 본다.

아울러 엔터스코리아에는 매월 1일, 랜덤으로 추첨된 직원을 휴가 보내는 '떠들석데이'와 매주 월요일 마음의 양식인 지식을 쌓기 위해 책을 읽거나 각 부서끼리 일 이외에 다양한 삶의 이야기를 나누는 독특한 복지제도가 있다.

2) 고객(저자와 출판사)을 위한 선한 마음의 카페, 책과 콩나무

엔터스코리아 양원근 대표는 16년 전 고객인 저자와 출판사에 대해

선한 마음으로 그 고마움에 보답하기 위해 '책과 콩나무'라는 독자평 카페를 오픈하였다. 현재 북카페 '책과 콩나무'는 하루 평균 약 8천 명이 방문하고 있으며 네이버카페 등급도 상위에 랭크되어 있다. (광고 무게재)

3) 누구나 책을 쓸 수 있는 타당한 이유와 철학

양원근 엔터스코리아 대표는 저서 『책 쓰기가 이렇게 쉬울 줄이야』에서 책은 성공한 사람이 아닌 성공을 꿈꾸는 사람이 쓰는 것이라고 자기만의 책 쓰기 철학을 소개한다. 지금도 "나같이 평범한 사람도 책을 쓸 수 있나요?"라는 질문에 그는 일관되게 책은 누구나 쓸 수 있다며 4가지 유형의 예를 든다.

첫째, 인생의 굴곡이 심한 사람들, 즉 눈물 없이 들을 수 없는 인생의 감동적 스토리를 가진 사람. 둘째, 원래 유명한 사람으로 사회적 명망이 있는 사람, 인기 연예인이나 강사. 셋째, 각 분야의 전문가들, 예를 들어 식당 하나를 운영하다 대박이 나서 몇백 개의 프랜차이즈를 성공시킨 장사의 신, 법률 이야기를 일반인들에게 쉽고 재미있게 전달할 수 있는 법조계 사람들, 각 분야의 1인 전문가 등등. 마지막으로 넷째 유형은 이것도 저것도 아무것도 없는 사람들.

앞서 언급한 대로 "저처럼 아무것도 없는 평범한 사람도 책을 쓸 수 있나요?"라고 묻던 사람들에게 그는 이렇게 말한다. "책과 담쌓은 나도 했으니, 당신도 할 수 있다."

4) 예비 저자를 위한 맞춤형 출판 컨설팅, '책쓰기브랜딩스쿨'

SNS 영향으로 일반인들에게 '글쓰기'가 유행하고 있다. 책 쓰기로 자신의 책을 출간함으로써 특정 분야에서 자신의 가치를 높이며 성장한 사람들이 자주 눈에 띄기도 한다. 이와 관련하여 책 쓰기 강의브랜드 '책쓰기브랜딩스쿨'의 양원근 대표는 개설의 이유와 목적을 이렇게 정의하고 있다.

"글쓰기는 자신이 지금까지 쌓아 올린 지식 콘텐츠를 종합해서 경쟁력 있는 상품으로 만드는 작업인 만큼 각자의 삶 자체가 자본금이 되고 완성한 상품은 다른 사람은 가질 수 없는 나만의 경쟁력이 된다."

'책쓰기브랜딩스쿨'은 다양한 분야에 걸쳐 수백 권의 책을 기획하고 출간한 20년 이상의 출판기획자가 강사로 나선다. 나아가 수강생만의 콘텐츠를 발견하여 그만의 책을 쓸 수 있도록 직접 일대일 코칭을 해준다. 아울러 책 쓰기의 기본기뿐 아니라 원고 완성 및 투고, 출간 이후의 과정까지 폭넓게 지원해 주고 있다.

엔터스코리아의 불황기 면역력

1) 성장의 축에는 내부 고객, 문화 활동으로 보상
2) 고객을 위한 선한 마음의 카페 운영(책과 콩나무)
3) 누구나 책을 쓸 수 있는 타당한 이유와 철학
4) 예비 저자를 위한 맞춤형 출판 컨설팅 - 책쓰기브랜딩스쿨

스페셜리스트,
불황기 면역력을 말하다

The Recession Immunity

Marketing

마케팅

구자룡 밸류바인 대표

"데이터에서 센싱하고 통찰을 바랑으로
신상품 기획을 새롭게 시도하라!"

구자룡 박사는 마케팅 & 브랜딩 전문기관인 밸류바인의 대표 컨설턴트와
한국공공브랜딩진흥원 로컬브랜딩센터장으로 있으며, 서울브랜드위원회 위원,
상명대학교 겸임교수 등을 역임했다. 마케팅 컨설팅과 코칭,
그리고 강의와 연구 활동을 진행해 오고 있다.

시장은 항상 변한다. 고객도 변한다. 변화에 대응하는 것은 마케터의 숙명이다. 판매 촉진 이벤트를 벌이거나, 가격을 내리거나 혹은 올리거나, 신제품을 만들거나 또는 시장에서 철수하거나, 어떤 형태로든 변화에 대응해야 한다. 특히 불황기가 되면 시장과 고객의 변화를 파악해야 보다 효과적으로 대응할 수 있다. 마케팅에서 환경 분석은 변화에 대응하기 위한 출발점이다. 환경을 분석하는 목적은 시장의 변화를 읽고 그 의미가 무엇인지 꿰뚫어 보기 위해서다. 시장의 변화를 읽어내는 마켓 센싱sensing, 감지과 변화의 의미를 훤히 꿰뚫어 보는 통찰insight이 있어야 한다.

1) 불황기에 어떻게 하면 마켓 센싱과 통찰을 잘할 수 있을까?

비즈니스 환경은 끊임없이 새로운 의사결정을 기다린다. 불황기에는 더욱 조심스럽게 의사결정을 해야 한다. 이때 데이터의 도움을 받으면 보다 쉽게 통찰할 수 있고 오류를 줄일 수 있다. 그런 생각으로 먼저 데이터부터 찾는다. 그런데 진짜 그럴까? 데이터가 없기 때문에 통찰을 못 하는 걸까? 중요한 것은 데이터가 아니라 해결해야 할 문제(또는 과제)다. 문제가 무엇인지 정의하는 것이 가장 먼저 해야 할 일이다.

예를 들어, 시장에 수많은 스낵이 있고 여러 회사에서 치열하게 경쟁하고 있다고 하자. 서로 점유율 싸움을 하는 완전 경쟁 시장이고 불황기다. 그런데 우리 회사에 새로 부임한 사장은 시장을 확대하고 매출을 증대하고 싶어 한다. 여기서 문제는 무엇일까? 불황이 문제일까? 경쟁이 문제일까? 점유율이 문제일까? 시장을 확대하고 매출을 높이고자 한 사장의 방침이 문제일까? 아니면 데이터가 없는 우리 회사의 시스템이 문제일까?

문제의 본질을 정확하게 정의하는 것부터 해야 한다. 이 문제의 핵심은 경쟁이 점점 치열하지만 정체된 스낵 시장을 돌파할 새로운 제품이 없다는 것이었다. 데이터는 이 문제를 해결하는 데 필요한 많은 요소 중 하나일 뿐이다. 회사 내부에는 매출 데이터도 있고, 과거 진행했던 시장조사 데이터도 있고, 관능 조사(맛 테스트)의 결과도 있다. 아직 신제품 관련 조사를 한 적은 없기 때문에 직접적인 데이터는 당연히 없다. 우리는 선발자도 아니고 시장 지배력을 갖고 있는 것도 아니다. 그동안 여러 번

신제품을 만들어 보기도 했지만 실패를 많이 해서 선뜻 나서는 마케터도 없다. 여러분이 의사결정자라면 이러한 상황을 돌파하기 위해 무엇을 해야 할까?

예시한 스낵 시장에 대한 데이터는 어디에 있을까? 일단 시장의 특성부터 정확하게 이해해야 한다. 기업들은 어떤 종류와 맛으로 시장을 나누고 있는지, 고객은 이러한 구분에 동의하는지, 아니면 원하는 제품이 없어서 마지못해 기업이 제안하는 제품을 구매하고 있는 것은 아닌지 등을 파악해야 한다. 이를 위해 스낵의 맛 지도를 만들면 어떨까?

스낵 시장을 맛으로 구분하기 위해서는 제품 범주별로 어떤 맛이 있는지부터 알아봐야 한다. 우리 회사에서 생산하는 제품뿐만 아니라 시장에서 판매되고 있는 제품 전체에 대한 분석이 필요하다. 이 문제를 해결하기 위한 데이터는 우리 회사 내부보다 실제 시장에 있다. 시장 조사가 필요한 이유이다. 슈퍼나 마트나 편의점 등에서 기초적인 데이터를 수집하고 제조사별 판매액을 수집하거나 추정하여 범주별로 맛의 비중을 계산하여 정리하면 하나의 표나 그림(트리맵)이 완성된다.

이처럼 필요한 데이터를 수집하고, 문제 해결에 필요한 데이터 분석을 하고, 분석 결과를 활용하여 적절한 대응방안을 마련하고, 실행을 통해 문제를 해결하면 데이터 기반 의사결정이 된다. 즉, 어떤 문제가 있다면 그 문제를 해결할 수 있는 데이터는 따로 있으며 필요에 따라 가장 적합한 데이터를 수집해야 한다. 데이터가 있어서 분석하는 것이 아니라 비즈니스 문제를 해결하기 위해 필요한 데이터를 수집하고 분석한다는 사실을 잊어서는 안 된다.

특히 불황기일수록 막대기로 돌다리를 두들기며 강을 건너듯 조심스럽게 데이터를 들여다봐야 한다. 센싱과 통찰이 이루어지면 새로운 길이 보일 것이다.

2) 불황기를 극복하기 위한 신시장은 어떻게 찾을 수 있을까?

사진 기자들이 다양한 렌즈(표준, 광각, 망원 등)가 마운트 된 여러 대의 카메라를 어깨에 메고 다니는 것을 보았을 것이다. 사진 찍는 상황이나 환경에 맞춰 적절한 렌즈를 교체할 시간이 없기 때문에 언제든 바로 촬영할 수 있게 준비하는 방법이다. 우리가 부닥치는 불황기 시장에는 어떤 렌즈가 필요할까? 어떤 상황에서 어떤 렌즈(관점)로 사물을 들여다보느냐 마느냐는 매우 중요한 문제다. 필요한 상황에서 데이터를 볼 수 있는 나만의 관점이 중요하다. 그래야 나만의 렌즈를 미리 준비할 수 있다.

어느 타이밍에서 어떤 렌즈를 써야 할지 알고 있는 사진 기자와 마찬가지로 우리도 어떤 문제에 대해 필요한 데이터가 무엇인지 알고 있어야 한다. 데이터는 복잡다단한 현상을 하나의 단편으로 압축해서 보여준다. 따라서 데이터를 통해 무엇을 할 수 있을 것인가를 생각하고, 그 결과를 바탕으로 어떻게 활용할 것인가를 고민한다면 스몰데이터로도 시장의 변화를 감지하고 통찰을 할 수 있다. 통찰을 바탕으로 불황기를 극복하는 신시장을 창출해야 한다.

기업의 마케터나 기획자는 전문가 수준의 데이터 분석 역량을 갖추는 것이 쉽지 않다. 하지만 요즘은 약간의 노력만으로 빅데이터 분석이 가능하고 이를 업무에 활용할 수 있다. 구글트렌드 분석은 전 세계 기준으로 그리고 관심 국가 기준으로 검색어를 입력해서 시간 흐름에 따른 관심도 변화를 그래프로 확인할 수 있으며 검색어끼리의 비교도 가능하다. 검색어의 빈도수를 트레킹할 수 있다.

썸트렌드는 인스타그램, 트위터, 블로그, 뉴스 등 소셜미디어의 텍스트 데이터를 활용해 언급량, 연관어, 긍·부정 분석을 할 수 있다. 물론 분석 시점과 옵션 설정에 따라 결과는 달라진다. 그래서 내가 가지고 있는 문제를 해결하기 위한 접근으로 분석을 시도해야 올바른 결과를 얻을 수 있다.

그리고 빅카인즈에서 언론기사에 대한 트렌드 분석과 연관어 분석을 할 수 있다. 빅카인즈 내의 형태소 분석 메뉴를 통해 내가 가지고 있는 텍스트 데이터를 복사해 넣은 다음 직접 형태소 분석을 할 수도 있다. 그리고 분석 결과를 검토하여 상품 기획이나 마케팅 프로모션에 활용할 수 있다.

구글트렌드, 썸트렌드 그리고 빅카인즈는 그 자체로 빅데이터 분석 플랫폼이다. 각 서비스에 따른 차이점이 있기 때문에 이 세 곳에 대해서만큼은 따로따로 분석한 다음, 그중 의미 있는 결과를 의사결정에 활용하면 된다.

업종을 막론하고 마케터나 기획자라면 데이터 분석을 통해서 뭔가 새로운 사업 기획을 하고자 할 것이다. 마케팅 프로모션이든 신상품 기획이든 새로운 가치를 만들기 위해서는 트렌드 파악을 가장 먼저 해야 한다. 경우에 따라서는 전문기관에서 제공하는 유료 데이터를 활용할 수도 있고, 누군가 이미 분석해 놓은 결과를 활용할 수도 있다.

우리 회사에 맞는, 우리 사업에 맞는 트렌드를 파악하기 위해서는 우리 비즈니스에 특화된 트렌드를 파악해야 한다. 만약 내가 데이터 분석 능력을 갖추고 있다면 직접 분석을 통해 통찰을 얻는 것이 가장 좋다. 구글트렌드, 빅카인즈 등과 같은 빅데이터 분석 플랫폼을 이용하여 직접 트렌드를 파악하는 능력을 갖춰야 하는 이유다. 나아가 ChatGPT와 같은 생성형 AI의 도움을 받을 수도 있다. 문제에 대한 질문으로 시장조사와 트렌드 파악을 하면 된다. 데이터 분석 혹은 트렌드 분석이 중요한 것이 아니라 그 분석의 결과를 바탕으로 새로운 가치를 창출해야 의미가 있다.

트렌드 분석은 소비자 관점에서는 경향 혹은 추세에 해당하지만, 사업가나 기획자 관점에서는 일종의 예측이다. 메가트렌드로 발전할 수 있는 마이크로트렌드를 파악하는 것이 무엇보다 중요하다. 사업은 이 시점에서 어떤 통찰을 하느냐가 관건이다. 스마트폰으로 나만의 관점으로 트렌드 분석을 할 수 있다. 스마트폰은 개인 소유물이기 때문에 나만이 갖고 있는 데이터가 있는데, 바로 사진이다. 사진 앱에는 직접 찍은 사진들이 있다. 이를 이용한 트렌드 분석을 하게 되면 그동안 내가 인지하지 못한 트렌드 읽기가 가능하다.

스마트폰 사진을 이용한 트렌드 분석은 첫째, 스마트폰에 저장되어 있는 사진 중 3장에서 5장 정도 유사한 이미지를 찾아보는 것이다. 내가 직접 찍은 사진들 중 어떤 관심이나 주제와 관련해서 유사한 이미지가 여러 장 있다면 그런 사진을 고르면 된다.

둘째, 이 사진들의 공통점을 키워드나 짧은 문장으로 표현해 보는 것이다. 이것이 바로 내가 찾은 새로운 트렌드다. 처음에는 기존의 트렌드 버즈와 비슷한 트렌드를 찾을 가능성이 높다. 아직은 다른 사람의 프레임에 갇혀 있을 수 있기 때문이다. 내 생각과 나의 관점으로 접근해야 한다.

셋째, 내가 찾은 트렌드는 대단히 주관적인 결과물이므로 객관화 작업을 해야 한다. 관련 키워드로 검색을 하고 관련 분야의 전문가나 얼리어답터의 의견을 듣고, 공개된 자료는 없는지 확인하는 등의 방법으로 내가 찾은 트렌드가 어떤 의미가 있는지 확인하는 것이다.

넷째, 만약 내가 찾은 트렌드가 메가트렌드가 될 가능성이 있다는 확신이 든다면 이제 본격적인 사업화 단계로 넘어가야 한다. 우선 아이디어를 내고 콘셉트를 만든 다음 다시 콘셉트에 대한 시장 테스트를 진행한다. 시장성이 있는지 파악하고 사업 가능성도 타진한다.

직접 찾은 트렌드이든 빅데이터에서 찾은 트렌드이든 중요한 것은 이 트렌드를 바탕으로 신시장을 만들거나, 신상품을 출시하여 시장을 선점하거나, 새로운 프로모션으로 시장에 변화를 일으켜야 한다는 것이다. 불황기에는 대부분의 기업이 위축되어 있다. 이때 시장의 데이터에서 변화를 센싱하고 통찰을 바탕으로 신상품 기획 등 새로운 시도를 해야 한다. 전략이 아무리 좋아도 실행을 하지 않으면 아무런 결과를 얻을 수 없다. 지금 당장 실행을 해야 실패든 성공이든 어떤 결과를 얻을 수 있다. 앞에서 주먹구구식이 아니라 데이터 기반으로 의사결정을 하는 방법과 절차를 살펴봤다. 이제 과거보다 성공 가능성이 더 높을 것이다. 경쟁이 극심한 호황기보다 오히려 불황기에 수월하게 시장을 장악할 수 있는 기회가 있다.

은종성 비즈웹코리아 대표

"불황기에 효율적인
비즈니스모델 어디 없나?"

은종성 비즈웹코리아 대표는 현업에서 활용할 수 있는 실용 지식을 출간하고
비즈니스모델, 마케팅, 창업 등과 관련된 강의와 컨설팅을 병행하는 스페셜리스트이다.
최근 『비즈니스 사용설명서』를 출간한 바 있다.

1) "혁신은 회의실에서 만들어지지 않는다."고 현장 경험을 유독 강조한다. 불황기에 유효할 비즈니스모델의 성향은 무엇인가?

"혁신은 회의실에서 만들어지지 않는다."는 말은 혁신을 추진하는 데 있어 현장의 중요성을 강조하는 표현이다. 불황기에는 기업이 고유한 도전에 직면하게 되며, 혁신과 적응 능력은 생존과 성장에 매우 중요한 요인이 된다.

불황기에도 유효한 비즈니스모델로 첫 번째, 린Lean 방식 운영 모델을 들 수 있다. 린은 '얇은'이라는 뜻 외에도 '군더더기 없는', '날렵한' 등의 의미가 있다. 토요타자동차에서 시작한 린 생산방식Lean Production은 생산 과정에서 불필요한 낭비 없이 제품을 생산한다는 개념으로 제조, 조

달, 운송, 배송, 재무, 회계, 마케팅, 영업 등의 모든 과정을 아우른다. 린 방식은 운영을 간소화하고, 핵심 역량에 집중하며, 낭비를 제거한다. 이러한 접근 방식을 통해 변화하는 시장 상황에 보다 유연하고 민첩하게 대응할 수 있다.

물론 미국과 중국의 패권싸움, 러시아와 우크라이나의 전쟁과 같은 지정학적 갈등과 같은 외부 요인으로 글로벌 공급망이 혼란에 빠져 있다. 린 방식은 여전히 유효하지만 현재의 글로벌 상황에 맞게 조정해야 한다. 린의 핵심 원칙인 낭비 감소, 지속적인 개선, 가치 창출은 여전히 적절하고 유익하다. 그러나 이러한 원칙은 오늘날의 복잡한 글로벌 공급망 문제를 해결하기 위해 유연성, 탄력성, 위험 관리에 더 중점을 두고 적용해야 한다.

두 번째는 고객 중심 모델이다. 고객 중심 모델은 고객을 모든 결정과 프로세스의 중심에 두는 비즈니스 전략이다. 이 모델은 고객의 요구, 선호도 및 행동을 이해하고 이에 대응하여 비즈니스 의사결정, 제품 개발 및 서비스 개선을 추진하는 것을 말한다. 목표는 모든 상호작용 지점에서 긍정적인 고객 경험을 창출하여 충성도를 높이고 장기적인 고객 관계를 구축하는 것이다.

고객 중심 모델의 주요 구성 요소로는 개인화된 경험, 피드백 및 참여, 데이터 기반 인사이트, 부서 간 협업, 지속적 개선 등을 들 수 있다. 고객 인사이트를 기반으로 개인화, 응답성, 지속적인 개선에 집중함으로써 기업은 고객과 더욱 강력한 관계를 구축하여 충성도를 높이고 경쟁 우위를 확보할 수 있다. 불황기에는 고객 충성도와 고객 유지가 더욱 중요해진다.

세 번째는 가치 혁신이다. 이것은 앞서 고객 중심 모델의 연장선상에 있다. 넷플릭스는 기존의 DVD 대여 모델에서 벗어나 스트리밍 서비스를 도입하여 홈엔터테인먼트 산업을 변화시켰다. 테슬라는 자동차를 소프트웨어로 접근하면서 혁신을 일으켰다. 애플은 앱스토어, 아이튠즈와 같은 에코시스템으로 차별화된 사용자 경험을 만들어 냈다. 가치 혁신은 단순히 남들과 다른 것이 아니라 시장의 경계를 재편하거나 창조하는 방식으로 남들과 다르면서도 더 나은 것을 만들어내는 것이다.

네 번째는 디지털 혁신이다. 디지털 트랜스포메이션은 디지털 기술을 비즈니스의 모든 영역에 통합하여 비즈니스 운영과 고객 가치 제공 방식을 근본적으로 변화시키는 것을 의미한다. 단순히 새로운 기술을 도입하는 것이 아니라 비즈니스 문화 전반을 보다 민첩하고 고객 중심적이며 데이터 중심으로 변화시키는 것이다. 이러한 변화는 운영, 고객 상호작용, 제품 및 서비스 제공, 비즈니스모델 등 조직의 모든 측면에 영향을 미친다.

디지털 전환의 성공 사례로 나이키를 들 수 있다. 나이키는 트레이닝 클럽과 나이키 런 클럽과 같은 앱을 개발하여 개인화된 운동을 제공하고 고객 참여를 강화했다. 운영 측면에서는 디지털 채널을 활용한 D2C 모델로 전환하여 온라인 판매를 크게 늘렸다. 다양한 산업에서 단순한 기술 업그레이드가 아닌 비즈니스모델, 고객 참여 전략, 운영 프로세스의 근본적인 변화로서 디지털 혁신을 어떻게 수용하고 있는지를 보여준다. 이러한 기업들은 디지털 기술을 활용하여 고객 경험을 개선하고, 새로운 디지털 수익원을 창출하고, 운영 효율성을 향상했다. 디지털 전환에는 기술을 넘어 문화 변화, 새로운 기술 개발, 고객에게 가치를 전달하는 방식에 대한 재구상을 포함하는 총체적인 접근 방식이 필요하다.

다섯 번째는 파트너십과 협업을 강화해야 한다. 기업의 많은 활동이 디지털로 전환되면 수직적 통합과 수평적 확장이 많아진다. 데이터를 바탕으로 전방산업과 후방산업을 통합해서 운영 효율을 극대화할 수도 있고, 한 명의 고객에게 여러 상품을 판매하는 수평적 확장도 가능해진다. 다만 하나의 기업이 모든 데이터를 얻을 수 없고, 모든 역량을 갖출 수도 없다. 결국 다양한 시장 또는 고객층에 진출해 있는 기업과 파트너십 및 협업으로 도달 범위를 넓혀야 한다. 파트너십과 협업은 리소스 및 전문지식 공유, 위험 및 비용분담, 향상된 제품 및 서비스 제공, 브랜드 평판 강화 등의 이점이 있다.

성공적인 파트너십의 사례로 스타벅스와 마이크로소프트를 들 수 있다. 스타벅스는 마이크로소프트의 Azure 인공지능[AI] 기능을 사용하여 드라이브스루 고객을 위한 예측 주문 시스템을 개발하여 속도와 개인화를 개선하였다. 또한 마이크로소프트의 블록체인 기술을 활용하여 '원두에서 컵까지' 추적 시스템을 만들었다. 이를 통해 고객은 커피의 생산 과정을 추적하여 투명성과 고객 참여를 강화해 가고 있다. 스타벅스와 마이크로소프트의 파트너십은 서로 다른 분야의 서로 다른 역량을 한데 모아 비즈니스와 고객 모두에게 이익이 되는 혁신적인 솔루션을 만들어 낸 사례이다. 이러한 파트너십은 단순히 금전적인 이익만을 추구하는 것이 아니라 더 나은 경험, 서비스 또는 제품을 제공한다는 비전을 공유하는 경우가 많으며, 성장, 혁신 및 경쟁우위의 강력한 원동력이 될 수 있다.

2) 재구매와 성과 측정 방법

비즈니스에서 재구매는 고객이 같은 회사의 제품이나 서비스를 다시 구매하는 행위를 말한다. 이는 고객 충성도와 만족도를 나타내는 핵심 지표이다. 고객이 동일한 브랜드나 회사를 반복적으로 선택한다는 것은 해당 제품이나 서비스의 가치, 품질, 신뢰성에 대해 긍정적으로 인식하고 있다는 것을 의미한다.

재구매는 고객 충성도, 비용, 예측 가능성, 입소문, 피드백 및 개선 측면에서 중요성이 있다.

재구매는 고객 충성도를 직접적으로 나타내는 지표이다. 충성도가 높은 고객은 재구매할 가능성이 높을 뿐만 아니라 시간이 지남에 따라 더 많은 지출을 하는 경향이 있다. 아마존의 프라임 멤버십 프로그램은 재구매를 장려하는 대표적인 사례. 무료 배송, 독점 할인, 프라임 비디오와 같은 추가 혜택은 회원들이 아마존에서 반복적으로 구매하도록 장려한다.

재구매는 비용 효율성 측면에서도 장점이 있다. 신규 고객을 확보하는 데 기존 고객 유지보다 비용이 더 많이 드는 경우가 많다. 재구매율이 높다는 것은 고객 유지에 성공했음을 의미하며, 이는 비용 효율적인 마케팅 및 영업 활동으로 이어진다. 예를 들어 넷플릭스는 지속적인 콘텐츠 갱신과 개인화를 통해 구독자를 유지하는 데 중점을 둔다. 포화 상태인 시장에서는 기존 가입자를 유지하는 비용이 신규 가입자를 확보하는 것보다 훨씬 저렴하다.

재구매가 많다는 것은 변동성이 적다는 의미이기도 하다. 단골 고객은 꾸준히 구매하는 경향이 있고 이는 수입 흐름을 창출한다. 이를 통해 기업은 효과적인 리소스 계획과 재무관리를 할 수 있다. 예측 가능한 수익은 기업이 장기적인 프로젝트에 더 큰 확신을 가지고 투자할 수 있게 해주므로 보다 전략적이고 지속 가능한 비즈니스 성장을 가능하게 한다.

어도비Adobe가 대표적이다. 어도비가 영구 소프트웨어 라이선스 판매에서 구독 기반 모델Adobe Creative Cloud로 전환한 것은 예측 가능한 수익 흐름의 개념을 잘 보여준다. 어도비는 구독모델로 전환한 고객들이 월별 또는 연간 요금을 지불하고 전체 제품군에 액세스할 수 있도록 했다. 이러한 변화로 인해 어도비는 보다 일관되고 예측 가능한 수익원을 확보할 수 있게 되었다. 또한 수익 변동을 완화하고 제품 개발 및 시장 확장에 더욱 자신 있게 투자할 수 있었다.

재구매가 많아질수록 입소문도 늘어나기 마련이다. 만족한 단골 고객은 다른 사람에게 브랜드를 추천할 가능성이 높으며, 기업은 입소문을 통해 브랜드의 평판을 높이고 신규 고객을 유치할 수 있다. 사람들은 기업의 직접적인 광고보다 친구나 가족의 개인적인 추천을 더 신뢰하는 경향이 있어서 이 방법은 특히 영향력이 크다.

친구의 추천을 활용한 사례로 드롭박스Dropbox와 에어비앤비를 들 수 있다. 드롭박스는 친구를 추천하면 추천인과 추천받은 사람 모두에게 추가 용량을 제공함으로써 인센티브를 제공했다. 이 전략은 기존 사용자가 서비스 옹호자가 되어 사용자 기반을 크게 늘릴 수 있었다. 에어비앤비는 주로 호스트와 게스트가 긍정적인 경험을 공유하면서 입소문을 통해 성장했다. 이러한 유기적 성장은 기존 광고보다 더 신뢰할 수 있고 효과적이었다.

그렇다면 재구매 지표인 고객 충성도, 비용, 예측 가능성, 입소문, 피드백 및 개선에 대한 성과를 어떻게 측정할 수 있을까? 주요 측면에 대한 성과를 측정하려면 정량적 지표와 정성적 지표를 함께 사용해야 한다.

먼저 고객 충성도는 반복 구매율, 고객 유지율, 순고객추천지수NPS, Net Promoter Score 등으로 관리할 수 있다. 반복 구매율은 특정 기간 한 번 이상 구매한 고객의 비율을 의미하며, 고객 유지율은 시간이 지나도 브랜드에 계속 참여하는 고객의 비율을 말한다. 순고객추천지수는 고객에게 설문조사를 실시하여 다른 사람에게 브랜드를 추천할 가능성이 얼마나 높은지를 파악하는 것이다.

비용 측면은 고객 획득 비용CAC, 마케팅 투자 수익률ROMI 등으로 관리할 수 있다. 고객 획득 비용Customer Acquisition Cost은 특정 기간 신규 고객을 확보하는 데 지출한 총비용을 평가하고 이를 신규 고객 수로 나눈 것이고, 마케팅 투자 수익률Return on marketing investment은 마케팅 활동으로 발생한 수익을 해당 활동의 비용과 비교하여 평가하는 것이다.

예측 가능성은 수요 예측 정확도와 매출 변동성 지표 등으로 관리할 수 있다. 수요 예측 정확도는 예상 매출과 실제 매출을 비교하여 매출 예측의 정확성을 평가하는 것이고, 매출 변동성 지표는 시간 경과에 따른 매출의 일관성을 분석하는 것이다. 변동성이 적을수록 예측 가능성이 높다.

입소문 지표는 소셜 미디어 멘션Mention 및 감성 분석과 추천 비율 등이 있다. 소셜 미디어에서 브랜드에 대한 언급을 추적하고 이러한 언급의 감정(긍정, 중립, 부정)을 분석하거나, 추천 또는 제휴 링크를 통해 발생한 판매 비율을 측정할 수 있다. 썸트렌드와 훗스위트Hootsuite 같은 서비스로 입소문 지표를 추적할 수 있다.

피드백 및 개선은 고객만족도 점수, 제품 개선 지표, 피드백 응답률 등으로 관리할 수 있다. 고객만족도 점수Customer Satisfaction Score는 설문조사를 실시하여 제품 또는 서비스에 대한 고객만족도를 평가하는 것이고, 제품 개선 지표는 고객 피드백에 따라 제품/서비스에 추가된 개선사항 또는 새로운 기능의 수를 추적하는 것이다. 피드백 응답률은 고객 피드백을 확인하거나 조치를 취하는 비율을 말한다.

김동준 이노캐털리스트 대표
"불황기일수록 사람이 우선이다"

김동준 대표는 삼성전자 가치혁신 프로그램 파트장으로 60여 개 혁신 프로젝트의 가치혁신 및 혁신전략을 위한 프로그램을 디자인, 코칭, 퍼실리테이팅 한 이색적인 경력의 소유자이다. 현재 비즈니스, 혁신, (협업) 커뮤니케이션을 주제로 강연 및 코칭을 하고 있다.

1) 'people first'가 최우선이라고 강조하는데 과연 불황기 조직관리에 유효한가?

비즈니스에서 무엇이 최우선이라는 정답은 없겠지만, 그럼에도 불구하고 각자 자신의 답은 있어야 한다고 생각합니다. 제 답은 앞서 언급한 대로 '가장 먼저 사람'을 생각하는 것입니다. 이를 가장 혁신적인 기업 중 하나인 IDEO는 'people first'라고 표현했고, 이를 Design Thinking의 중요한 원칙으로 내세웠습니다. 왜냐하면 Design Thinking 과정을 수행하는 행동 및 결과의 목적이 '고객'이라는 사람일 뿐만 아니라 행동의 주체가 기업 내부의 '전문가'인 사람이기 때문입니다. 결과적으로 'people first'는 고객만을 최우선으로 하지 않고, 결과를 만드는 행동의 주체인 내부 직원을 함께 최우선으로 한다는 의미입니다. 그래서 IDEO는 자신들의 Design Thinking Process를 '인간 중심의 혁신HCI, Human-centered Innovation'이라고 주장합니다. 고객Customer만이 아닌 사람people, Human을 최우선으로 하는 인본주의 사상을 근간으로 한다는 의미입니다. 결론적으로 고객만이 아닌 내부 직원 더 나아가 고객이 아닌 사람, 즉 사회적 가치SV, Social Value까지 생각하는 기업이 되어야 불황기를 극복할 뿐만 아니라 불황기 극복 이후에도 지속 가능한 기업이 될 수 있다고 생각합니다.

2) 불황기, 조직에 창의력과 변화를 이끌어 낼 동력은 무엇인가?

하나만 선택해야 한다면, 저는 조직의 합의Consensus라고 생각합니다. 그 근거는 저의 경험적 특성이라 정량적으로 명확히 입증할 수 없지만, 제 기억과 직관에 의하면, 성공한 창의적 프로젝트는 어떤 방식으로든 합의에 도달했습니다. 왜냐하면 비즈니스 세상에서 기업이 작든 크든, 1인 기업조차 혼자 해결할 수 있는 문제는 없기 때문입니다. 특히 불황기처럼 위험Risk과 불확실성Uncertainty이 높을수록, 정답처럼 행동할 수 있는 기준이나 표준이 더욱 희미해지고, 모호해지고, 쉽게 휘발해버립니다. 따라서 조직의 변화와 창의력을 이끄는 '창의적 자신감' 및 '심리적 안전감'을 조직 전체 혹은 창의 프로젝트 팀이 가지려면, 정답보다 조직원 간의 합의가 더욱더 중요합니다. 진실이나 사실이 아니더라도 우리가 진실이라고 믿었을 때 목적을 달성할 확률이 훨씬 더 크기 때문입니다. 이를 위해 굳이 자기 충족적 예언self-fulfilling이나 피그말리온 효과를 언급하지 않아도, 기업에서 전문가로 일한 경험이 있다면, 설득이 아닌 합의의 힘을 잘 알고 있다고 생각합니다. 특히, 생산성 업무가 아닌 창의적 활동에서는 더욱 그 경향이 큽니다. 결론적으로, 비즈니스에서 합의 없는 행동의 창의적 동력은 상상하기 어렵습니다.

Brave Sales Lab 김용기 대표는 세계 최대 수주 컨설팅 기업 쉬플리의 한국지사장을 15년간 역임했다. 한국 수주 컨설팅을 개척하고 수주 경쟁력을 강화하는 데 스페셜리스트로 이바지한 그는 43조 수주 컨설팅에 성공한 독보적 전문가로 1,000회 이상 수주(영업/제안) 교육을 하였으며 300회 이상 주요 프로젝트에 PD, PM으로 참여하였다.

기업의 B2B 사업 수주 컨설팅을 하면서 고객들이 가장 많이 물어보는 질문 하나를 꼽으라면 '신규시장에 어떻게 진출하나요?'이다.

이 질문이 넘버 원인 이유는

- 누구나 신규시장에 진출해야 하고,

- 신규시장 진출은 무척 어려운 일이기 때문이다.

특히, 사물인터넷, 핀테크 등의 기술발전으로 다양한 산업 간 경계가 무너지고, 서로 다른 업종들이 융합, 협력하면서 새로운 경쟁환경이 만들어지는 것이 일상화되고 있는 속칭 '빅블러(Big Blur) 시대'에 새로운 시장의 진출은 기존 기업에게도 일상적인 일이 되어가고 있기 때문이다.

15년 넘게 컨설팅을 하면서 찾아온 고객들 대부분은 신규 시장에 진출하려고 했으며 그 시장에서 포지션이 불리한 회사들이었다. 이럴 땐 어떻게 해야 성공적으로 신규 시장에 진입할 수 있을까?

1) 2등 전략(Edge 전략)

신규 사업자는 2등이다. 기존 사업자가 있기 때문이다. 실제로 특별한 사유가 없는 한 기존 사업자를 교체한다는 것은 고객 입장에서 위험이고 부담이다. 따라서 특별한 이유를 만들지 않는 한 신규 사업자는 수주할 수가 없다.

기존 사업자는 1등 전략을 구사하면 된다. 1등 전략의 목표는 최소한의 비용으로 사업을 수주하는 것이다. 각 분야별로 또는 평가자의 관심별로 우리가 모든 것을 잘할 수 있다고 이야기하면 된다. 필자는 이 1등 전략을 Balance 전략이라고 부른다. 대체로 평가위원회는 3가지 그룹으로 구성되는데 관심사가 다 다르다.

기술전문가 (Technical Buyers)	기술의 타당성/ 검증된 기술 여부 신기술의 적용
행정가 (Economic Buyers)	위험 관리, 비용 관리, 일정 관리, 형상 관리 등 각 분야별 전문성이 다름
사용자 (Users)	사용 편의성

기존 사업자(1등)는 평가자의 관심에 맞추어 우리가 그 니즈를 '빠짐없이' 잘 충족시켜 주고 있고, 더 개선된 서비스를 제공할 것이라는 비전을 제시하면 된다. 그러나 신규 사업자가 이런 전략을 구사하면 '골고루 2

등'을 할 것이다.

따라서, 신규사업자는

1) 승부처를 명확히 하고,

2) 판을 깨는,

3) 어쩔 수 없이 리스크가 있는 '날카로운 전략'을 구사하여야 한다.

이를 필자는 2등 전략Edge 전략이라고 부른다.

필자는 수년 전에 통신 네트워크 사업을 진행한 적이 있다. 이 사업은 '와이브로 기술'을 이용하여 현장에 정보를 업로드하는 통신 네트워크 구축 사업이었다. 필자의 고객은 완전히 불리한 상황이었는데 이유는 고객이 기초연구를 이미 경쟁사와 했기 때문이다. 이 상황에서 "우리도 와이브로 기술로 네트워크를 잘 구축할 수 있습니다."라는 메시지로는 이길 수가 없었다. 그래서 우리가 개발한 전략적 메시지는 "와이브로는 다운로드에 적합한 기술이고, 이 업로드 시스템에 적합한 기술은 당사가 제공한 솔루션이다."라는 점을 강조하였다.

이 '위험하지만', '판을 깨는' 메시지로 사업을 수주하였다. 필자는 이 사업이 수주를 못 했다고 하더라도, 적절한 전략이라고 생각한다. 왜냐하면 2등이 1등 전략을 구사하면 2등밖에 할 수 없기 때문이다.

2) 수주가 먼저, 수익은 다음

수주업에서 수주 가능성Win Possibility과 수익률Margin Rate은 반비례한다. 왜냐하면 수주 가능성을 높이려면 고객의 마음에 들도록 솔루션을 많이 만져야 한다. 이를 필자는 '솔루션 최적화'라고 하는데 솔루션은 만질수록 비용이 든다. 솔루션 최적화란 솔루션 구매, 전문가 채용, 컨소시엄, M&A를 포괄한다.

그래서 리더십은 각 사업마다 목적성을 분명히 할 필요가 있다. 이번 사업은 수주가 중요한가? 수익이 중요한가? 가장 무능한 리더는 수주도 해야 하고, 수익도 남겨야 한다는 원론적인 이야기를 하는 사람이다. 훈련된 리더는 숫자로 이야기한다. 예를 들면 이 사업은 수주가 중요하니 5% 마진도 괜찮다. 또는 이번 사업은 수익이 중요하니 최소 15% 이상은 수익이 나야 한다. 이렇게 말이다.

사업 초기는 당연히 '수주 가능성'에 모든 초점을 맞추어야 한다. 수주율Win Rate을 높이는 것이 첫 번째 과제이고, 적정한 수주율을 갖추었을 때 리더는 사업의 초점을 수익률과 사업의 크기Scale에 맞추어서 비효율을 단계적으로 극복해야 한다.

3) 스토리를 만들라

B2B 시장에서 신규 사업 경쟁을 시작할 때 갖게 되는 가장 큰 현실적 어려움은 실적Reference이 없다는 것이다. 경험이 없는 사업자에게 어떤 고객(기업이나 정부조직)이 사업의 기회를 주겠는가? 그래서 통상 우리는 사업 초기에 다른 기업과 컨소시엄(이를 Teaming이라고 한다.)으로 사업에 진출하면서 경험을 쌓게 된다.

그런데 이것보다 더 중요한 전략적 마인드가 있다. 그것은 실적

Reference이 없으면 성공 스토리Success Story를 만들라는 것이다. 잘 생각해보라. 실적을 고객이 중요하게 생각하는 이유는 '얼마나 잘하는지'를 모르기 때문에 '얼마나 많이 해 봤는가?'로 대체해서 평가하는 것이다. 즉 정성평가Qualified Evaluation가 어렵기 때문에 정량평가Quantified Evaluation를 하는 것이다. 정작 고객이 궁금한 것은 '몇 번 해 봤는가'가 아니라 '얼마나 잘하는가'이다.

따라서 잘 만든 사업의 성공 스토리 하나는 100개의 레퍼런스를 이길 수 있다. 필자는 한국에 처음 수주 컨설팅을 세일즈 하면서 정말 어려움을 많이 겪었다. 그때는 이런 컨설팅을 사는 기업이 없었다. 우연히 방위산업 대기업과 컨설팅 계약을 할 때 할인을 요구하는 고객에게 수주하면 이 스토리를 공개적으로 사용할 수 있도록 조건을 요구했다. 이 사업은 수조짜리 대표적인 방위산업의 수주 사례가 되었고, 그 이후로 방위산업 분야에서 내게 더 이상 '실적'을 요구하는 기업은 없었다.

4) 계속하라

아무리 만반의 준비를 하고, 자본을 투여하고, 전문인력을 스카우트 해 온다고 해도 처음에 뜻대로 잘 안 될 것이다. 한번 생각해 보라. 당구장이 새로운 호황 산업으로 각광받자 개인사업자들이 뛰어들었다. 보기에 지극히 단순하고, 누구나 할 수 있어 보인다. 그러나 그 시장에 들어가는 순간 20~30년 넘게 해온 선수들도 생존하기 위해서 최선을 다하고 있다는 사실을 깨닫게 될 것이다.

생각보다 성과는 나지 않고, 자본은 계속 투입되고, 구성원들의 사기는 꺾여갈 것이다. 거기에 대기업/중견기업의 경우라면 돈을 벌고 있는 다른 사업부의 압력이 점점 노골화될 것이고, 심지어 좋은 인력들을 빼가거나 사업부 내에서 탈출 러쉬가 일어나기도 한다. 그래서 다음과 같이 해야 한다.

(1) 예상하고, 준비해라.

신규 사업 진출은 이런 고통의 로드맵을 충분히 예상하고, 견딜 준비가 되어야 한다. 이를 위해서는 아이디어 차원이 아니라 전략적이고, 장기적인 사업에 대한 의사결정이 매우 중요하다.

(2) 가급적 작은 성공Small Success을 빨리 만들어서 저항을 줄여라.

작아도 한두 개의 사업을 수주하면 그것은 고객에게는 '실적을 가진 기업'으로 포지셔닝되고, 내부에서는 '저 사업이 되네.'라고 인식의 전환이 일어난다. 필자는 이 내부의 포지셔닝이 더 중요하다고 본다.

신규 사업을 하려는 고객에게 필자가 드리는 의견입니다.

(1) 웬만하면 하지 말라. 기존 사업을 확장할 수 있다면 거기에 집중해라.

(2) 만약에 하려면 전략적이고, 중기적인 계획과 자원이 필요하다. 직원들의 사기가 꺾이고, 타 부서의 압력이 시작되고, 시장에서 거듭되는 패배를 견뎌낼 수 있는 물적, 정신적 자원을 준비하라. 그리고 필자를 찾으시라.

이소은 이미지민 대표

"소비자의 구매 의사가 낮아지고 경쟁이 치열해짐으로써 컬러커뮤니케이션의 역할이 더욱 중요해져…"

퍼스널컬러와 색채 전문 교육으로 '퍼스널컬러'의 새로운 영역을 포지셔닝한
이소은 이미지민 대표는 『퍼스널컬러 이미지 마케팅』의 저자로서 이미지컨설팅 외에
끊임없이 프로그램을 연구 개발하는 컬러마케팅계의 이노베이터이다.

1) 불황기 컬러 선택에 따른 소비 심리

색은 우리의 눈에 띄는 가장 강력한 시각적 요소 중 하나다. 색은 우리의 감정, 동기, 인식, 선호도, 기억, 태도, 행동 등에 영향을 미친다. 색은 제품이나 브랜드의 개성, 분위기, 메시지, 목표, 가치를 전달하는 데 중요한 역할을 한다. 따라서 색은 마케팅 전략에 있어 핵심적인 요소이며, 소비자의 구매 과정에 큰 영향을 미친다.

하지만 색의 효과는 단순하고 일관적인 것이 아니다. 색은 개인의 성격, 문화, 성별, 연령, 상황, 환경 등에 따라 다르게 해석되고 반응될 수 있다. 최근 컬러마케팅은 빅데이터를 통해 개인의 취향과 감정, 환경에 맞춰 연구되고 기획되는 경우가 많다.

특히 불황기에는 소비자의 심리가 변화하면서 색에 대한 선호도와 선택도가 크게 달라질 수 있기 때문에 기업은 소비자 심리를 반영한 컬러와 소비자 동기를 불러일으키는 컬러를 통해 불황기를 함께 극복해 나가야 할 것이다.

불황기에는 소비자가 미래에 대한 불확실성과 불안감을 느끼면서 소비성향이 보수적으로 변화하는 경향이 있다. 대부분 소비자는 소비를 자제하고, 저렴하고 실용적인 제품을 선호하게 된다. 이러한 소비자들은 안정감과 신뢰감을 주는 색을 선호할 가능성이 높다. 예를 들어, 파란색은 신뢰, 진실, 진정, 안전, 권위, 전문성 등을 상징하는 색으로, 불황기에 인기가 있는 색이다. 또한 흰색은 순수, 깨끗, 단순, 효율적, 절제 등을 나타내는 색으로, 저렴하고 실용적인 제품의 이미지와 잘 어울린다.

반면에 일부 소비자들은 불황기에도 자신의 정체성과 가치관을 표현하고, 스트레스를 해소하고, 자신감을 회복하기 위해 감각적이고 독특한 제품을 찾을 수 있다.

이러한 소비자들은 창의성과 개성을 부각시키는 색을 선호할 가능성이 매우 높다. 예를 들어, 보라색은 상상력, 감성, 신비, 세련됨, 고급스러움 등을 대변하는 색으로, 불황기에도 감각적인 제품의 이미지와 잘 맞는다. 노란색은 활력, 낙관, 자신감, 희망의 색으로 스트레스를 해소하고 자신감을 회복하는 데 도움이 되며 흰색과 같이 저렴하고 실용적인 제품의 이미지와도 잘 어울린다.

이렇게 불황기에 소비자의 소비 성향에 따라 선호색을 분류하면 크게 3가지로 정리가 된다.

(1) 저비용, 고가치 컬러를 선택하는 소비자

이들은 불황기에도 품질과 가격의 균형을 중시하는 제품을 구매한다. 이들은 색상이 실용적이고 경제적인 제품으로 표현하는 제품을 선호한다. 대표적으로 노브랜드의 노란색은 사람들에게 저렴하고 편리하면서 대기업의 브랜드 이미지를 준다. 노브랜드의 노란색을 통해 고객들은 경제적, 브랜드 가치, 신뢰감을 얻는다.

(2) 감각적 선택을 하는 소비자

이들은 밝고 화려한 색상이나, 독특하고 개성적인 색상, 신비롭고 세련된 컬러를 선호한다. 예를 들어 빨간색, 오렌지색, 핑크색, 보라색 등이 있다. 이러한 색상은 소비자의 감정을 고조시키고, 즐거움과 흥미를 주며, 자신의 취향과 스타일을 드러내는 효과가 있다. 대표적으로 마켓컬리의 보라색은 고퀄리티의 차별화된, 세련된 이미지로 불황기에도 감각적인 제품을 찾는 소비자들에게 호감을 준다. 마켓컬리는 보라색을 브랜드의 시그니처 컬러로 사용하고 있으며, 고객들에게 신뢰와 차별화를 전달하고 있다.

(3) 심리적 안정 컬러를 선택하는 소비자

이들은 불황기에도 자신에게 심리적 안정을 주면서 신뢰와 평화를 주는 컬러를 선호한다. 예를 들어 초록색, 파란색, 회색 등이 있다. 불황기에 많은 기업이 친환경, 지속 가능성, 평화, 행복 등을 대변하는 색으로 녹색을 많이 사용하였는데 화장품 패키지, 유기농 식품, 보험, 금융상품 광고에서 두드러진다.

불황기에는 소비자의 구매 의사가 낮아지고, 경쟁이 치열해지므로, 컬러 커뮤니케이션의 역할이 더욱 중요해진다. 따라서 우리는 기본적인 컬러의 의미를 알고, 불황기에 성공적인 상품이나 기업의 컬러를 분석해야 한다.

다음은 불황기를 극복하는 컬러와 기본 컬러의 의미를 참고하여 우리 기업의 컬러 전략을 개선하고, 불황기에도 차별화된 브랜딩을 해 보자.

2) 불황기를 극복하는 컬러커뮤니케이션

희망찬 컬러: 불황기에는 소비자가 희망과 긍정을 잃기 쉽다. 따라서 기업은 희망찬 컬러를 사용하여 소비자에게 희망과 긍정을 전달해야 한다. 예를 들어, 노란색은 희망과 활기, 쾌활함을 상징하는 색이다. 노란색은 소비자의 우울감을 해소하고, 삶의 즐거움을 느끼게 한다.

미래적인 컬러: 불황기에는 소비자가 미래에 대한 두려움과 걱정을 가진다. 따라서 기업은 미래적인 컬러를 사용하여 소비자에게 미래에 대한 자신감과 준비를 갖게 해야 한다. 예를 들어, 파란색은 미래와 혁신, 전문성을 상징하는 색이다. 파란색은 소비자의 불안감을 줄이고, 미래에 대한 비전을 제시한다.

기대를 품을 수 있는 컬러: 불황기에는 소비자가 구매에 대한 기대와 만족을 갖기 어렵다. 따라서 기업은 기대를 품을 수 있는 컬러를 사용하여 구매에 대한 소비자의 기대와 만족을 높여야 한다. 예를 들어, 보라색은 신비와 환상, 창의성을 상징하는 색이다. 보라색은 소비자의 호기심과 감동을 자극하고, 브랜드에 대한 특별한 가치를 느끼게 한다.

색	색의 의미	색 선택 동기
	자극적, 긴장감, 흥분, 활력, 생명력, 열정, 사랑	강인한 인상을 남기고 싶을 때, 일에 대한 욕구가 떨어졌을 때, 활력을 되찾고 싶을 때
	따뜻함, 유쾌, 재미, 즐거움, 사교	자신에게 기운을 북돋아주고 싶을 때, 많은 사람들을 만나고 싶을 때, 행복하고 즐거워지고 싶을 때
	희망, 따뜻함, 긍정, 친절, 행복	타인에게 자신을 보여주고 싶을 때, 우울함에서 빠져나오고 싶을 때, 집중력을 높일 때, 상대에게 희망적 메시지를 전하고 싶을 때
	안정, 평화, 안식, 자연, 균형	마음에 여유가 필요할 때, 평화롭고 싶을 때, 안정감을 느끼고 싶을 때, 균형이 필요할 때
	시원한, 성실, 차분한	신뢰 있고 진실한 사람으로 보이고 싶을 때, 차분해지고 싶을 때
	창조, 신비, 우아, 예술적	영감을 받고 싶을 때, 품위 있고 우아한 이미지를 표현할 때, 고급스러움을 강조할 때, 예술적 느낌을 표현할 때
	순수, 청결, 소박, 정직	완벽하고자 할 때, 삶을 긍정적으로 바라보고 싶을 때, 깨끗한 이미지를 줄 때, 가벼움을 느끼고 싶을 때
	부드러운, 낭만, 애정, 화사한	화사하고 생기 있게 보이고 싶을 때, 따뜻한 온기가 필요할 때

이동철 ㈜하이엔드캠프 대표

"이전보다 더 많은 욕구를 충족시키는 것이 기업 생존의 필요조건"

국내 최고의 하이엔드 전략 전문가이자 『한 덩이 고기도 루이비통처럼 팔아라』의 저자 이동철 하이엔드캠프 대표는 증권사를 거쳐 삼성경제연구소 전략사업그룹장을 역임한 바 있다. 현재는 현대자동차 제네시스 전략 자문을 맡고 있다.

1) 인플레 시대 하이프라이스씰링은 무엇인가?

코로나를 거치면서 우리는 "헬리콥터로 돈을 뿌리겠다."라는 벤 버냉키 전 FED 의장의 말을 실감할 수 있었다. 덕분에 코로나는 무사히 넘겼지만 우리는 사상 초유의 통화 팽창을 경험하고 있다. 돈이 흘러넘치는 시대, 반대로는 물가가 올라가는 것이 필연인 시대의 댐 앞에 서 있는 것이다. 돈이 흘러 댐의 수위가 철렁거리고 있을 정도다.

한국 역시 재난 지원금, 각종 보조금을 통해 코로나를 넘었다. 흘러넘치는 유동성이 부동산과 주식과 가상자산을 올린 경제적 문제는 일단 제쳐 놓자.

어쨌든 코로나로 어려웠지만 견뎌내자, 투자 등으로 이전보다 더 큰 돈을 갑자기 벌어들인 층들이 줄줄이 등장했다. 가만히 부동산만 깔고 있어도 2배 이상이 오른 곳이 부지기수로 나왔다. 본격적인 자산 상승의 유속이 빨라지기 시작한 것이다. 재난 지원금이, 사둔 주식이, 그림이 느닷없이 올라 주머니로 돈이 흘러들어와 고였다.

사람들의 수중에 이렇게 돈이 많아졌을 때 그동안의 빚을 갚고 아껴서 알뜰살뜰 일도 덜 하면서 살았다면 좋았을 텐데…. 그건 정말 행복한 동화다. 하지만 정작 사람들은 그런 이성 논리로 움직이지 않는다. 그보다 더 강한 어떤 본능으로 움직인다.

재난 지원금을 받은 사람 중에 물론 빚을 갚은 사람도 있었을 것이다. 하지만 그보다 평소 가고 싶어 하던 고깃집에 가서 그동안 못 먹은 한우 투뿔등심을 원 없이 먹은 사람들이 더 많았다. 그들은 그동안 거리가 멀었던 호사를 오랜만에 즐기고 그 사진을 인스타에 올리면서 행복해했다. 그렇다고 그들의 행동에 대해 왈가왈부하는 것은 무의미하다. 소스타인 베블런은 그의 불세출의 저서 『유한계급론』에서 이미 돈이 생겼을 때 취하는 사람들의 행동에 대해 결론을 내렸다.

"사람들은 소득이 상승하면 그 상승 여력의 한계만큼 명품을 산다."

이것이 그의 결론이다. 사람은 누구나 더 나은 삶을 살고 싶은 본능적이고 절실한 욕구 속에 있다. 하이엔드 제품을 사는 사람은 현재가 아니라 미래를 사는 것이다. 샤넬 립스틱을 사면서, 보스 정장을 사면서 현재의 절망이 아니라 더 나은 직장, 더 많은 소득이라는 희망을 기약하고 싶어 한다.

이것이 바로 에이브러험 매슬로우가 욕구단계설에서 말하는 성장 욕구다.

빚이 몇십만 원의 이자를 줄여서 생존의 리스크는 줄여주겠지만 더 좋은 옷과 가방을 들고 더 나은 곳에서 더 나은 사람들과 더 큰 기회를 잡아 삶을 확장하고자 하는 사람의 성장 본능을 채워 줄 수는 없다. 더 나은 삶을 꿈꾸는 성장과 확장 의지는 불경기라 해서, 수중에 돈이 있고 없고를 가리지 않는다. 또한 이런 성장의 욕구는 인류사가 발전한 동인이었다.

이 시점에 제품과 서비스를 만드는 사람들은 인플레이션 환경이 더 많은 돈이라는 기회와 또한 한편으로는 우크라이나 중동 전쟁, 미중 패권 경쟁을 통한 수입수출 블럭화 등으로 필연적이고 추세적인 가격 상승 압력이 동시에 작동하고 있는 다차원 가격 방정식의 세계를 이해해야 한다.

최근 서점의 각종 차트에 고수익 기업, 고가격에 대한 책들이 늘어나고 있는 것도 이런 하이프라이싱 시대의 개막을 반증한다 할 수 있다. 원가 상승 압력을 이겨내면서 사람들의 필수 욕구와 성장 욕구까지 더 많은 욕망을 충족시켜야 하는 것은 이제 생존의 필요조건이 될 것이다.

이제 진정한 체력전이다. 가치를 올리고 원가를 절감하는 진정한 실력이 필요한 시대다. 앞으로 지속될 인플레이션의 시대 하이프라이스 셀링을 통해 수익성과 경영의 여유를 확보할 수 있는 기업과 아닌 기업은 이제 더 극명하게 생사가 갈릴 것이다.

2) 하이엔드 브랜드는 어떻게 포지셔닝할 수 있을까?

최근 『트렌드 코리아 2024』에서 육각형 인간에 대한 발표를 하였다. 한마디로 완벽한 인간이라는 의미다. 엄마 친구 아들, 소위 엄친아가 우후죽순 등장하고, 이를 갖추기를 희망하는 시대가 도래했다는 뜻이다.

공부도 잘하고 성격도 좋고 집안도 잘살면서 이쁘고 잘생긴 아이, 육각형 그래프에서 어느 하나 빠지지 않는 소위 명품형 인간이 목표가 되는 시대가 된 것이다. 기술이 발전하고 학습과 시행착오를 빠르게 하면서 스스로를 발전시킬 수 있는 시대다. 이건 개인이나 기업 모두 마찬가지다. 시대적으로 육각형 인간이 주목받는 것처럼 브랜드 역시 육각형 브랜드가 되어야 하는 시대다.

성능은 좋고 튼튼한데 디자인이 빠지는 가전제품, 디자인은 좋은데 고장이 잘 나는 자동차, 맛과 서비스는 좋은데 화장실은 별로인 맛집 등 치명적인 단점이 있는 브랜드는 점점 살아남기 어렵다.

소비자는 언뜻 허술해 보여도 빠르게 자신이 보는 가치의 개수를 계산한다. 내가 만드는 제품은, 서비스는 몇 개 정도의 가치를 주는가? 몇 단계까지의 욕구를 만족시키는가? 그 가치의 정도에 따라 엄정하게 가격이 결정될 것이다. 이것은 또한 이 가격 산정의 공식을 알고, 신중하고 치열하게 가치의 개수를 올리는 기업에겐 기회라는 말과 같다.

시작은 어디서 해도 좋다. 하지만 한 가지 다짐해야 할 것은 빠르게 자신들이 제공하는 현재 가치의 부족함을 이해하고 빠르게 이 개수를 늘려나가는 노력이다. 저가격이라는 계곡에서 시작해 나만의 가치를 주는 높은 정상까지 오르는 즐거운 하이킹이다.

제공하는 가치의 개수만큼 가격의 수준이 높아진다. 하이엔드 브랜딩이란 별것이 아니다. 더 많은 하이레벨의 가치와 욕구를 충족시킬 때 더 높은 브랜드로 대접을 받는다. 소위 명품형 육각형 브랜드가 되는 것이다.

나만이 제공해 줄 수 있는 가치를 알고 이를 확장해 나가는 것 그것이 바로 하이엔드 브랜드 포지셔닝이다.

Research

리서치

김대은 미디어리서치 대표
"불황기에 나타나는 사회적, 경제적 변화는?"

미디어리서치는 국내 최초 4차산업의 AI 데이터 사이언스 기반 기업으로 출발한 이후 정부, 공공기관, 정당, 사회 단체, 기업에게 가장 깊이 있는 인사이트를 제공하는 조사 전문 기업으로 성장했다. 김대은 미디어리서치 대표는 국내 최고의 조사 전문가로 항상 독립성과 정직성을 모토로 삼을 것을 강조한다.

불황기에 접어들면 리서치 회사는 사회적 경제적 변화에 예민해진다. 소비자의 라이프사이클, 트렌드, 세대별 구매 습관, 금융시스템, 조직문화 등 전반적으로 불황기에 나타나는 여러 현상에 대해 알아보자.

지금의 경제 현실은 인플레이션과 디플레이션에 대한 전망이 교차하고 경제 상황은 아노미현상anomie phenomenon에 빠지면서 경제를 구성하는 대다수 주체는 현실감을 상실해 버리고 이유 없는 공포감이 경제 전반으로 확산되고 있다.

실제 우리가 목격하고 있는 현상은 단순한 경제적 위기가 아니다. 지금 진행 중인 경제 위기는 단발성 위기 혹은 국지적으로 발생하는 위기가 아니라 강력한 충격으로 다가오는 글로벌 차원의 대규모 위기다.

그렇다면 불황기와 마주친 개인과 기업, 정부는 어떤 삶을 살게 될 것이고, 어떻게 변화할 것인가?

다가오는 경제 위기는 생태, 첨단기술, 사회, 군사 등의 요인이 복합적으로 작용하면서 만들어질 것이며, 그렇기 때문에 지금의 경제 위기를 과거 경험을 토대로 이해하려는 시도는 무의미한 시도가 될 것이다.

불황기(경제적 침체 기간)는 사회적 및 경제적 변화를 촉발할 수 있는 중요한 시기다. 다양한 영역에서 변화가 나타날 수 있다.

첫째, 고용 및 실업률 변화다. 불황기에는 실업률이 상승하고 고용 기회가 줄어들 수 있다. 이는 개인과 가구 수입에 영향을 미친다.

둘째, 소비 패턴의 변화다. 경제 불황 시기에는 소비자들이 소비를 줄이거나 미루는 경향이 있다. 필수품은 여전히 구매되지만, 대형 소비재나 고가 제품의 판매는 감소할 수 있다.

셋째, 재정 지원 및 복지 프로그램의 강화다. 정부들은 불황 시기에는 복지 프로그램을 강화하고 재정 지원을 제공하는 경우가 많다. 이는 실업자나 소득이 감소한 가구를 지원하고 경기를 활성화하는 데 도움이 될 수 있다.

넷째, 기업의 조직 변화다. 기업들은 수익성을 유지하기 위해 비용 절감 및 효율성 향상을 시도할 수 있다. 이는 인력 감축, 프로세스 개선, 혁신 및 다양한 전략을 통한 경쟁력 강화를 포함할 수 있다.

다섯째, 금융시스템의 영향이다. 경제와 사회가 움직이는 속도가 전례 없이 빨라지고 있는데, 특히 금융 부문이 가장 빠르게 움직이고 있다. 불황이 금리 변동, 신용 여건 악화, 자본 시장 변동 등을 일으킬 수 있다.

금융기관을 비롯한 투자자, 금융재벌은 빛의 속도로 움직이는 데 반해 이를 규제해야 할 공공부문은 거북이걸음으로 걷고 있으니, 속도의 충돌이 일어날 수밖에 없는데 종국에는 '탈동시화 현상de-synchronization'이 발생한다. 탈동시화란 지식경제가 요구하는 가속도를 따라가지 못함으로 발생하는 기능장애 등의 폐단을 말한다.

여섯째, 교육 및 기술 향상이다. 불황 시기에는 교육 및 기술 향상에 대한 수요가 증가할 수 있다. 개인들은 경쟁력을 유지하기 위해 새로운 기술을 습득하거나 업그레이드하는 데 관심을 기울일 수 있다.

일곱째, 환경 및 지속 가능성에 대한 관심의 증가다. 불황 시기에는 환경 문제 및 지속 가능성에 대한 관심이 증가할 수 있다. 기업들과 정부는 환경 친화적인 정책 및 비즈니스모델을 채택하는 추세를 보일 수 있다. 이러한 변화들은 불황의 정도, 지역, 산업 및 정부 정책 등에 따라 다를 수 있다. 불황은 도전적인 시기이지만 적절한 대응과 협력을 통해 사회 및 경제적인 회복이 가능하다.

미래의 운명은 결정되어 있는 것이 아니며, 우리가 지금 어떤 선택을 하느냐에 따라 우리의 미래는 크게 달라진다. 우리 사회의 어느 부문에서 변화가 이루어져야 하는지를 파악해 이를 기반으로 현명한 선택을 내린다면 우리가 기대하는 미래를 만들어 나갈 수 있다.

우리는 앞으로 어디로 나아갈 것인가, 어떤 선택을 하고 어떤 행동을

취해야 하는 것일까? 경제 위기 해결을 위한 두 가지 원칙을 들자면

첫 번째는 경제학만으로 경제 위기를 해결할 수 없다.
두 번째는 이미 지나간 과거를 재탕·삼탕 해서는 안 된다.

경제 위기에 효과적으로 대응하기 위해서는 다양해진 사회적, 경제적 요소에 특화된 정책을 수립하는 것도 중요하지만, 장기적인 관점으로 위기에 선제적으로 대응하는 것도 중요하다. 변화의 속도가 빨라진 오늘날의 상황에서 발생한 문제에 대응한다는 것은 이미 너무 늦었다는 것을 의미한다.

위기로 인한 문제 발생을 최소화하고 새로운 기회를 최대한 활용하기 위해서는 상황을 예측하여 선제적으로 대응할 필요가 있다. 경제 위기일수록 비관론자가 많아지지만, 우리가 지금 어떤 선택을 하느냐에 따라 우리의 미래는 크게 달라질 것이다.

Economy

경제(재무 포함)

서기수 서경대 금융정보공학과 교수/한국금융연수원 겸임교수

"꾸준하게 영업이익을 나타내는, 견고한 실적의 기업에 투자자의 관심이 쏠린다"

서기수 교수는 26년간 금융계에 몸담고 있는 자산관리 전문가로 수천 회 이상 강의와 교육은 물론 부동산에서 주식까지 폭넓은 재테크 지식으로 상당수의 팬덤을 보유한 인플루언서이다.

2023년 한 해의 국내외 경제 상황을 언급할 때 사회부연死灰復燃이라는 말을 떠올리게 된다. 죽음을 뜻하는 말과 '재灰'를 의미하는 말, 다시 불을 붙인다復燃는 의미가 포함되어 있으니 결국 다 타버린 잿더미에 다시 불이 붙는다는 의미이다.

중국 고대에 전한前漢이라는 나라에 왕족의 아들인 한안국韓安國이 모함을 받고 감옥에 투옥되자 전갑全甲이라는 포졸이 심한 모욕과 멸시를 하게 되자 한안국이 그에게 이렇게 외쳤다고 한다.

"이놈아 다 타버린 잿더미라 해서 불이 붙지 않을 줄 아느냐?사회독불복연호: 死灰獨不復燃乎"

이 말을 들은 전갑이 껄껄 웃으며 만약에 재에 불이 붙으면 본인이 오줌을 누어 꺼버린다고 무시해 버렸다. 하지만 얼마 후 실제 한안국은 누명을 벗고 감옥에서 풀려나 내사內史라는 높은 벼슬에 올랐고 복수가 두려운 전갑은 숨어 있었는데 결국 잡혀서 한안국의 앞에 무릎을 꿇고 용서를 빌었다고 한다. 이에 한안국이 반대로 껄껄껄 웃으며 "다 꺼져가던 재에 다시 불이 붙었으니사회부연: 死灰復燃 한번 오줌으로 꺼 보려무나."라면서 그냥 풀어주었다고 한다.

2020년부터 발생해서 전 세계를 공포로 몰아넣은 COVID-19의 영향으로 전 세계는 3년간 긴 침체의 터널을 거쳤다. 2020년 OECD 회원국 전체가 마이너스 성장률을 보였고 2021년 각국의 엄청나게 돈을 쏟아부은 '양적완화' 정책으로 반짝 상승세를 보였다가 이후 다시 저성장의 터널을 지나고 있다. 2024년도 이 터널을 완벽하게 빠져나갔다고 보기에는 아직 앞을 예측할 수 없는 불안감과 위험이 존재한다고 볼 수 있다.

특히 2023년은 글로벌 경기 침체의 우려가 커지는 한 해였다. 코로나 19 팬데믹, 러시아-우크라이나 전쟁, 하마스와 이스라엘 전쟁, 중국의 지속적인 대만 통일 언급, 전 세계 곳곳에서 발생하는 홍수와 가뭄 등 자연재해, 인플레이션 등 대내외 악재가 겹치면서 세계 경제 성장률은 2022년 3.6%에서 2023년 2.7%로 하락했고(Goldman sachs 자료) 한국 경제도 2023년 성장률은 2022년 2.6%에서 1.2%에 그칠 것으로 예상된다(한국은행, 통계청 자료).

하지만 투자시장에 있어서는 2023년에 각국의 통화정책의 영향으로 엄청난 자금이 시중에 풀려서 유동성 장세의 영향으로 상당히 선방한 결과를 보여주었다. 특히 미국의 경우 'TOP 7'이라고 불리는 7개 기업(애플, 마이크로소프트, 구글 알파벳, 아마존, 엔비디아, 메타(페이스북), 테슬라)의 높은 수익률로 전 세계에서 독보적인 주식시장 상승세를 보였다. 나스닥 지수는 연간 44% 이상의 수익률을 기록하였고 S&P500 지수도 24%를 훌쩍 넘어서는 수익률을 나타냈다. 유럽국가들의 주식시장도 독일(20%), 프랑스(16%), 영국(3%)의 시장 수익률로 선방했고 일본(29%)이나 인도(18%) 등의 국가도 선방했던 주식시장의 모습이었다. 다만 중국만이 상해지수가 -5%대로 하락했고 홍콩도 항생, H지수 모두 15% 이상 하락하는 모습을 보였다. 원자재 시장에서는 국제 유가가 WTI 기준으로 -8%를 나타내면서 안정적인 모습을 보였고 금값은 연간 14% 상승했지만 옥수수나 대두, 밀 등은 크게 하락세를 보였다. 결국 원자재 전체 가격 흐름을 나타내는 CRB국제원자재 통합지수는 2023년 -3%대의 소폭 하락세를 보였다. 하나하나의 개별 종목에 대해서 모두 확인하고 체크하는 것도 중요하지만 큰 시장의 흐름을 고려한다면 그래도 최근 몇 년간의 투자시장의 모습은 나름 선방했다고 평가할 수 있겠다. 하지만 문제는 지금부터이다.

그동안 각국이 경제를 지탱하기 위해서 풀었던 풍부한 유동성이 이제는 우리에게 독으로 다가올 수 있기 때문이다. 그 첫 시험대가 바로 2024년이라고 할 수 있다. 이미 미국 연준Fed 회의에서는 최근 몇 년간 급격하게 인상했던 기준금리를 이제 인하하겠다고 발표한 상태이고 유

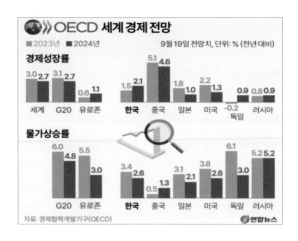

럽 국가들은 이미 2023년 가을부터 서서히 기준금리 인하를 진행하고 있다.

　우리나라도 엄청나게 늘어난 가계부채의 영향과 악성 미분양 아파트의 증가와 거래 실종이 맞물린 부동산 시장의 침체로 인한 소비심리 악화와 태영건설의 워크아웃으로 시작된 부동산 PF 사업의 위험 등 다양한 위험요인이 상존하기 때문에 2024년이 대전환점이 될 전망이다. 여기에 2024년 초부터 북한이 하나의 민족이라는 것을 인정하지 않고 나라 대 나라로 냉정하게 판단하겠다는 강경 자세를 보여 이 역시 투자 심리에 영향을 미칠 것으로 보인다. 결론적으로 아직 절대 불황기라는 터널을 통과하지 못했다. 저 멀리 희미한 빛이 보이는 듯해서 실제 가다 보면 아직 터널의 한복판이라는 실망감을 가질 수도 있다는 의미이다.

　불황기에는 경기침체로 기업의 실적이 악화되고, 투자 심리가 위축되면서 자산 시장의 변동성이 커지는 경향이 있다. 따라서 불황기의 투자 전략은 다음과 같은 점을 고려하는 것이 중요하다.

첫째, 분산 투자를 통해 위험을 줄이는 것이 필요하다. 주식, 채권, 부동산 등 다양한 자산에 분산 투자함으로써 특정 자산에 대한 투자 손실 위험을 완화할 수 있다.

개인마다 여유자금이나 자산운용의 목표가 다르다. 분산 투자 전에 우선 본인의 투자 가능 기간과 목표 수익률을 명확하게 정해야 한다. 다음은 이에 따른 종목선정을 해야 하는데 주식 하나만 보더라도 코스피, 코스닥의 수천 개의 종목에서 업종별, 개별 종목별 특징과 전망이 모두 다르기 때문에 나만의 바스켓을 준비해두고 관심 종목을 하나씩 담는다는 생각으로 진행해 보자.

둘째, 단기적인 운용도 물론 필요하겠지만 기본적인 방향성은 장기적인 관점에서 투자해야 한다. 즉 단기 30%, 중장기 70%의 비율로 여유 있고 장기적인 투자가 가능한 자금으로 투자하는 것이 좋겠다. 특히 불황기는 단기적으로는 투자 수익률이 부진할 수 있지만, 장기적으로는 오히려 저평가된 자산을 매수할 수 있는 기회가 될 수 있다. 시장 상승기에는 모두가 수익을 낼 수 있다. 하지만 3%의 수익률과 5%, 10%, 20% 이상 수익률이 높아질수록 그만큼 불황기에 투자를 했다는 점을 잊지 말도록 하자.

셋째, 수익률보다는 안정성을 우선해야 한다. 투자의 3요소는 안정성, 유동성, 수익성이다. 특히 불황기에는 수익률을 추구하기보다는 원금 보전을 우선시해야 한다. 최근에 홍콩 H지수를 기초자산으로 투자한 ELS의 2024년 만기가 수조 원에 달하고 모두 엄청난 손실을 볼 수 있다는 기사가 많았다. 모두 지나친 예상 수익률에 집착한 채 유동성이나 안정성을 무시한 투자의 결과라고 볼 수 있다. 투자를 하지 말라는 것이 아니라 안정성을 무시한 채 전체 여유 자산에서 큰 비중을 투자하다 보니 그 손실이 수억 원에 이르는 경우가 많았기 때문이다.

결론적으로 경기 불황기에 참고할 만한 투자 전략과 구체적인 투자 종목으로는 다음과 같은 것들이 고려될 수 있다.

주식으로는 우선 경기 방어주가 있다. 경기침체에도 불구하고 비교적 안정적인 실적을 보이는 업종이나 기업이다. 대표적인 예로는 식품, 생활용품, 필수 소비재 기업 등이 있다. 또한 가치주에 대한 투자도 시장이 낮아졌을 때 장기적으로 시도해 볼 만한 투자이다. 주가가 기업의 본질 가치에 비해서 저평가된 기업이다. 불황기에는 경기 회복 기대감으로 가치주에 대한 투자 수요가 증가할 수 있다는 점을 잊지 말자. 배당주도 관심 있게 봐야 할 종목인데 안정적인 배당 수익을 제공하는 기업이다. 불황기에는 배당 수익이 투자자의 현금 흐름을 안정적으로 유지하는 데 도움이 될 수 있다.

주식 외에는 미국을 비롯한 각국 중앙은행들의 기준금리 인하에 따른 이자율 하락을 예상할 수 있고 이와 반대로 움직이는 채권가격을 겨냥해서 채권에 대한 투자도 고려해 볼 만하겠다. 아울러 경기 불황기와 침체에 항상 가격이 상승했던 금에 대한 투자도 좋겠고 2024년에는 특

인내심 없는 사람의 돈은
인내심 있는 사람의 통장으로 이동한다

워런 버핏

히 작년에 부진을 거듭했던 반도체, 2차전지, 방산주 같은 시기성 이슈 종목도 관심 있게 살펴보도록 하자.

불황기는 투자자에게 어려운 시기이지만, 위에서 언급한 사항들을 고려하여 적절한 투자전략을 수립한다면 오히려 기회가 될 수 있다는 점을 잊지 말고 재가 꺼졌다고 외면하기보다는 작은 불씨가 다시 큰불이 될 수 있다는 걸 기억하고 마지막까지 유심히 살펴보는 자세를 갖도록 하자.

2024년을 호황기라고 명명하는 사람은 없다. 기업을 경영하는 기업가들에게도 질문을 던져보면 "올해는 정말 기대가 돼요.", "앞으로 우리 회사는 탄탄대로예요. 너무 설레요."라는 대답보다는 "앞으로 점점 어려워질 것 같아요.", "자잿값도 오르고 인건비도 오르고 참 버티기 힘들어질 것 같아요."라는 답변이 훨씬 많다.

그런데 아이러니한 게 이러한 답변이 비단 최근 몇 년 사이에 들리는 게 아니고 이미 몇십 년 전부터 똑같은 답변을 들었다는 것이다. 결국은 앞으로 나아지는 것은 없고 계속 불황기에 어려운 경영환경이라는 의미로 보면 될 것이다. 하지만 버티고 살아남는 기업은 계속 존재한다는 것을 보면 분명히 그들만의 방법이나 경영에 임하는 자세가 다르지 않았을까.

버티고 살아남는다는 것이 무색하리만큼 오히려 급격한 성장세를 보이며 큰 성공을 거둔 기업도 많다는 점을 잊어서는 안 될 것이다. 그렇다면 불황기에 살아남고 성장하는 기업들의 특징에는 무엇이 있을까?

최근 글로벌 경기 침체 우려가 커지면서 투자자들은 불황기에도 견고한 실적을 보이는 기업에 관심을 갖고 있다. 불황기 면역력이 강한 기업은 경기 침체로 매출과 이익이 감소하더라도 상대적으로 적은 타격을 입으며, 오히려 시장점유율을 확대하거나 새로운 성장 동력을 확보하는 경우도 있다. 필자도 주식에 투자할 때 불황기까지 겨냥해서 확인하는 지표가 몇 가지 있다. 불황기 생존 기업들의 특징을 언급할 때 이러한 투자 관련 기본적 분석 내용도 의미가 있어서 먼저 소개해본다.

먼저 나열하자면 꾸준하게 영업이익이 증가하는 회사, ROE^{자기자본 이익}률가 10% 이상, 부채비율이 100% 이하, 이자보상배수 2.5배 이상, PBR^주
당순자산비율: Price Bookvalue Ratio이 1배 미만인 기업이다.

기업의 존재 이유는 무엇보다 '영속성'이 아닐지 싶다. 쉽게 표현하자면 망하지 않는 것이다. 망하지 않으려면 기업의 임직원들에게 월급도 끊기지 않게 주어야 하고 회사 경영 관련 각종 세금이나 공장, 사무실 유지비용이나 기타비용의 지출이 가능해야 하고 무엇보다 주주들에게 지속적인 배당을 해야 하고 혹시 채권자들이 있다면 이자와 원금상환을 계속해야 한다. 이러한 모든 지출이 가능하게 하려면 당연히 돈을 벌어야 하고 그 돈의 이론적 명칭을 우리는 '영업이익'이라고 한다. 공장을 판다거나 보유한 타 회사 유가증권을 매도하는 식으로 발생하는 '영업외이익'이 아니라 순수하게 그 회사 본연의 비즈니스를 통해서 수익을 창출해야 한다는 의미이다.

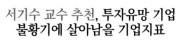

서기수 교수 추천, 투자유망 기업
불황기에 살아남을 기업지표

1. 영업이익 지속적인 증가
2. PBR 1배미만
3. 이자보상배수 2.5배 이상
4. 부채비율 100%이하

두 번째가 투자된 자본에 비해서 얼마나 이익을 내느냐를 판단하는 '자기자본이익률'이 최소 10%는 넘어야 하겠고 안정적으로 회사를 경영하려면 너무 높은 지급이자의 발생은 위험요소가 될 수 있으므로 가급적 부채비율이 높지 않게 100% 이하를 유지하는 것이 좋다. 이 비율은 필자의 보수적인 관점이지만 업종이나 회사의 상황에 따라서 150%까지도 무난하다고 볼 수 있다. 아울러 영업이익을 지급이자로 나눠서 계산하는 '이자보상배수'도 2.5배가 넘어야 한다. 이 배수가 1배 이하라면 회사가 돈을 벌어 대출이나 회사채 이자도 못 갚는다는 것을 의미하기 때문에 최소한 지급해야 하는 대출이나 회사채 이자의 2.5배 이상은 이익을 내야 한다는 것을 의미한다.

마지막으로 주가를 BPS^{Bookvalue Per Share: 주당순자산}로 나눠서 계산하는 주당순자산비율^{PBR}이 1배 미만인 기업이 좋다. 이 비율이 1배 미만이라는 의미가 현재 이 회사의 주가가 한 주당 보유하고 있는 자산보다 작다는 의미로 현재 주가가 저평가 되었다는 것을 의미한다. 역으로 계산해서 이 회사는 그만큼 보유 자산이 많다는 것을 반증하는 지표라고 볼 수 있다.

이와 같이 투자자의 입장에서 불황기에도 살아남고 성장할 기업의 투자지표상의 특징을 알아봤고 이제 본격적으로 불황기 면역력이 강한 기업의 재무적 특징을 알아보자.

우선은 위의 투자 지표와 같은 관점일 수 있는데 '높은 매출 안정성'을 유지하는 기업이다. 불황기에도 불구하고 비교적 안정적인 매출을 유지하는 기업은 불황기 면역력이 강한 것으로 평가된다. 매출 안정성은 다양한 고객층을 확보하고, 제품이나 서비스의 수요가 경기에 영향을 받지 않는 업종에 속하는 기업에서 나타날 가능성이 높다.

다음으로는 '높은 영업이익률'이다. 이 부분이 위에 언급된 투자지표와도 중복된다. 그만큼 중요하다는 의미이니 꼭 기억하자. 영업이익률이 높은 기업은 매출액 감소에도 불구하고 상대적으로 적은 이익 감소를 경험할 수 있다. 영업이익률은 원가율, 판매관리비율 등의 영향으로 결정되기 때문에, 원가를 효율적으로 관리하고, 판매관리비를 최소화하는 기업은 불황기에도 견고한 실적을 유지할 수 있다.

세 번째 특징은 '풍부한 현금흐름'을 보유한 기업이다. 현금흐름이 풍부한 기업은 불황기에도 불구하고 투자와 배당을 지속할 수 있다. 현금흐름은 영업 활동으로 창출되는 현금흐름, 투자 활동으로 창출되는 현금흐름, 재무활동으로 창출되는 현금흐름으로 구성되는데, 영업 활동으로 창출되는 현금흐름이 안정적이고, 투자 활동으로 창출되는 현금흐름이 적은 기업은 불황기에도 견고한 현금흐름을 유지할 수 있다.

다양한 고객층을 확보하고, 제품이나 서비스의 수요가 경기에 영향을 받지 않는 업종에 속하는 기업은 불황기 면역력이 강하다. 원가를 효율적으로 관리하고, 판매관리비를 최소화하는 기업은 불황기에도 견고한 실적을 유지할 수 있다. 영업 활동으로 창출되는 현금흐름이 안정적이고, 투자 활동으로 창출되는 현금흐름이 적은 기업은 불황기에도 견고한 현금흐름을 유지할 수 있다. 투자자들은 불황기에도 견고한 실적을 보일 것으로 기대되는 기업을 발굴하기 위해 위와 같은 재무적 특징을 고려할 필요가 있다.

최용식 21세기 경제학 연구소 소장
"부의 기회를 찾기 위해 경제학적 지혜가 필요한 시점"

21세기 경제학 연구소 최용식 소장은 독보적인 경제이론을 정립한 '재야경제통'으로 통한다. 이 분야에서 진단, 처방, 예측으로 명성을 얻었다. 최근 21세기 경제학 연구소 최용식 소장의 저서 2권이 관심의 대상이 되고 있다. 그 첫째가 재테크 경제학 독본이라 불리는 『돈 버는 경제학』이고 또 다른 한 권은 『경제 파국으로 치닫는 금융위기』이다. 99% 경제 파국을 예측한 최 소장은 금융위기 속에서 부의 기회를 찾기 위해 경제 질병을 이해하고 흐름을 파악하는 시각을 키워야 한다고 강조한다. 아울러 특정한 재테크 방법이나 투자처에 집중한 경제 지식이 아니라 국내경제와 세계 경제 전반을 읽어낼 수 있는 경제학적 지혜가 필요한 시점이라고 말했다. '현 경제 상황은 파국을 향해 치닫는 폭주 열차'라고 표현하는 최 소장은 향후 우리나라를 비롯해 거의 모든 국가의 경제 성장률도 마이너스를 기록할 것이라며 비관적으로 예측했다.

1) 대공황을 보는 시각과 전조증상

(1) 대공황의 특성

- 직접적 원인: 장기 호황이 주식시장의 투기 열풍을 초래하여 큰 거품이 발생. 1920년대에 GDP는 약 60% 성장하는 동안 다우지수는 약 400% 상승. 이 거품이 꺼지면서 금융시스템이 붕괴 위기에 처함.

- 금융위기 진행에 따른 경기후퇴가 발생한 뒤, 거의 모든 경제 정책이 경제원리를 위배하여 실패를 거듭.

- 임금 수준 유지, 보호무역 강화홀리스무트법, 농산물 가격안정을 위한 정

책, 금융시스템 위기의 진행을 방치, 정책당국의 신뢰 상실, 경기진

작 정책이 악순환을 차단하지 못함 등.

(2) 전조증상

- 1929년 9월 3일 381까지 상승했던 다우지수, 10월 21일 320으로 하

  락, 24일(검은 목요일)과 29일(비극적 화요일)에 폭락, 11월 23일에는 198

  까지 하락. 그 뒤 등락을 반복하다가 이듬해 4월에는 294까지 상승.

- 이후 폭락을 거듭하며 1932년 7월 9일 42를 기록.

2) 2008년 금융위기와 2023년 불황의 공통점과 차이점은?

(1) 공통점

- 과도한 경제 정책. 2008년의 금융위기는 무주택자에게 550만 채를

  공급했던 소유자 사회 정책.

- 2023년의 금융위기는 2020년 코로나 사태에 따른 경기후퇴를 차단

  하기 위한 과도한 경기부양 정책이 근본 원인.

(2) 차이점

- 2008년의 경우, 정책적 대응이 부적절. 특히 신용파괴원리의 작동을

  차단하지 못함.

- 2023년의 경우, 정책 처방이 대중적 요법에 의존. 현재까지는 금융

  위기의 진행을 적절히 봉쇄 중. 하지만 근원적 처방이 아니라서 부

  작용과 후유증이 점점 커지고 있음. 조만간 이러지도 저러지도 못할

  상황이 닥칠 가능성이 큼.

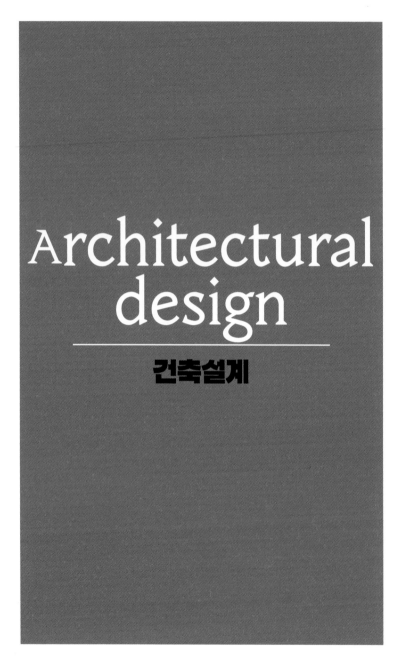

Architectural design
건축설계

백희성 KEAB 대표
"시니어의 지방 이동 등 새로운 주거문화에 관한 개념 연구 중"

건축회사 KEAB의 백희성 대표는 2010년 동양인으로는 처음으로 프랑스 최고 건축상인
'폴메이몽 건축가상'을 수상하였으며 프랑스 장누벨 건축사무소에서 건축가로 활동하였다.
그는 공간을 단순히 장소의 개념을 넘어 인문학적, 예술적 개념으로 보고
대상자들을 인터뷰하여 그곳을 휴머니즘, 휴식, 힐링 공간으로 이어지는 건축물로 설계하는
21세기 건축계의 독보적인 크리에이터이다.

1) 인구구조가 바뀌면 주거는 어떻게 변화되나?

인구구조가 바뀌는 것은 어쩌면 막을 수 없는 현상은 아닐까 하는 이야기를 많이 듣곤 한다. 그러나 프랑스와 한국을 오가며 활동하는 건축가의 입장에서 본다면, 그렇지 않다고 말할 수 있다.

프랑스도 80년대 인구 추이가 우리와 비슷한 상황으로 변화하고 있었다. 젊은 사람들이 결혼하지 않고 아이를 낳지 않는 것이 사회적 유행처럼 번지고 있었다. 그러나 수치상으로 본다면 큰 위협 없이 인구는 꾸준히 증가하고 있는 것처럼 보였다. 이는 프랑스 정부가 재빠르게 대처했기 때문이다. 인구변화의 시작은 금방 감지된다. 빠르게 대처하고 막지 않으면, 이는 사회의 위협적 신호가 되기 때문에, 무엇보다 빠르게 프

랑스는 대책을 만들었다.

첫 번째로는 아이를 낳으면 제공되는 보조금이다. 이 보조금은 한국과 비교도 할 수 없을 만큼 큰 금액이다. 일반 직장인의 한 달 급여 정도가 매월 지급된다. 보통은 5년 정도 받을 수 있게 된다. 결국 아이를 낳으면, 아이 덕분에 최소한의 생계 문제가 해결되기도 했다. 이를 이야기하면 아이를 앞세워 많이 낳기만 하고 사회적 문제는 더 커질 것이라 우려하는 의견이 항상 등장한다. 틀린 말은 아니다. 아랍에서 이주한 사람들은 일부다처제였고, 그렇게 아이를 많이 낳아서 정부 보조금을 많이 받아내는 문제가 발생한다. 하지만 오히려 프랑스 정부는 이를 문제시하지 않았다. 여기서 복지제도에 대한 한국과 프랑스의 이해 차이가 생긴다.

한국의 경우는 이런 문제가 사회 일면에 기사화되고 공론화되면, 빠르게 그 복지제도를 손보는 움직임이 생긴다. 결국 문제를 해결하기 위해 잠시 제도를 멈추고 정비한다. 프랑스의 경우는 일단 복지제도가 만들어지면, 문제가 발생하더라도 도중에 정비를 위해 멈추지 않는다. 이유는 간단하다. 모든 제도는 완벽하지 않다. 일부가 제도를 과용하여 부당한 이득을 취하는 경우가 발생할 수 있다. 그러나 제도를 멈추게 되면 그 부당한 이득을 막을 수 있지만, 대다수 혜택을 받아 가는 계층에 치명적인 타격을 줄 수 있기 때문에 멈추지 않는다. 보완책을 찾는다 해도, 오랜 시간을 거쳐 시행한다. 그 사이 복지제도는 유지된다. 반면 한국은 90%의 복지제도 수혜자보다 10%의 오용하는 대상자를 막기 위해 제도가 멈추게 된다. 결국 프랑스는 아이에게 제공되는 보조금의 규모를 점점 더 늘리게 된다. 오용하는 사람들보다도 인구 증가에 좋은 영향을 준다는 결과를 얻었기 때문이다.

두 번째로는 아이를 키우는 데 있어 사교육 비용이 거의 발생하지 않는다. 물론 최상층은 사교육 비용에 어마어마한 투자를 하고 있다. 하지만 그것은 전체 인구의 0.1%도 되지 않을 뿐 아니라 사교육이 엄격하게 금지되어 있어, 최상류 부유층들은 아이들을 해외 유학을 보낸다. 이는 프랑스 전체에 비하면 아주 작은 부분이다.

프랑스에서 사교육을 통해 선행학습을 했던 한국인 부부의 이야기가 있다. 아이가 뒤처지지 않을까 걱정해서, 곱하기 나누기를 선행학습을 시켰다. 어찌 보면, 그냥 집에서 아이에게 부모가 곱하기와 나누기를 알려준 셈이다. 이 부부는 아주 충격적인 학교 의견서를 받게 된다. "아이가 선행학습이 되어, 다른 학생들의 학업에 지장을 주게 됩니다. 그러므로 곱하기 나누기를 배우게 되는 약 2주간 등교를 금지하겠습니다." 다른 학생들이 새로운 것을 배우는 데 있어, 선행학습을 한 아이가 방해를 준다는 의견서였다. 그렇기에 프랑스는 선행학습, 사교육을 할 수 없게 된다. 결국 아이를 키우는 데 돈이 들지 않는다.

한국에서 결혼하는 부부 중 상당수가 딩크족이다. 그들의 이야기를 들으면 수긍할 수밖에 없다. 아이를 키우기 위해 얼마나 많은 투자를 해야 하는지, 그로 인해 부모들은 얼마나 많은 일을 해야 하는지. 요즘은 심지어 젊은 부부들의 부모님도 딩크족을 이해하는 추세이다. 힘들게 살지 말고, 행복하게 살라고 조언하는 부모들도 적지 않다.

무조건 프랑스를 따라가서 인구 증가 정책을 완성하자고 하는 것은 아니다. 단지, 인구구조 변화는 모든 분야에 치명적인 결과를 발생시킬 수 있기에 대책을 마련해야 한다는 것이다. 그러나 이미 우리는 인구구조가 변화되어 버렸다. 갑자기 인구가 늘 방법은 이민자를 대거 받는 것인데, 독일의 경우를 보더라도, 이는 충분한 사회적 동의를 거쳐야만 진행할 수 있는 것이다. 결국 약 30년 정도는 이 바뀐 인구구조에 적응하고 대처해야 하는 상황이 되어버린 것이다.

인구구조는 우선 건축가의 측면에서 본다면, 주거문화를 송두리째 바꿔놓을 것이다. 이 바뀌는 과정에서 경제 상황은 더없이 힘들어질 것으로 보인다. 변화에 모두가 대응할 수 있는 것은 아니기 때문이다.

총 2가지 측면에서 주거문화가 바뀔 것으로 생각된다.

첫 번째는, 서울의 인구 집중화 현상이 더 가속화될 것이다. 젊은 사람들은 취업과 여러 가지 사회적 기회를 위해 서울로 올라올 것이다. 최근 지방에도 젊은 유입 인구가 생긴다는 기사들이 나오고 있는데, 실제 확인을 해 보면 실익이 거의 없는 일시적인 현상인 경우가 대부분이다. 이렇게 젊은 층들이 지방으로 가지 않는 이유는 너무도 당연하다. 지방의 급여체계이다.

수도권 급여체계를 맞춰 줄 수 있는 지방의 회사는 많지 않다. 통계가 그렇게 말하고 있다. 그리고 수도권에 취업을 위해 올라온 수많은 젊은 이에게 물어보면, 역시 가장 1순위는 급여 문제이다. 물론 수도권에서는 급여를 지방보다 높게 받는다고 해도, 체류비를 제외하면 저축도 쉽지 않다. 그러나 어쨌든 수도권은 기회가 있다고 생각한다. 급여가 더 오르고 방법을 찾을 수 있다고 생각한다. 그렇기에 젊은 층의 수도권 진입은 더욱더 가속화될 것이고, 이들은 큰 집을 원하지 않는다. 디자인이 잘 된 원룸을 찾는다. 그리고 이들은 대출을 통한 집을 살 생각이 없는 세대들이다.

우리나라의 전세는 집값 상승에 기여한 제도이다. 세계 어디를 가봐도 월세뿐 전세는 존재하지 않는다. 신용사회이기 때문에 전세제도가 잘 정착되어 있다는 의견들도 있지만, 사실 전세는 집을 사기 전까지 집에 대한 구매력을 유지시키는 좋은 제도이다. 만약 내가 전세를 산다면, 언젠가는 꼭 내 집 마련을 하겠다는 의지가 생긴다. 그리고 대출은 이런 의지를 실현해준다.

우리 사회가 한참 발전하던 시기에는 이렇게 내 집 마련의 꿈을 가지고 대출을 통해 실현한 사람들이 많았다. 그러나 요즘의 젊은 세대들은 집을 살 생각이 없다. 결혼할 생각도 많이 없다. 결혼해도 딩크족이 더 많다. 기성세대들은 이를 비판하며, 안타까워한다. 그러나 이는 잘못된 생각이다.

요즘 젊은 세대들이 가장 중요하게 생각하는 기준은 바로 '시간'이다. 시간이야말로 엄청나게 중요한 가치라고 생각한다. 기성세대들은 이 '시간'이라는 가치를 중요하게 생각지 않았다. 이렇게 이야기하면, 반문이 나올 것이다. 그렇다면 다음 질문에 대해 어떻게 생각하는지 스스로 생각해 봐야 할 것 같다.

"미래의 행복을 위해, 지금의 힘든 시기를 이겨내고 버텨야 한다."

이 의견에 동의한다면 당신은 시간의 가치보다는 미래의 보이지 않는 행복을 위해 지금의 시간을 쓰는 사람이다. 우리가 모두 솔직해질 시간이다. 젊은 세대들은 지금, 이 순간이 행복해야 진짜 행복이라고 생각한다. 그렇기에 시간을 가장 중요하게 여긴다. 그래서 힘들게 공무원 시험을 보고 합격해도 몇 달 만에 사표를 내는 것이다. 그렇게 가고 싶었던 회사에 입사했지만, 1년 이내에 사표를 내는 사람들이 많아지고 있다.

그들은 인내심 없고, 나약한 것이 아니다. 누구보다 삶에 진지한 것이다. 자신의 순간순간을 아끼고 귀하게 여기기 때문에 맞지 않는 상황을 버티지 않는 것이다. 나는 기성세대에 가까워지고 있다. 그러다 보니, 이제는 이야기할 수 있다. 미래의 보이지도 않는 행복을 위해, 고통 속에서 지금을 살지 말라고….

요약하자면, 지금의 젊은 세대들은 집을 살 생각이 없다. 작지만 자기만을 위한 공간이 필요하다. 그리고 기회를 위해 수도권으로 모여든다.

이들이 30~40대가 되면 그때는 어떻게 될까? 평수가 넓은 아파트들이 주저앉게 될 것이다. 사실 이미 시작되었다. 시작을 늦추려 온갖 정책들이 나왔지만 어쩔 수 없다. 평수가 작은 아파트들이 나오고 있다. 그리고 마이너스 옵션의 작은 아파트가 등장하고 있다. 마이너스 옵션은 인테리어가 되지 않은 상태의 주거를 말한다. 다시 말해, 획일화된 아파트가 아닌 자기만의 아파트를, 자기만의 공간을 원하는 추세이다.

그러나 아직도 아파트를 예전 방식으로 지어내는 사업자들이 많다. 그리고 그 아파트들이 미분양이 되고, 그로 인해 회사가 부도가 나고, 대금을 받지 못한 수많은 하청업체들이 같이 쓰러진다.

강남불패라는 말이 건축계에서는 항상 등장한다. 이는 어느 정도 일리가 있는 말이긴 하다. 그러나 강남이 한국 전체를 대변하는 것은 아니다. 전체를 보고 대비해야 하는 시기가 오고 있다.

두 번째로는 기성세대들의 역할 부재가 주거문화를 바꾸리라 생각한다. 기성세대의 사회적 역할이 점점 줄어들고 있다. 소수의 기성세대는 여전히 사회적 역할을 수행하고 있지만 대다수는 무직인 상태이다. 이 기성세대들은 사실 전문가들이 많다. 오랜 경험과 사회적 통찰력, 직관력 등을 겸비한 사람들이 많다.

필자는 이들이 지방으로 이동하는 시기가 오리라 생각한다. 물론 반대하는 견해도 많을 것이다. 그리고 무엇보다 기성세대에게 필요한 것은 의료시스템이다. 수도권의 의료시스템은 안정적이다. 하지만 지방은 수도권만큼의 안정적이고 광범위한 의료체계는 구축할 수 없다. 그런 의료시스템을 갖추려면 그만큼의 인구 수요가 되어야 한다. 지금의 상황으로는 엄청난 장비와 인력을 갖춰도 지방에서는 적자를 피할 수 없다. 수도권보다 인구가 적기 때문이다. 계속해서 인구는 수도권에 집중화되고, 지방은 소멸의 위기에 봉착하고 있다. 그러나 만약 시니어가 지방으로 이동해, 일을 한다고 가정해 보자.

몇 년 전에 강원도의 한 마을에 건축 의뢰를 받아서 간 적이 있었다. 수십 채의 집이 모여있는 마을이었고, 새로 5채를 더 지어야 하기에 건축가인 내게 의뢰가 들어왔다. 그 마을에 사는 사람들의 정체를 보고 깜짝 놀랐다. 수도권에서 의사, 변호사, 교수, 사업가, 디자이너 등 전문직에 종사하던 분들이었다. 물론 거의 은퇴하다시피 한 분들이었지만, 이들이 지방에 함께 내려와 일주일 중 3일은 수도권에서 4일은 강원도에서 살고 있었다. 그리고 그들은 경험과 노하우 덕분에 지역사회에도 꽤 좋은 영향력을 발휘하고 있었다. 지자체에서도 각종 자문을 요청했고, 그 당시 폐교를 중심으로 새로운 문화거점을 만드는 작업에 함께하고 있었다. 그들의 경험과 노하우가 지방 소멸 시대에 새로운 불씨가 될지도 모른다고 생각하게 되었다.

어쩌면 지방에 별장이 아닌 별도의 휴식형 주거 형태가 늘어날 수도 있다. 물론 지방에 시니어들을 위한 안정화된 병원과 마을이 함께 정착된다면, 인구 불균형을 해소하고, 새로운 주거문화가 만들어질 수도 있다. 마음이 맞는 사람들과 경험적 노하우를 공유하며, 지역사회에 새로운 문화현상을 일으키는 기성세대들의 마을. 한번 곰곰이 고민해 볼 주제이다. 이들은 귀농생활이 아니다. 그 어려운 농사는 딱 한 번만 해 봐도 안다. 아무나 할 수 있는 일이 아니다. 귀농생활이 아닌, 시니어들의 경험을 공유하는 지방 생활의 시대가 온 것일지도 모른다.

그러한 연유로 지금도 우리 팀은, 새로운 주거문화에 대한 개념을 연구하고 있다. 아직 밝히기는 이르나, 매우 흥미로운 방향으로 발전하고 있다.

SNS
and Brand

SNS 및 브랜드

최은희 브랜드앤피플 대표

"불황기엔 소셜미디어 사용이 늘어나고 브랜드와 소비자 간의 상호작용이 활발해지므로 효율적인 온라인 마케팅 전략을 적극적으로 구사해야 한다"

16년 차 마케터로 일하다 퍼스널브랜딩 멘토로 변신, 지난 4년간 100명의 1인 기업가들의 퍼스널브랜딩을 조력한 최은희 브랜드앤피플 대표는 퍼스널브랜딩에서 창업마케팅까지 독보적인 분야에서 두각을 나타내는 스페셜리스트이다.

불황기에는 사람들이 더 많은 시간을 집에서 보내며 소셜미디어 사용량이 증가한다. 이에 따라 인스타그램, 블로그, 유튜브 등의 소셜미디어 플랫폼에서 사용자 참여도가 높아지고, 브랜드와 소비자 간의 상호작용이 활발해진다. 이는 브랜드 입장에서 소비자들과의 상호작용을 증가시킬 기회이기도 하다. 따라서 불황기에 나타나는 SNS에서의 주요 현상을 살펴보고 불황기에도 끄떡없는 기업의 면역력을 높이는 온라인 마케팅 비법에 관해 이야기하겠다.

1) 불황기, 인스타그램이나 블로그 등 SNS에 두드러지게 나타나는 현상은?

(1) 가치 중심의 콘텐츠 소비 증가

불황기에 소셜미디어 콘텐츠 소비에는 특이점이 있다. 바로 유흥보다는 실용적이고 교육적인 콘텐츠가 각광받는 현상이 두드러진다는 것이다. 경제적 불확실성이 증가함에 따라, 소비자들은 생활비 절감 방법, 재테크 전략, 개인 금융 관리 등 실생활에 도움이 되는 정보를 찾게 된다. 이러한 콘텐츠는 경제적으로 어려운 시기에 실질적인 가치를 제공하며, 사람들의 주목을 받을 수밖에 없다.

유튜브 채널 '절약왕 정약용'은 다양한 부업과 재테크에 유용한 정보를 제공하여 불황기 동안 구독자 수와 조회 수가 크게 증가했다. 현금 흐름이 부족하다고 느끼는 직장인에게 부업에 도전할 기회를 제공한다는 의도가 불황기 사람들의 관심을 저격했다. 또한 다양한 소셜미디어 채널들이 인스타그램과 블로그를 통해 할인 정보, DIY 프로젝트, 가정 경제 관리 방법 등을 공유하여 소비자들의 관심을 끌고 있다.

(2) 숏폼 콘텐츠, 릴스, 숏츠 인기

최근 SNS의 가장 특징적인 부분은 인스타그램 릴스, 유튜브 숏츠와 같은 숏폼 콘텐츠의 인기가 급증하고 있다는 것이다. 이러한 현상은 소비자들의 빠른 정보 소비 욕구와 짧은 주의집중 시간을 반영하며, 브랜드에는 새로운 마케팅 기회를 제공하고 있다. 디지털 환경에서 소비자들은 빠르고 간결한 정보를 선호한다. 특히 불황기에는 시간과 자원이 제한적이기 때문에, 짧고 명확한 메시지를 전달하는 숏폼 콘텐츠가 더욱 주목받고 있다. 이러한 콘텐츠는 소비자들에게 즉각적인 만족감을 제공하고, 브랜드 메시지를 효과적으로 전달한다.

60계 치킨의 경우 틱톡 인플루언서에게 'ㅋㅋㅋ 치킨'을 협찬해 숏폼 마케팅을 하고 있다. 콘텐츠의 주제는 '치킨 혼자 몰래 먹기'이다. 맛있는 치킨을 가족에게 들키지 않고 혼자 먹어 치운다는 콘텐츠를 만들어 바이럴 하고 있다. 마케터들은 불황기에 소비자들의 콘텐츠 소비성향에 맞춰 숏폼 콘텐츠를 적극적으로 활용해야 한다. 이는 브랜드 메시지를 효과적으로 전달하고, 소비자들과의 즉각적인 상호작용을 촉진하는 중요한 전략이다.

(3) 인플루언서 협업 마케팅 증가

불황기에는 소비자들이 신중하게 소비를 결정하는 만큼, 기업들은 신뢰성 있는 인플루언서와의 협업을 통해 소비자들에게 브랜드를 알리는 전략을 증가시키고 있다. 인플루언서는 개인적인 경험을 통해 제품이나 서비스에 대한 신뢰성을 높여주며, 기업의 브랜드를 소비자에게 직접적으로 알릴 수 있는 중요한 매개체이다.

국내의 대부분의 화장품 브랜드는 인플루언서 마케팅을 필수적으로 하고 있다. 인플루언서와의 협업은 불황기에도 기업이 브랜드 인지도를 높이고, 소비자들에게 신뢰성 있는 정보를 제공하는 효과적인 방법이다. 이는 기업이 불황기를 극복하고 시장에서 선두를 유지하는 데 중요한 요인이 될 수 있다.

2) 불황기를 이기는 특유의 온라인 마케팅 비법은?

불황기에는 소비자들이 지출을 조정한다. 더 높은 이자율에 적응하기 위해 지출을 줄인다. 이러한 변화는 기업이 마케팅 예산을 삭감하거나 마케팅 전략을 조정하도록 만든다. 하지만 마케팅 예산을 단순히 삭감하는 것으로는 해결책이 될 수 없다. 단순한 예산 삭감보다는 마케팅 예산을 효율적으로 사용하는 것과 소비자들의 니즈 변화에 부합하는 상품과 서비스에 발 빠르게 초점을 맞추는 것이 중요하다. 바로 소비자들의 행동과 선호 변화를 살핀 후, 다음과 같은 전략으로 온라인 마케팅 채널 계획과 메시지 조정을 할 것을 제안한다.

(1) 타깃 오디언스를 재정의하고 집중하라

경제적 불확실성이 증가하는 시기에는 타깃 오디언스의 니즈와 선호가 변화한다. 마케팅 전략을 이에 맞게 조정하고 가장 효과적으로 연결될 수 있는 오디언스에 집중하는 것이 중요하다. 마케터들은 불황기에 소비자의 변화하는 니즈와 선호를 면밀히 분석해야 하고, 이에 맞는 타깃 오디언스를 재정의해야 한다. 이는 브랜드가 경제적 어려움 속에서도 관련성을 유지하고 효과적으로 소비자와 소통할 수 있게 하는 핵심 전략이 될 것이다.

'Patagonia'는 불황기에 환경 의식이 높은 소비자들을 타깃으로 삼아 지속 가능한 패션에 초점을 맞춘 마케팅 전략을 펼쳤다. 이를 통해 가치 기반 소비를 중시하는 소비자들과의 연결을 강화할 수 있었다. '이마트' 는 불황기 동안 가성비 높은 제품과 할인 프로모션을 강조하는 마케팅 전략을 채택했다. 이를 통해 예산에 민감한 소비자들의 관심을 끌고, 매출을 증가시킬 수 있었다.

(2) 소셜 미디어를 적극적으로 활용하라

불황기에는 인스타그램, 블로그, 유튜브와 같은 소셜미디어 플랫폼을 최적화하여 제한된 예산 내에서 최대한의 효과를 얻어내는 것이 중요하다. 즉, 불황기에 소셜미디어를 전략적으로 활용하여 소비자와의 관계를 강화해야 한다. 인터랙티브한 콘텐츠, 참여를 유도하는 캠페인, 실시간 피드백을 통해 소비자들의 관심을 끌고, 브랜드의 가치를 전달해야 한다.

'Nike'는 페이스북과 인스타그램에서 집에서 할 수 있는 운동 챌린지를 진행하여 소비자들의 참여를 촉진했다. 또한 "나이키 커뮤니티와 함께 달리세요."라는 메시지를 담은 NIKE RUN CLUB 앱을 제공해 소비자들에게 브랜드와의 상호작용 기회를 제공하며, 브랜드 충성도를 높이고 있다.

(3) 인플루언서 마케팅에 집중하라

불황기에 마케팅 예산을 절감하는 동시에 효과적인 홍보 방법으로 인플루언서와의 협업을 들 수 있다. 인플루언서는 소셜미디어에서 구축한 신뢰와 친밀한 관계를 통해 특정 타깃 오디언스에게 직접적으로 영향을 미칠 수 있다. 인플루언서들은 자신의 팔로워들과 깊은 연결을 통해 제품이나 서비스에 대한 진정성 있는 메시지를 전달할 수 있다는 장점이 있다. 불황기에는 전통적인 광고에 대한 예산이 줄어들면서, 비교적 저렴하고 효과적인 인플루언서 마케팅이 더욱 중요할 수밖에 없다.

예를 들어 심플리 홈이라는 인스타그램 계정의 콘텐츠를 살펴보자. "애 셋 맘의 후회 없는 내돈내산 유아 가구 BEST 3"라는 제목의 릴스 콘텐츠인데, 실제 아이를 키우며 사용하고 있는 유아 가구 3개를 소개하는 영상이다. 아이들 있는 엄마들의 관심을 얻으면서 릴스 영상 조회 수 270만을 넘어섰다. 해당 영상 1개로 유아 가구 매출뿐 아니라, 아이 한 명을 키울 정도의 공구 수익이 발생했다. 기업의 콘텐츠가 아닌, 실제 아이 키우는 엄마의 라이프 스타일과 스토리를 통해 마케팅 성과를 올린 예시이다.

(4) 광고인 듯 광고 아닌 숏폼 콘텐츠에 집중하라

소비자들은 전통적인 광고보다 스토리텔링이나 정보 제공이 포함된 콘텐츠에 더 많은 관심을 보인다. 특히 불황기에는 소비자들이 광고에 더욱 민감해지기 때문에, 광고인 듯 아닌 콘텐츠는 브랜드 메시지를 효과적으로 전달하면서도 소비자의 방어적 태도를 최소화할 수 있다. 이러한 콘텐츠는 소비자들에게 자연스럽게 다가가며, 브랜드 인지도와 관런성을 높일 수 있는 효과가 있다.

예를 들어 콘텐츠를 통해 소파 판매를 높이고 싶다면 홈쇼핑처럼 소파의 장점을 열거하는 것이 아니라 '남자친구 집에 한 번 가면 다시 나오기 어려운 이유'라는 상황을 만들어서 숏츠 영상으로 제작한다. 그리고 영상 중에 남자친구 집에 있는 소파의 특징을 보여주며, 소파의 구매 욕구를 일으킬 수 있다.

(5) 브랜드 충성도 기반 온라인 커뮤니티를 구축하라

불황을 이기는 장기적인 해결책으로는 브랜드 온라인 커뮤니티를 들수 있다. 사람들은 정보 공유, 지지, 동질감을 느낄 수 있는 온라인 공간에서 소속감을 찾으며, 이러한 커뮤니티는 브랜드의 충성 고객 기반을 구축하는 데 중요한 역할을 한다. 온라인 커뮤니티는 사용자들이 경험을 공유하고 서로 지지할 수 있는 공간을 제공한다. 또한, 브랜드는 이러한 커뮤니티를 통해 소비자들과 깊은 관계를 맺고, 장기적인 충성도를 구축할 수 있다.

'오늘의 집'이라는 앱의 경우, 단순히 제품만을 판매하는 것이 아니다. 인테리어 관심사를 가진 사람들이 본인의 집, 인테리어 등을 공유하는 소통 공간이다. 이용자가 주축이 되어 자신의 인테리어 사진을 게시하고, 다른 사람들과 소통할 수 있는 커뮤니티가 구축되어 있다. 이로 인해 오늘의 집은 많은 팬을 확보하고, 온라인 커뮤니티로 인해 이들이 오랫동안 앱에 머물 수 있도록 만들었다. 이처럼 불황기에도 커뮤니티에서의 브랜드 경험을 제공하며 인테리어에 대한 니즈로 고객들의 지속적인 유입을 이끌 수 있다.

여기까지 총 5가지 불황기 온라인 마케팅 전략을 제안했다. 지속 가능한 비즈니스를 위해 불황에도 영향받지 않는 기업과 브랜드로 존재하길 바란다.

유장휴 AG브릿지 대표

"브랜드 정체성 확립, 디지털마케팅에 의한 고객과의 연결, 피드백을 통한 지속적 개선이 무엇보다 우선되어야 한다"

디지털생활제안 유튜버인 그는 일상 속의 디지털을 쉽게 전달하는 라이프스타일 기획자요, 디지털코치이다. 디지털과 관련하여 고객, 더 나아가 팬덤에 가까운 브랜드는 어떻게 만들어지는지 알아보자.

1) 어떻게 하면 사고 싶어 미치게 만드는 브랜드를 만들까?

시장 경쟁이 치열해지는 현대에서, 단순히 좋은 제품을 만드는 것만으로는 부족하다. '사고 싶어 미치게 만드는 브랜드'는 고객에게 깊은 인상을 남기고, 강렬한 매력을 발산한다. 이에 브랜드가 시장에서 돋보이고, 소비자의 열망을 어떻게 자극하는지 다양한 전략들을 탐구한다.

(1) 브랜드 정체성의 확립

강력한 브랜드는 독특하고 차별화된 정체성을 가진다. 이를 위해서는, 브랜드가 추구하는 가치와 목표를 분명하게 설정해야 한다. 예를 들어, 스타벅스는 단순한 커피 판매점이 아닌, '제3의 공간'이라는 독특한 개념을 제시했다. 이를 통해 스타벅스는 집이나 직장 외의 새로운 공간, 즉 사람들이 편안하게 시간을 보낼 수 있는 장소로 자리 잡았다.

비슷한 맥락에서, 최근 인공지능의 시대를 대표하는 ChatGPT가 주목받고 있다. 사람들이 ChatGPT에 열광하는 이유는 단순히 혁신성, 사용자 경험, 지속적인 개선과 업데이트 등의 개별적 요소 때문만이 아니다. ChatGPT의 브랜드 정체성은 바로 '인공지능의 일상화'이다. 전문적인 지식이 없어도 누구나 고도의 AI 기술과 자연스럽게 대화를 나누며, 일상과 업무에 실질적인 도움을 받을 수 있다.

이렇게 강력한 브랜드 정체성은 고객에게 명확한 메시지를 전달하며, 브랜드의 인지도와 가치를 높이는 데 중요한 역할을 한다. 이러한 정체성은 고객과의 강력한 연결고리를 만들어 내며, 브랜드를 단순한 제품이나 서비스를 넘어서 사람들의 삶에 깊숙이 자리 잡게 한다.

(2) 디지털로 고객과 연결하라

디지털 시대에 발맞추어, 브랜드는 온라인 채널을 활용한 마케팅 전략 강화가 필수적이다. 소셜미디어, 콘텐츠 마케팅, 온라인 광고 등 다양한 디지털 플랫폼을 활용하여 브랜드의 메시지를 효과적으로 전달하고, 타깃 고객과 적극적으로 소통할 수 있다. 하지만 대부분 기업이 온라인 채널을 만들었다고 소통한다고 착각하지만 실제로는 그렇지 않다.

소셜미디어 전문가이자 연쇄 창업가인 게리 베이너척은 최근 인터뷰에서 "사람들이 소셜미디어에서 하는 가장 큰 실수는 소셜미디어를 단순한 배포용으로 사용한다는 것이다. 플랫폼을 창의적으로 분석하고 플랫폼별 전략을 구사해야 한다."고 말했다. 소셜미디어가 시작된 이래 많은 인플루언서와 채널이 사라졌지만, 게리 베이너척은 변함없이 나아가고 있다. 그는 끊임없이 고객과 시청자 행동에 따라 변화를 주었다. 게리 베이너척의 소셜미디어 전략을 살펴보면 다음과 같다.

1. 플랫폼에 대한 이해

LinkedIn, Pinterest, X, 메타(페이스북), 인스타그램 등 다양한 플랫폼의 특성과 강점을 이해하고, 비즈니스에 적합한 플랫폼을 선택한다.

2. 집중된 접근

선택한 플랫폼에서 모범 사례를 적용하고, 콘텐츠 전략을 철저히 계획한다.

3. 프로필 최적화

프로필을 효과적인 마케팅 도구로 활용하여 명확한 메시지와 서비스를 제공한다.

4. 연결 및 참여

소셜미디어는 소통의 장으로, 의미 있는 참여와 진정한 연결을 통해 커뮤니티를 구축한다.

5. 수익 창출

팔로워를 확보한 후에는 서비스, 컨설팅, 제품 판매 등을 통해 수익을 창출한다.

6. 규모 확장

자동화, 게시물 최적화, 분석을 통한 참여도 향상 등을 통해 비즈니스를 꾸준히 확장한다.

고객과 연결되기 위해서는 소셜미디어를 효과적으로 구축하고 활용하는 것이 중요하다. 소셜미디어는 단순한 광고 채널이 아닌, 진정한 커뮤니티 구축과 가치 전달을 위한 공간으로 활용해야 한다. 이는 비즈니스 성장의 핵심이며, 디지털 시대의 마케팅 전략에서 빼놓을 수 없는 요소이다.

(3) 고객 피드백과 지속적인 개선

사고 싶은 브랜드는 처음부터 완벽하게 탄생하는 것이 아니다. 브랜드의 성장과 성공이 동반해야 한다. 브랜드의 성장과 성공에 있어서, 고객 피드백의 중요성은 매우 크다. 이는 브랜드가 시장의 변화와 고객의 요구에 민감하게 반응하고, 지속해서 개선해 나갈 기회를 제공한다.

고객 피드백은 제품이나 서비스의 문제점을 지적해 주는 중요한 자료이다. 예를 들어, 애플은 초기 아이폰에서 발생한 여러 문제를 고객 피드백을 통해 파악하고, 이를 개선하여 후속 모델을 출시함으로써 사용자 경험을 대폭 향상했다.

실시간 대응도 중요하다. 디지털 시대에서는 고객의 의견이 실시간으로 전달된다. 이에 신속하게 대응하는 것은 브랜드의 신뢰성을 높이고, 고객 충성도를 강화하는 데 중요하다. 예를 들어, ZARA는 고객의 피드백을 신속하게 수집하고, 이를 바탕으로 빠른 패션 트렌드 변화에 대응하는 전략으로 유명하다.

고객의 요구와 피드백을 바탕으로 지속적인 혁신을 추구하는 것은 브랜드의 지속 가능한 성장을 위해 필수적이다. 예를 들어, Netflix는 사용자의 시청 패턴과 피드백을 분석하여 개인화된 추천 시스템을 지속적으로 개선하고 있으며, 이는 고객 만족도를 높이는 주요 요소가 되었다. Tesla 역시 고객 피드백을 바탕으로 차량 소프트웨어를 지속해서 업데이트하고 있다. 이를 통해 차량의 성능과 기능을 향상하고, 심지어 새로운 기능을 추가하기도 한다. 이러한 빠른 반응과 지속적인 개선은 Tesla의 브랜드 가치를 크게 높이고 있다.

이처럼 고객 피드백과 지속적인 개선은 브랜드가 시장에서 경쟁력을 유지하고, 고객의 충성도를 높이는 데 핵심적인 역할을 한다.

사고 싶어 미치게 만드는 브랜드를 만들기 위해서는 브랜드 정체성의 확립, 디지털마케팅을 통한 고객과의 연결, 그리고 고객 피드백을 통한 지속적인 개선이 필요하다. 이 같은 전략들을 실행함으로써, 브랜드는 시장에서 눈에 띄게 되고 고객의 마음을 사로잡을 수 있다.

ChatGPT and
Big Data

ChatGPT 및 빅데이터

백신정 미래인 교육연구소 대표이사

"불황기 면역강화의 No.1 전략!
ChatGPT 생성형 인공지능은 무엇인가?"

일찍이 『내 안에 빅데이터를 깨워라』를 통해 빅데이터 인공지능 시대의
생존 전략을 제시한 바 있는 백신정 대표는 불황기 ChatGPT,
생성형 인공지능 시대의 변화와 대안을 제시하는 전문가로 익히 알려져 있다.

1997년 IMF 외환 위기를 겪은 우리나라는 대외적으로 인터넷 시대의 도래로 닷컴 열풍에 휩싸였다. 이 시절 한국은 인터넷 최강국이 되고자 수많은 IT 인력의 양성과 컴퓨터 보급으로 경제위기를 뛰어넘는 발판을 마련했고, 현재 반도체, IT 선도국으로 입지를 다지고 있다.

이렇듯 역사적으로도 불황을 이길 수 있는 가장 혁신적이고 확실한 방법은 IT를 기반으로 한 기술의 혁신임이 틀림없다.

최근 가장 대두되는 ChatGPT, 생성형 인공지능은 그 자체보다, ChatGPT가 포함된 생성형 인공지능이 우리 삶에 어떠한 영향을 끼칠지 등 폭넓은 인문/사회/경제/마케팅적 관점을 가지고 불황을 극복하는 방법을 모색해야 한다.

또한 지금 급변하는 ChatGPT를 우리가 먼저 사용해 보는 것이 무척 중요하다. 예전에 인터넷이 없던 시대에 우리는 이미 60~70년대 완성된 인터넷 기술인 TCP, IP를 보았으나, 사용자는 초기에 전문가, 연구원들로 제한되었다. 아무리 기술이 좋아도 사용자의 의지와 상상력에 따라서 사용 분야와 범위가 달라진다. 인터넷을 초기 연구원들만 사용하다 보니 기껏해야 이메일, 파일 보내는 정도만 사용됐다. 그 결과 인터넷은 1990년대에 이르러서야 일반인들이 사용할 수 있는 영역으로 자리매김할 수 있었다.

1990년 초도 월드와이드맵을 시작으로 브라우저가 등장하였고, 일반인도 손쉽게 인터넷을 접할 수 있게 되었다. 여기서 중요한 관점은 누가 이것을 먼저 사용하냐는 것이다.

1990년대 이전에는 인터넷을 체험하기 위해서 직접 코딩하고 명령어를 입력하는 식이어서 일반인들은 사용할 수 없었기 때문이다. 지금은 인터넷 이후 또 다른 커다란 변화를 겪고 있다. 예전에는 우리가 오랜 시간 찾아야 알 수 있었던 것을 ChatGPT를 통해 몇 분 만에 찾을 수 있는 커다란 변화이다. 최근에 ChatGPT는 가장 큰 이슈이고, 반드시 사용해 봐야 하는 기술임이 분명하다.

ChatGPT는 인류가 지금껏 인터넷에서 모아 온 온갖 문장과 생각의 모음이며, 우리는 약간의 노력만으로 그 어마어마한 보물창고에 들어갈 수 있다. ChatGPT는 단순히 자료를 정리하고 요약하는 수준을 넘어서 영상을 만들고 소설을 만드는 등 다양한 기능을 한다. 특히 최근에는

ChatGPT에게 질문을 하고 ChatGPT의 대답에 오류를 찾는 것이 유행이기도 하다.

---

* 필자는 Chat GPT 프롬프트에 다음의 문장을 넣어보았다.

필자 생성형 인공지능으로 불황을 극복할 수 있을까?

Chat GPT 생성형 인공지능은 불황을 극복하는 데 도움이 될 수 있는 여러 가지 방법으로 기여할 수 있습니다. 여기에는 다음과 같은 몇 가지 예가 있습니다:

데이터 분석 및 예측 생성형 인공지능은 대량의 데이터를 분석하고 패턴을 발견하여 경제 상황을 예측할 수 있습니다. 이는 기업이 수요를 예측하고 비용을 절감하며 불황 기간 동안의 최적의 전략을 수립하는 데 도움이 될 수 있습니다.

자동화 및 효율성 향상 인공지능 기술을 사용하여 생산 과정을 최적화하고 비효율성을 줄일 수 있습니다. 이는 생산성을 높이고 비용을 절감하여 불황 기간 기업이 경쟁력을 유지하는 데 도움이 될 수 있습니다.

고객 서비스 개선 생성형 인공지능을 사용하여 고객의 관심사와 요구사항을 이해하고, 이에 맞게 맞춤형 서비스를 제공할 수 있습니다. 이는 고객 충성도를 높이고 기업의 매출을 유지하는 데 도움이 될 수 있습니다.

교육 및 기술 발전 인공지능 기술을 활용하여 인재를 교육하고 기술력을 향상시킬 수 있습니다. 이는 불황 기간 신산업에 필요한 능력을 갖춘 인력을 양성하는 데 도움이 될 수 있습니다.

물론, 생성형 인공지능의 활용은 사회적, 경제적 영향을 고려하여 신중하게 이루어져야 합니다. 인간의 가치 및 윤리적 고려사항을 고려하면서 인공지능 기술을 적절하게 활용하는 것이 중요합니다.

이렇듯 우리는 생성형 인공지능 사용함으로써 불황을 극복할 기업의

전략을 수립하는 데 도움을 받을 수 있다.

한국딜로이트그룹 '2024 경제·산업 전망' 보고서에 의하면 세계 기업인 380명이 "생성형 인공지능 기술 도입, 외부 규제 변화 대응이 과제"라고 전망하고 있다. 전 세계 기업인들은 2024년 경제 전망을 묻는 말에 48%가 낙관할 수 없다고 답했다. 가장 우려하는 외부 요인은 지정학적 불확실성과 인플레이션 51%, 금융과 시장 불안정성 38%, 규제 대응과 인재 부족 35%, 경제 양극화 21% 순서였다.

이렇듯 기업인들은 전 세계 불황을 전망하면서도 핵심 과제로 ChatGPT 생성형 인공지능 등 첨단 인공지능 IT 도입과 인재 양성 및 확보, 규제 변화를 불황의 대응 전략으로 뽑았다.

설문에 참여한 기업의 대표 중 38%는 이미 생성형 인공지능을 기업 경영에 도입하고 있다고 답했다. 도입 수준은 제한적 활용이 34%, 사업 부서에 실질적으로 활용한다는 응답은 13%였다. 지난해 6월 조사와 비교했을 때 각각 14%포인트, 6%포인트 증가했다. 생성형 인공지능을 사용하는 목적으로는 업무 효율성 개선 96%, 자동화 89%, 운영비용 절감 87% 등이라고 복수 응답했다. 동시에 남은 과제로 데이터 전문인력 확보와 사이버 보안 문제를 꼽았다.

이러한 배경에서 생성형 인공지능에 기반을 두고 우리나라를 비롯한 전 세계 기업의 투자와 산업 변화가 이루어지고 있다.

2023년 침체에 빠졌던 우리나라 반도체 산업의 수출과 가격 전망에 속속 청신호가 들어왔다. 국내 반도체 기업들은 과감한 투자를 통해 이

번 위기를 재도약의 발판으로 삼겠다는 계획이 있다. 반도체는 NBDI의 주가가 수백 배 단기간 상승한 것을 보면 생성형 인공지능 성장에 꼭 필요한 필수재이다. 주요 기업들의 작년 감산 이후 메모리 반도체 재고율이 점차 줄며 국제 가격이 바닥을 찍고 올라서기 시작했다.

우리나라 대표 기업 삼성전자는 위기를 기회로 삼아 재도약의 발판을 마련하고 있다. 작년 48조 원에 달하는 사상 최대 규모 신규 투자를 단행하였다. 생성형 인공지능 반도체 수요 증가에 발맞춰 고대역폭 메모리, HBM 생산능력을 올해보다 2배 넘게 늘린다는 계획도 가지고 있다. SK하이닉스 역시 앞으로 5년간 최소 40%의 고성장이 예상되는 HBM의 생산 역량 강화에 힘을 쏟고 있다.

이렇듯 기업마다 불황을 극복하는 매개체로 생성형 인공지능을 선두에 내놓고 기술을 개발하고 투자하고 있다.

세계적인 기업 마이크로소프트와 구글 또한 23년 2분기 실적 호조를 앞세워 공격적인 투자를 하고 있다. 23년 초 대규모 구조조정을 진행하며 움츠러들었던 모습에서 벗어나 생성형 인공지능 붐을 타고 불황을 넘어서고 있다.

마이크로소프트는 ChatGPT를 등에 업은 클라우드 성장이 핵심이며, 구글은 23년 2분기 연속 하락했던 광고 수익이 다시 살아난 것이 주요한 이유다. 그러나 두 기업 모두 '인공지능 투자'에 대해서는 같은 자세를 취했다. 사티아 나델라 마이크로소프트 CEO는 컨퍼런스 콜을 통해 "우리는 클라우드 시장의 강력한 2등"이라며 "인공지능으로 클라우드 시장을 주도하기 위해 더 공격적인 투자를 진행할 것"이라고 말했다.

현재 클라우드 시장점유율은 AWS가 40%로 1위, 마이크로소프트가 20.5%로 2위지만, 클라우드 기반 인공지능 서비스 판매에서는 마이크로소프트가 1등을 차지했다는 점을 강조했다. 또 클라우드 매출 중 인공지능 서비스 비중은 2%로 전년 대비 26%나 증가했으며, 다음 분기에는 더 늘어날 것이라고 밝혔다.

에이미 후드 마이크로소프트 CFO도 2분기 투자가 지난해보다 30% 증가한 89억 달러(약 11조 3,740억 원)를 기록했다며, 앞으로 분기마다 순차적으로 금액을 늘릴 것이라고 예고했다.

순다르 피차이 구글 CEO도 "인공지능은 큰 기회"라며 "검색과 클라우드 모두 도약할 것"이라고 밝혔다. 또 챗봇 바드의 검색 통합이 진행 중이며, 이에 따라 향후 광고 수익의 증가를 기대한다고 전했다. 더불어 클라우드 사업에서는 코히어나 재스퍼 등 생성 인공지능 분야의 유니콘 기업 중 70%가 구글 클라우드를 사용 중이라고 강조했다.

루스 포랏 알파벳 CFO는 지난 분기 지출이 69억 달러로, 올해 남은 기간과 내년까지 계속 증가할 것이라고 밝혔다.

이에 대해 WSJ는 올 초 구조조정에 시달리던 빅테크들이 인공지능 붐으로 세계적인 불경기를 넘어선 모습이라고 분석했다. 또 이런 탓에 아직 본격적인 인공지능 경쟁은 아직도 시작에 불과하다고 분석했다.

디지털 광고 전문 기업 인크로스가 '디지털 마케팅 트렌드 2024' 보고서를 발행했는데 경기침체가 이어지면서 광고 효율을 극대화할 수 있는 서비스와 기술이 지속적으로 주목받을 것이라고 분석했다. 디지털마케팅의 핵심 키워드로는 인공지능 마케팅, 포스트 쿠키, CTV (Connected TV), 콘텐츠IP, 올인퍼널(All-in-funnel)을 제시했다. 이는 대부분 IT와 생성형 인공지능에 기반한 마케팅 기술로 이제 불황을 극복하기 위해 생성형 인공지능은 가장 중요한 기술로 대두되고 있다는 것이다.

이렇듯 불황의 시대를 극복하는 방법으로 역사적으로 IT가 사용되었다. 지금은 생성형 인공지능이 사용되고 있으며, 수많은 기업이 앞다투어 적극적인 투자를 하고 있다. 생성형 인공지능을 만들거나, 사용하면서 말이다. 우리는 이에 불황의 시대를 극복하기 위해서 생성형 인공지능을 적극 사용해야만 한다.

Startups

창업

박희광 청년꿈 대안학교 ING법인대표/경주대학 산학협력단장

"선택보다 지속해서 성장하기 위한 열정과 창의력이 중요하다"

박희광 대표는 우리나라에 몇 안 되는 청년창업 전문가로 끊임없이
청년창업 비즈니스 멘토와 자문역할을 수행하고 있다. 최근 포항시 어촌신활력
증진 사업 활성화를 통해 청년창업의 새 지평을 열었다는 평가를 받고 있다.

1) 불황기에는 N잡러가 나은가, 1인 경영이 좋은가?

불황기라는 전제를 두고 N잡러, 1인 경영 중 하나를 선택하는 것은 큰
의미가 없는 것 같다. 불황기를 극복하기 위해 낮에는 회사를 경영하고
야간에는 대리운전을 하며 직원 단 한 명의 인건비를 충당하기 위해 노
력하고 있는 사례는 흔히 목격할 수 있는 현실이다.

청년 창업가들을 만나고, 컨설팅을 진행하고 있는 나의 경험에서 보
면 다수의 청년 창업가들이 자신이 하고 싶은 분야의 사업을 진행하고
성과를 이루기 위해 1인기업으로 사업을 출발하면서, 수익이 될 수 있는
다양한 분야의 일을 협업 형식으로 하며 발전을 도모하고 있다.

일례로 지역의 모 국립대학교에서 전자공학을 전공한 청년은 자신이
하고 싶은 빅데이터 기업의 창업자금을 만들기 위해 앱 개발 프로그래

밍 작업을 하도급으로 받아서 창업자금을 모았다. 그는 외주 작업을 하는 과정에서 다양한 분야의 경영자들을 만날 수 있었고, 이 와중에 성실함과 전문성을 인정받아서 자신이 창업하고자 하는 회사의 첫 번째 투자가 이루어졌다.

이런 사례처럼 세상에는 청년들이 경험하지 못한 다양한 시스템과 사람들이 있다. 꼭 자신이 하고 싶은 일이 아니더라도 타 분야의 일을 하는 과정에서 새롭게 만나는 일에 대한 경험과 인연을 통해 예측하지 못한 결과를 만날 수 있다.

취미로 요리하기를 좋아한 한 청년이 있었다. 비록 작은 규모라도 자신만의 요리를 판매할 수 있는 식당 창업을 희망하고 있었다. 이 청년은 우선 식당 일을 경험하기 위해서 양식당에서 아르바이트를 시작했다. 창업자금 마련도 하고, 경험도 쌓기 위해서였다. 1년 동안 성실하게 일한 청년은 처음에는 서빙을 하다가 주방 보조로, 주방 보조에서 요리를 만드는 일까지 다양한 일을 하면서 식당 대표와의 좋은 관계를 만들게 되었다.

요리사로서의 재능과 성실함 그리고 창의적인 청년의 모습을 지켜본 대표는 새로운 분점을 오픈하면서 그 청년과 공동 창업을 하기로 획기적인 제안을 했다. 일단 청년은 청년 창업자금을 대출받고, 나머지 비용은 기존 식당 대표가 제공하는 조건으로 식당을 개업하였다. 그 후 일년 동안 여러 검증을 받은 청년은 공동창업자가 되어서 지금도 식당을 안정되게 경영하고 있고, 함께 투자한 식당 대표는 자신에게 요리를 배운 청년이 성장하고 있는 모습을 지켜보며 공동창업자로서, 비즈니스 멘토로서 큰 보람을 느낀다고 한다.

비록 현재에는 소소하게 보이지만, 보이지 않는 미래의 큰 모습을 바라볼 수 있는 현명한 지혜가 있다면 N잡러, 1인 경영의 선택이 중요한 것이 아니라 자신이 지속해서 성장하고, 이루고 싶은 꿈을 위해서 창의력을 발휘하는 것이 무엇보다 중요하다.

2) 사업이 생각대로 실현되지 않을 때 긴급 처방은?

성공한 사업자가 되기 위해서는 이론적인 얘기이겠지만 지혜, 용기, 정의, 절제라는 성품과 재능이 있어야 한다고 한다. 이 4가지 덕목은 그래코 로만 문화Greco Roman: 그리스 문화에 뿌리를 둔 로마 문화가 목표로 한 것으로 로마의 황제들이 자신들의 자녀들에게 회망한 내용이라 한다.

지혜, 용기, 정의, 절제는 믿음과 사랑, 소망이라는 더 큰 기초와 뿌리에서 시작된 열매라는 사실을 역사적인 가르침에서 여실히 보여주고 있다.

사업을 계획대로, 꿈꾼 대로 완벽하게 이룬 창업가는 그리 많지 않다. 따져보면 창업 교육에서 시제품을 만들어 보는 것도 사업이 계획대로 되지 않는다는 전제에서 시작된 것 아닌가. 시제품을 제작하는 과정에서 새로운 경험이 생기고, 예상하지 못한 고객을 만나고, 생각하지 못한 아이디어가 나오는 것은 이미 많은 창업자가 경험한 것이리라.

사업이 안된다는 것은 새로운 것이 필요하다는 신호로 받아들여야 한다. 자신이 가진 재능과 자본이 사업을 진행할 만한 것인가를 점검해 보고, 방법과 방향이 올바른 것인가 확인해 보는 시간이 무엇보다 중요하다.

큰 건물을 건축하는 과정이나, 대형 교량을 건설하는 과정에 꼭 포함된 프로세스가 있는데, 실제 건설을 시작하기 전에 설계된 도면으로 가상 건설 과정을 진행하는 것이다. 나아가 3D CAD 기술을 통해서 설계 도면을 실행하고 설계 과정에서 빠진 것이나 공정별 간섭 사항을 꼼꼼히 체크한다. 가상으로 진행된 시뮬레이션에서 수많은 오류와 누락 사항이 발생한 것을 확인할 수 있다. 이 과정을 거치면 시공하고 철거하면서 발생하는 큰 비용을 절감할 수 있게 된다.

부탁하건대 사업이 뜻대로 안 될 때 자신이 지키고 있는 뿌리인 믿음과 사랑, 사업에 대한 자신의 소망을 확인해 보는 시간을 가져 보기 바란다. 뿌리 없는 나무가 없듯이 든든한 기초 위에 많은 열매가 맺힌다는 가장 단순한 진리를 아울러 반추하는 시간을 가져 보기를 추천한다.

당신은 사업을 통해 큰 꿈을 이룰 수 있다는 믿음이 있습니까? 당신은 사업을 통해 많은 사람으로부터 사랑받을 자신이 있습니까? 함께 꿈꾸는 사람들과 공감할 수 있는 비전은 무엇입니까?

이 질문에 당당히 답할 수 있다면 당신은 이미 성공한 비즈니스맨이다.

박경아 반디인하우스 대표

"립스틱효과를 통해 고객의 심리를 아는 것이 마케팅의 답"

대한민국 네일 브랜드 1위, 반디인하우스 박경아 대표는 20여 년간 뷰티업계 비즈 멘토로 명성을 날렸다. 더불어 네일 비즈니스 창업이나 운영 및 경영에 관련된 전반적인 문제를 컨설팅이나 소셜미디어, 강의 등에서 풀어주고 있으며 최근 『1센티 미학』이라는 저서를 출간한 바 있다.

2023년도에 유독 붉은색의 립스틱과 매니큐어 컬러들이 여성에게 인기를 끌었다. 그도 그럴 것이 팬톤에서 지정한 "23년 올해의 컬러"는 "비바 마젠타"였다. 보기만 해도 살아있는 활력과 열정을 느낄 수 있는 붉은 컬러가 강렬하게 와닿는다. 여성들에게 자신감을 불어넣어 주고 용감하고 대담한 표현력을 보여줄 수 있는 컬러로 비바 마젠타만 한 컬러가 없었다. 이어 "24년 올해의 컬러"는 따뜻한 감성이 느껴지면서도 현대적 여성의 우아함을 보여줄 수 있는 "피즈 퍼즈"다.

나는 25년째 네일 비즈니스를 하고 있다. 유독 컬러에 관심이 가는 이유다. 지금까지도 매일 컬러를 보고 만지고 살아가고 있다. 30대, 40대 여성층이 주 고객이다. 컬러 트렌드에 따른 고객들의 소비 심리를 연구하지 않을 수 없다. 그야말로 전년도부터 올해까지 붉은색은 인기몰이를 하고 있다. 나는 빨간 립스틱과 빨간 매니큐어를 즐겨 바르는 편이다. 소장하고 있는 빨간 립스틱만 20개가 넘는다. 외골수로 빨간색만을 고집하는 데는 이유가 있다. 나의 퍼스널컬러와 잘 맞기 때문이기도 하다. 립스틱과 관련한 경제 심리 이야기를 꺼내려 한다.

2020년도 우리는 코로나로 사회적 거리 두기를 하면서 힘든 시간을 보내고 있었다. 소비 위축에 관한 뉴스들이 쏟아지고 있었지만, 그 당시 유일하게 잘 팔린 상품이 있었다. 바로 립스틱이다. 신세계닷컴 발표에 의하면 2020년 1월부터 3월까지 전년 대비 명품 화장품 매출은 63%가 증가했다. 그중에서도 립스틱 매출이 33% 증가했고 국내 중저가 드러그스토어에서 판매된 립 제품 역시 20% 신장했다는 것이다. 가장 최근 기사를 살펴보면, 2023년 1사분기에도 시장조사기관 서카나Circana에 따르면 립 제품이 가장 빠르게 프레스티지 메이크업 부문으로 43%가량 성장했다고 한다. 메이크업 전체 시장에서 전체 뷰티 제품 판매의 3분의 1을 차지했다고 한다. 무엇 때문일까? 게다가 마스크까지 착용하는데도 불구하고 립스틱 판매량이 증가하는 이유는 무엇인가? 이게 바로 립스틱효과다.

그렇다면 립스틱효과는 무엇인가? 1930년대 미국이 대공황기를 겪으면서 경기가 어려웠음에도 불구하고 립스틱의 판매가 증가했다. 이를 두고 전문가들은 경기가 침체될 때 소비는 감소하지만, 일부 저가 사치품의 판매량은 증가한다고 보았고 이 현상을 의미하는 용어를 립스틱효과라고 부르게 되었다. 불황기에 적은 비용으로 품위를 유지하고 소비 심리를 충족시켜 줄 수 있는 상품이 잘 판매되는 현상. 특히 여성 소비자의 어려운 경제 여건을 나타내는 것으로, 저렴한 립스틱만으로도 만족을 느끼며 쇼핑을 알뜰하게 하는 데에서 유래된 말이다. 이는 화장품 지출을 줄이려는 여성이 립스틱만으로도 화사한 얼굴을 연출할 수 있어서 빨간색 립스틱을 선택한다는 해석이다. 미국 화장품 회사인 에스티 로더Estee Lauder는 아예 립스틱 판매량으로 경기를 가늠하는 립스틱지수 Lipstick Index까지 만들기도 했다.

실제로 경기가 어려워질 때마다 립스틱 판매가 증가하는 추세를 보여왔다. 2008년 리만브라더스로 전 세계에 금융위기가 닥쳤을 때 우리나라도 타격이 있긴 마찬가지였다. 그럼에도 2007년 대비 국내 립스틱 매출이 30% 이상 신장했다. 또한, 금융위기 이후 가장 낮은 경제 성장률을 보인 2012년 화장품 시장 매출의 -12% 역신장했다. 반면, 립스틱의 경우 -1%로 나름대로 선방하는 데이터가 나와 있다. 문득 드라마 〈별에서 온 그대〉의 여배우 천송이(전지현)가 떠오른다. 당시 전지현 립스틱은 인기가 치솟았다. 입생로랑의 52호 '로지코랄' 컬러는 신세계 강남점에서 한 달 동안 2,500개가 팔려 나갈 정도였다. 맹장염 때문에 고통스러워 손을 벌벌 떨면서도 그 떨리는 손으로 삐뚤삐뚤 립스틱을 바르는 장면이 떠오른다. 대체 립스틱이 뭐길래. 여성들이 극한 상황에서도 립스틱을 놓지 않는 의미가 무엇인지, 그리고 불황에 립스틱효과 혹은 매니큐어효과가 나타나는 이유는 무엇인지. 여성들의 어떤 심리가 소비를 유도하는지 알아보고자 한다.

첫째, 아름답게 보이고자 하는 욕구 충족을 위한 여성의 일반 심리다. 외출 준비할 때 마지막 도구로 사용하는 메이크업 제품이 립스틱이다. 불황기에는 소비위축으로 경제적인 어려움과 스트레스가 쌓이기 마련이다. 그러나 어려운 시기에도 자신에게 관심을 기울이며, 외모에 관심을 표현하고자 하는 심리적인 요소가 작용한다. 여성들은 자기 외모에 신경을 쓰고 자기 관리에 충실한 모습을 보여주고 싶어 한다. 스스로 긍정적인 변화를 불러오고 자기 관리에 주목하며 자신감에 대한 표현으로 보이기 때문이다. 이러한 상황에서 여성들은 립스틱이나 매니큐어를 통해 자신을 돌보고 매력적인 여성으로 아름답게 보이고자 하는 욕구를 충족시키고자 하는 심리다.

둘째, 자신감 있는 자아를 나타내고자 하는 강한 욕구에서 오는 경쟁 심리다.

특히나 붉은 립스틱이나 붉은 매니큐어는 여성의 당당한 자신감을 표현할 수 있는 상징적인 컬러이다. 불안해하고 경제적 어려움을 겪고 있는 타인들 앞에서 '불황의 위기를 극복할 수 있다'는 메시지를 줄 수도 있다. 이에 따라 다른 사람들에게는 신뢰감까지 줄 수 있는 성숙하고 성공한 여성으로 보일 수 있다. 사회에서 경제적 구성원으로 활동하고 있는 자신의 사회적 지위와 존중감을 유지하고자 하는 욕구가 있다. 또한 서울대 곽금주 심리학과 교수는 "여성이 립스틱을 바르는 건 이성에게 잘 보이고 싶은 마음도 있지만 여성이 여성들 사이에서 돋보이고자 하는 심리가 크다."라고 했다. 여성을 가장 돋보이게 하는 메이크업 제품이 립스틱이라고 했다. 이는 적극적으로 자아를 표현하고 자신감을 보여주기 위한 도구로 사용하며 강한 욕구를 나타내는 경쟁 심리이기도 하다.

셋째, 자신을 위한 합리적 보상 심리이다.

자신을 위한 작은 사치를 즐기는 나름의 자신에 대한 보상 심리다. 특히나 적극적으로 경제적 활동을 하는 여성들은 스스로 불황을 이기려는 강한 의지를 보여준다. 다소 저렴한 립스틱이나 매니큐어를 통해 자기 지갑 사정에 맞는 합리적인 소비를 한다. 이는 작은 사치에 만족하는 보상 심리다. 일상에 작은 행복을 더하고자 하는 욕구로 볼 수 있다. 역시 불황기에 긍정적인 영향을 줄 수 있다.

넷째, 습관적 사치 심리이다.

이는 두 번째 심리와는 정반대되는 심리다. 경제 호황기에도 습관적인 사치를 해 왔던 소비 심리를 떨쳐버리지 못하는 것이다. 자기 외모를 꾸미거나 가꾸는 데 이미 소비가 습관적으로 이루어진 여성들의 경우이다. 게다가 다른 명품이나 사치품에 비해 상대적으로 립스틱은 가격이 낮다. 립스틱 하나쯤은 불황이라는 위기가 와도 크게 자신의 경제적 문제에 영향을 주지 않을 거라는 낙관주의적인 생각에서 나온다.

다섯째, 강렬한 이미지 전환이나 위안으로 삼으려는 기분 전환 심리다.

TV나 영화에서 자주 보는 장면이 있다. 배우들이 대단한 결심을 하거나 강렬한 의지를 보여줄 때 흔히 보이는 연기가 있다. 화장대 앞에서 빨간 립스틱을 꺼내 바르고 거울을 뚫어지게 쳐다보며 무언가를 결단하는 모습이다. 나 역시 그런 편이다. 중요한 미팅을 하거나 중요한 결정을 내려야 할 때 빨간색 립스틱과 빨간색 매니큐어가 왠지 나에게 힘을 주는 듯하다. 오롯이 기분 탓이다. 기분 전환을 위해 우울한 분위기에서 벗어나고 싶다면서 빨간색 립스틱을 파우치에서 꺼내는 TV 속 화면도 기억난다. 때론 자신의 이미지를 빨리 전환하는 효과적인 방법으로 립스틱을 사용한다. 빨간색 립스틱과 베이지색 립스틱의 이미지 차이는 선명하다. 요즘은 TV 드라마에서도 네일숍이 등장하며 기분 전환을 위해 네일을 한다며 매니큐어를 바르는 장면도 종종 보게 된다. 자기 기분을 긍정적으로 전환하기 위한 심리다. 나는 컬러와 관련한 일을 하다 보니 고객 또는 관련 종사자들을 많이 만난다. 가끔 이들에게 듣는 말이다. 빨간 립스틱을 바르면 돈이 들어온다는 둥, 장사하는 사람은 금색으로 매니큐어를 발라야 한다는 둥, 자신만의 자기 위안을 위한 심리다. 어찌 보면 작은 립스틱 하나를 즐겁고 행복한 기분 전환용 소품으로 사용할 수 있다. 이는 최고의 가성비와 가심비를 지닌 소비가 아닐지 싶다.

여기까지 불황기에 립스틱효과가 나타나는 심리효과를 알아보았다. 립스틱효과는 경제 불황 시 나타나는 흥미로운 현상이다. 이러한 현상을 기업은 소비자의 관점에서 바라보아야 한다. 또한 유용하게 활용할 수 있는 마케팅 방법을 찾아야겠다. 특히 여성의 심리를 이용한 구현이어야 한다. 예를 들면, 다음과 같은 방법들이 있다.

첫째, 소셜미디어를 활용할 수 있다.

당당하고 자신감 있게 자기 표현을 잘하는 소비자를 찾는 것이다. 소셜미디어 중 릴스나 유튜브 등을 잘 활용하는 여성을 브랜드 스타로 만들어 소비자의 경험을 공유하게 하는 것이다. 그 안에 콘테스트 형식이든 릴레이 캠페인 형식이든 재미 요소를 함께 넣는다면 브랜드를 가장 잘 표현한 소비자를 찾는 데 의미가 있다고 본다.

둘째, 커뮤니티를 통해 소비자 참여를 유도할 수 있다.

소비자들은 자신의 소속감과 아이덴티티를 형성하기 위해 제품이나 브랜드를 선택하는 데 익숙하다. 습관적인 소비 심리를 이용한다면 익숙한 구매 패턴을 가지고 소비하는 브랜드 고객들만의 리그를 만들어 줄 수 있다. 즉 커뮤니티를 만들어 준다. 그 안에서 그들이 제품을 공유할 수 있도록 하고 퍼스널컬러를 찾아주는 등의 이벤트나 캠페인을 만들어 보는 것도 방법이다.

셋째, 컬러를 활용한 브랜드의 협업으로 코웍컬러를 개발할 수 있다.

컬러와 컬러와의 매칭을 협업할 수 있도록 코웍컬러들이 모일 수 있는 요소를 찾아본다. 립스틱과 매니큐어, 립스틱과 넥타이, 립스틱과 헤어밴드 등 얼마든지 '스몰 액세서리'에 익숙한 소비자들이다. 함께 브랜드를 매칭하거나 구성 상품을 모아 개발하는 것도 충분히 소비자들의 흥미를 유발하게 할 수 있다.

현재 경제 성장률은 1~2%대에 머물고 있고 24년도 국내 경제 상황도 녹록지는 않다. 여전히 고금리에 수출 부진 등으로 어렵다는 지표가 계속 나오고 있다. 점점 합리적이고 현명한 소비를 하는 MZ 소비층이 늘어난다. 고소득 골든시니어들은 시장에서 가장 큰 소비력을 과시한다. 이 두 소비층 사이의 갭 차이를 줄이는 마케팅 전략도 수립해야 한다. 불황이 길어질수록 기업은 고객이 원하는 욕구를 해결하려는 노력을 끊임없이 해야 한다. 고객의 심리를 아는 것이 마케팅의 답이 된다.

Humanities

인문학(소통 포함)

신동기 자기계발/ 리더십컨설턴트

"숫자나 효율성보다 직관력, 영감 그리고 통찰력을 키우는 인문 경영"

『인문 경영으로 리드하라』의 저자 신동기 교수는 경영학 전공자로서 특이하게 인문학과 통섭(Consilience) 프로젝트를 진행하여 왔다. 이를테면 인문학의 15가지 테마를 조직경영 관점에서 4가지 시각 즉 리더십, 통찰, 성찰, 전망으로 집중 조명하였다. 최초로 인문학 범주화를 시도한 것이었다. 그는 21세기 경영의 중요한 화두인 성과 창출, 창의성, 혁신과 윤리경영, 정보화 타이밍, 개방성과 다양성, 도전과 후계자 양성, 노블레스 오블리주 등과 관련하여 동서고금의 리더들이 어떻게 성공하고 실패하였는지 집중적으로 조명하였다.

1) 인문 경영이란 무엇인가? 불황기에 적정한가?

인문 경영은 과학 경영과 달리 사람을 수단이 아닌 목적으로 삼는다. 이를테면 경제학이나 공학은 과학 범주에 속하나 사람은 인문학 영역에 속한다. 경영은 인문학과 불가분의 관계다. 인문학적 사고를 할 수 있는 경영자야말로 이 시대가 요구하는 인재라 할 수 있다. 인문학적 소양과 분석력을 가진 경영자가 인간의 가치와 욕망을 시대 상황에 맞게 적절하게 이끌고 선도할 수 있다는 말이다.

인문학적 측면에서 리더십을 분석해 보면 시대가 변화함에 따라 기업 경영의 패러다임이 변화했고 그에 따라 필요한 인재상도 변화했다.

토지와 노동이 최대의 자산이었던 농업혁명 당시에는 성실하고 근면하면서도 힘으로 대변되는 파워형 리더십이 요구되었다. 산업혁명 리더들에게는 기계의 부품처럼 정확히 분업화되고 표준화된 통제형 리더십이 각광받았다. 지식혁명이 있었던 1945년 이후에는 전문지식을 갖추면서도 적극적인 태도를 지닌 도전형의 리더십이 기준이 되었다. 그러나 지성과 감성이 공존하는 정보, 디지털, 네트워크 시대를 살아가는 오늘날에는 폭넓은 지식과 응용력, 순발력을 지니고 풍부한 상상력과 창의력을 갖춘 융합형 리더십이 요구된다.

라틴어와 역사에 깊은 관심을 가지고 고대 로마 영웅 카이사르를 주인공으로 한 게임을 제작하기도 했던 메타(구 페이스북)의 최고경영자인 마크 주커버그. 그는 공학 및 사회과학적 상상력을 하버드 동창생들의 문학, 역사, 경제학에 이르는 인문학적 상상력과 융합시켜 이 세상을 뒤집어 놓을 무한 네트워크 커뮤니티를 만들어 내기에 이르렀다.

융합형 리더십은 이렇게 리더십 자체에만 머물지 않고 새로운 사업 및 산업의 개척으로 이어지기도 하면서 끊임없이 진화, 발전한다. 그럼에도 불구하고 한국의 리더십은 아직 패러다임 자체에 큰 변화를 주지 못하고 있다. 변화의 필요성은 인지하고 있지만 홍수처럼 쏟아져 나오는 갖가지 유형의 리더십 이론들 사이에서 스스로 문제점을 파악하지 못하고 이론 자체에 끌려다니며 따라 하기 방식의 수동적인 리더십에서 벗어나지 못하는 게 현실이다.

이제는 일문일답식의 문제 풀이 능력이 뛰어난 리더가 아닌 풍부한 인문학적 지식과 상상력으로 미리 문제점을 파악하고 해결할 수 있는 응용력을 키워야 할 때이다. 불황기에는 인문 경영을 통해 인재를 길러

내고 앞선 메타처럼 고객을 중심으로 하는 제품과 서비스를 개발해 낼 수 있다.

"소크라테스와 점심 식사를 할 수만 있다면 회사의 모든 것을 걸겠다." 애플 창업자 스티브 잡스의 말이다. 대학 시절 배운 서예에서 애플의 서체 디자인을 구상했다는 스티브 잡스가 아니라 하더라도 인문학과 경영의 통섭統攝, 지식의 통합 중요성은 전 세계적으로 검증되고 있다. 하버드, 프린스턴 등 미국의 명문 대학들이 기초학문인 인문학을 중시하는 것은 이미 널리 알려진 사실이다. 문학, 사학, 철학을 비롯하여 인간으로서의 소양, 인문적 바탕 지식과 함께 전문지식이나 기술을 익히도록 하는 교육 체계는 단순히 한 분야의 전문 인력 양성이라는 과거 패러다임의 종말을 증명한다.

이와 같은 명문사학들의 통섭 프로젝트는 오늘날 IT, 디자인, 문화, 콘텐츠 분야 등의 세계 시장에서 창의적인 융합형 경영인을 배출해 내는 필수과정이다. 우리나라도 인문학과 경영학의 통섭 프로젝트가 본격화되고 있다.

인문 경영학이 꽃을 피울 수 있도록 적극 지원할 리더십이 필요한 시대이다. 불황기라고 목표 지향이기보다는 시장과 고객, 그리고 조직문화를 들여다볼 수 있는 직관력과 통찰력의 문이 열리기를 바란다.

2) 코로나19 이후 해피노믹스로 가는 길은?

(1) 현실성 없는 행복론의 허상

"지금까지 주장되었던 대부분의 행복론은 크게 두 가지 방향으로 나뉜다. 하나는 마음의 욕심을 줄이는 방식이고, 다른 하나는 물질이나 성취의 크기를 더 크게 만드는 방식이다. 무소유 예찬론은 주로 종교인이나 시인과 같은 사람들이 주장해 왔는데, 이들의 공통점은 물질을 별로 필요로 하지 않는 입장에 있거나 물질이 넉넉지 않아도 생활에 큰 불편을 느끼지 않는 독특한 입장에 있는 사람들이다. 무소유 예찬론은 소란스러움과 번잡함 속에서 자신을 잊고 살아온 사람들에게 청량감을 제공했다.

오직 앞만 보고, 위만 보고 달려온 사람들에게 그동안 소홀히 해온 삶의 다른 부분들을 돌아볼 수 있도록 기회를 제공한 것이다. 그런데 문제는 이런 주장이 선선한 감동이긴 하지만 현실적으로 지속되기가 어렵다는 점이다. 대부분의 사람들이 직장을 다니거나 자영업을 하면서 살고 있는 상황에서 크게 줄이고 말 것이 없는 삶을 사는 것이다."

보기는 그럴듯하지만, 너무 현실성이 없는 동화 같은 이야기다.

(2) 치우침이 없는 균형의 강조 - 중용과 균형
"그리스 신화에서는 균형과 중용의 필요성을 이카루스의 날개로 설명한다. 손재주가 뛰어난 장인(匠人)인 아버지 다이달로스와 함께 미궁에 갇힌 이카루스는 아버지의 도움으로 날개를 얻어 감옥에서 도망쳐 하늘로 날아오른다.

다이달로스는 아들의 어깨에 날개를 달아주며 '너무 높게도 낮게도 날지 말 것'을 조언했다. 너무 낮게 날면 습기가 차 날개가 무거워져 날갯짓이 버거워지고, 너무 높게 날면 깃털을 붙인 밀랍이 녹아 추락할 것이기 때문이었다.

그러나 하늘을 나는 능력을 갖게 된 이카루스는 의기양양해져 아버지의 주의를 잊은 채 하늘 위로 높이 날다 결국 밀랍이 녹아 땅에 추락해 죽고 만다. 중용을 지키지 못한 결과였다."

코로나19 확산으로 급감한 소비는 전염병 확산이 누그러짐에 따라 억눌렸던 욕구가 한꺼번에 보복 소비로 분출되었다. 그래서 우린 행복했을까?

(3) 인간관계에 행복이 있다 - 상처 주지 않는 적정 거리 찾기

코로나19 거리 두기는 우리 인간관계를 한순간에 무너뜨리는 결과를 가져왔다. 『해피노믹스』에서 이런 사례를 소개하였다.

"인도 철학의 영향을 받은 염세 철학자 쇼펜하우어는 인간관계를 고슴도치의 사랑에 비유했다. 추운 북극에 사는 호저라는 종의 고슴도치는 밤이 찾아와 온도가 내려가면 체온으로 추위를 이겨내기 위해 서로 몸을 밀착시킨다고 한다. 그런데 고슴도치들이 이렇게 몸을 밀착시키면 몸의 가시 때문에 상대에게 상처를 주게 된다. 가시가 찌르는 고통을 견딜 수 없는 고슴도치들은 이내 상대의 몸을 자기로부터 멀리 밀어낸다고 한다. 그러나 북극의 추위 또한 참기 힘든 고통이어서 고슴도치

들은 다시 서로 몸을 밀착한다. 그러다 서로 상처를 주면 또다시 떨어진다. 이렇게 끌어안음과 밀어내기를 반복하던 고슴도치들은 마침내 해결책을 찾는다. 서로 밀착하지 않으면서, 그렇다고 너무 멀지도 않은 일정거리를 유지하여 상대방을 덥혀주면서도 서로 상처 입지 않는 적정 거리를 찾는 것이다. 인간보다 못하다는 동물의 지혜다."

곽동근 에너지플랫폼 대표
"불황기에는 긍정적인 에너지로
나만의 강점을 발견하라"

강의 천재 곽동근은 『빛나는 그대 에너지스타』의 저자이며 수많은 기업에서
대한민국 에너지코치 NO.1으로 인정받으며 개인과 조직에 활력을 주는 '긍정에너지 충전소'
에너지플랫폼 대표다. 국내 긍정리더십과 동기부여 강의 섭외 1순위로 유쾌한 리더들의
조찬모임 '에너지클럽'을 15년째 운영하고 있고 쪽방촌에 라면과 치킨을 기부하는
라나쇼를 통해 에너지 넘치는 삶을 어려운 이웃들과 나누고 있다.

1) 불황기 긍정에너지가 조직문화에 미치는 영향

요즘 〈장사 천재 백종원 2〉를 열심히 본다. 유쾌한 에너지를 가진 긍정 리더 백종원 셰프가 연예인 제자들과 해외에 진출하여 '반주' 식당을 성공시켜나가는 이야기가 아주 재밌게 펼쳐지는데 배울 점도 많아서 꼭 챙겨본다.

방영된 에피소드 중 스페인 최고 권위 미식평가단 랩솔에서 대표와 조사관이 몰래 반주 1호, 2호점에 방문하여 평가하는 내용이 있었다. 반주 1호점을 들렀다 온 조사관은 2호점이 더 좋다고 인터뷰한다. 이유는? 백종원 셰프가 음식을 하면서 지나가는 사람들에게 계속 친절하게 "카이쇼~ 카이쇼~" 하면서 인사를 건네는 모습이 좋다는 거다. 처음엔 무시하고 지나가는 사람들도 많았지만, 인사를 받고 식당에 관심을 가지고

입구로 들어오는 손님들이 점차 늘어나게 되었다.

현지 언어로 "감사합니다."를 서툴게 말하면서 원주민들로부터 언어도 배우며 즐겁게 소통하는 모습이 마치 이웃집 아저씨 같아서 선택하였다고 한다. 그리고 자신이 맡은 음식은 제시간에 정확히 감탄할 정도의 맛을 만들어 내고 주방에서 일하는 제자들이 실수할 때는 무엇을 실수한 것인지 정확하게 알려준 뒤 귀여운 말투로 "잘해주세용~"이라고 하는데 웃음이 빵 터졌다. 얼었던 마음이 모두 녹아 버리는 장면이 여러 번 나온다.

통상, 사람들은 긍정의 기운이 가득한 리더와 함께하기를 원하고 그런 일터에서 일하고 싶어 한다. 일할 맛 나는 리더&일터-로스앤젤레스 크리에이티브 클럽이 수여하는 '올해의 광고인'으로 뽑힌 미국 광고계의 대표적인 인물 잭 포스터는 그의 책 『잠자는 아이디어 깨우기』에서 이렇게 이야기한다.

"우리 부서에서 어느 팀이 가장 뛰어난 아이디어로 광고를 만들어 올지 나는 늘 알아맞히곤 했다. 그것은 바로 가장 재미있게 노는 팀이었다. 인상 쓰거나 눈가에 깊은 주름만 가득한 친구들이 좋은 아이디어를 갖고 온 적은 거의 없었다. 미소 짓거나 웃는 친구들이 항상 멋진 아이디어를 들고 나타났다. 긍정의 기운이 가득한 일터에서 좋은 성과가 나오는 것은 당연한 일이었다."

한때 캠핑장에서 시설을 관리하는 업무를 한 적이 있다. 사회 초년생일 때라 일이 서툴렀던 것은 맞지만 건건이 선임이 윽박지르고 무시하고 투덜대는 모습에 스트레스를 엄청나게 받았던 기억이 난다.

어느 날인가, 나무에 못을 박는 간단한 일인데, 옆에서 선임이 "똑바로 해!!"라고, 무섭게 말하는 순간 못 하나 못 박는 무능한 자신을 보게 되었다. 엉뚱한 곳을 내려치고 있고, 속도는 느려지고… 결국 내 손에 있던 망치를 빼앗아 선임이 못을 박고 말았다. 그때 선임이 웃으며 "못한번 멋지게 박아 봐~ 잘못 박아도 괜찮아, 처음엔 다 서툴러."라고 긍정적인 언사로 위로해 주었다면 어땠을까.

며칠 전 지인의 SNS에 올라온 글 하나가 눈길을 끌었다. 강의 시간이 여유가 있어서 근처 카페에서 차 한잔을 하는데 옆자리에서 직장 선임 두 사람이 후배 한 명을 질타하고 있는 걸 보았다는 글이었다. 회사도 아니고 사람들 많은 카페에서 혼이 나는 직장인도 안되어 보였고, 과연 저렇게 듣는 조언(?)이 수용이 될지 하는 생각도 들었고, 꼭 저 두 사람은 저렇게까지 해야 하는 건지, 여러 생각이 들었다고 한다.

부정적 기운이 가득한 직장 상사, 동료, 부하직원과 일하면 에너지를 뺏기게 되고 성과는 오르기 어렵다. 과연 카페에서 혼난 신입은 직장에 돌아가서 일을 제대로 할 수 있었을까? 직장동료의 부정적인 기운이 긍정적인 기운보다 더 빠르게 전염된다는 연구 결과가 대신 답을 해줄 것이다.

넷플릭스 CEO 리드 헤이스팅스가 한 말이 마음에 오래 머물렀다. "좋은 동료가 최고의 복지다. 좋은 일터는 커피를 주고, 점심에 초밥을 주며, 큰 파티를 열거나 좋은 사무실을 갖춘 곳이 아니다. 넷플릭스도 이런 것을 갖추긴 하지만 정말 좋은 것이 되려 하면 회사에 좋은 동료가 많아야 한다. 좋은 동료가 최고의 복지다. 최고의 복지는 좋은 동료다."

살아있다면 스트레스를 안 받고 사는 것은 불가능하다. 일하면서 스트레스 없이 일하는 것도 불가능하다. 이럴 때 좋은 에너지를 주는 동료와 어울리는 것이 최상의 방법이다.

부정적 조직의 사람들은 "왜 이렇게 우린 되는 게 없는 거야! 코로나 때문에 할 수 있는 것이 아무것도 없어!"라고 말하고 긍정적 조직의 사람들은 "어떻게 하면 더 잘될 수 있을까?"라고 상반되게 얘기한다. 따라서 "우리가 할 수 있는 최선은 뭘까?"라고 말하고 방법을 찾아 나가야 한다.

"스님에게 빗 팔기, 경로당에서 노트북 팔기, 아프리카 가서 신발 팔기." 이런 말을 들을 때 당신의 조직은 "말도 안 돼!"라고 하는가? "재미있겠는데? 어떻게 하면 잘 팔 수 있을까?"라고 하는가?

유명한 긍정 명언 하나를 소개하겠다. "하려고 하면 방법을 찾고, 못 한다고 하면 변명만 찾는다." 긍정은 "좋은 것이 좋은 것이다. 좋게좋게 생각하는 거"라는 의미로 쉽게 생각하지만, 사전적 의미로는 "그렇다고 인정하는 것"이라는 정의가 있다. 주어진 상황을 잘 받아들이고 그 상황을 해결하기 위해 노력해 나가는 긍정의 사람들이 똘똘 뭉친 조직 말이다.

몇 년 전 여름 팀원들과 단합대회로 동강에 래프팅을 타러 갔을 때 일이다. 극성수기라 가격도 평소보다 더 비쌌고 손님들도 엄청 많았다. 6월 중순부터 2시간씩 매일 10시간 이상 래프팅을 타는 교관들이 한 달 반 동안 쉬지 않고 일했으니 지칠 대로 지쳐있을 때였다. 교관은 힘없이 작은 목소리로 하나둘 구령을 넣었고 보트에 손님들도 힘없이 셋, 넷을 외쳤다. 교관은 그 텐션을 유지하며 하나둘~ 셋넷~ 하면서 래프팅을 타고 강물을 내려갔다. 이때 팀별 반응은 이렇게 달랐다.

래프팅 A팀 여기 누가 예약했어? 너 이런 것도 제대로 안 알아본 거야? 시말서 써!

래프팅 B팀 교관! 사장 나오라고 해, 당신 지쳤으면 때려치워, 내 돈 물어내!

래프팅 C팀 (아무 말도 안 하고 그냥 웃으며 타고 내려와서는) 앞으로 성수기 때는 오지 말자, 우린 오늘 그것을 배운 날이야!

당신의 팀은 어떤 모습인가?

이때 나타난 D팀 보트는 한 사람이 일어나 서서 빙글빙글 보트를 돌리는 소위 타이타닉 돌리기를 하면서 내려오고 있었다. 급물살이 흐르는 곳으로 일부러 들어갔다가 힘차게 탈출하는 모습도 보여주었고, 반반씩 나눠서 일어났다 앉았다 시소 타는 모습도 연출하였다. 왜 모든 교관이 지쳐있는 극성수기 때 D팀만 분위기가 달랐을까?

A, B, C팀 모두 D팀을 보면서 생각했다.

일반적인 생각 쟤네들은 우리보다 비싼 곳인가? 교관과 친한가? 다음엔 저기를 예약해야겠다.

부정적인 생각 내 팔자가 그렇지 뭐~ 난 뭘 해도 되는 게 없어, 이번 생은 글렀어! 역시나 나에겐 좋은 일이 생기지 않아.

우리가 통상 쓰는 명언이 있다. 부러워하면 지는 거야! 그런데 이 말은 틀렸다. 진짜 지는 것은 부러워만 하는 것이다. 긍정적인 조직은 잘되고 있는 조직과 팀으로부터 배운다.

긍정적인 팀은 이렇게 생각한다. 어떻게 하면 우리도 저 D팀처럼 재밌게 래프팅을 탈 수 있을까? "교관~ 따블~ 우리 재밌게 해주면 따블이야~~~" 팁으로 지친 교관의 사기를 충전한다.

이런 동기부여 요소들도 힘이 되게 할 수 있는데 그날 D팀 보트에 탔던 바로 저와 우리 팀원들은 긍정의 에너지 충전법을 사용하기로 했다. 지친 교관이 하나, 둘 힘없이 외칠 때도 '교관님이 그래도 우린 안 그래!'라는 전략을 가지고 큰 소리로 "셋! 넷!"이라고 외쳤다. 살짝 흠칫 놀란 교관이 역시나 작은 목소리로 "둘둘"이라고 외쳤고, 우리 충전기 팀원들은 역시나 더 큰 소리로 "셋! 넷!"이라고 외쳤다. 그러자 교관의 목소리도 좀 더 커졌다.

여기서 우리가 얻은 교훈은 환경을 탓하지 않고 우리 스스로 충전하라는 것이었다. 이 힘이 상황을 바꾼다. 불황기라고 현실을 탓할 것이 아니라 긍정적으로 분발하고 도전하라는 것. 위대한 정신은 위대한 기업을 만든다.

2) 불황기 경쟁력은 무엇이라 생각하는가?

SNS에서 본 다큐멘터리 동기부여 영상 중 이런 내용이 나온다. 경기 막바지에 밀리기 시작한 럭비팀 주장이 팀원들에게 강력하게 외친다.

"컨디션이 좋을 때는 누구나 다 잘해. 지쳤을 때, 그때 진짜 챔피언이 나오는 거야. 그때 진짜 강한 놈이 나오는 거라고. 찐따처럼 굴 거면 그냥 강한 놈이 이기게 돼. 이렇게 멍하니 따라잡힐 거야? 우리가 누군지 보여주자고!" - 인스타 라이프부스트 마인드셋

세상에 변치 않는 뉴스가 있다. 매번 불황이라고 매번 어렵다고 했다. 그러다 코로나가 왔다. 사스, 세월호, 메르스 등 굵직굵직했던 이슈들로 강의가 잠시 멈추었던 그때를 생각하며 코로나도 곧 지나가리라 생각했다. 그렇게 3년을 갈 줄 누가 알았을까?

"강의 취소할게요.", "교육생이 코로나에 걸려서…", "저…"라고만 해도 "네~ 강의 취소한다는 말씀이죠?"라며 전화를 받았다. 일정표에 있던 많은 일정이 하나둘 취소되고 결국 2020년 4월은 강사료 "빵"을 기록했다. 25년 강의 인생 중 처음으로 겪은 공포였다. 조금만 지나면 다시 회복될 거로 생각하면서 마음의 안정을 찾고자 했던 두 가지가 있었다. '매일 아침 달리기'와 '마케팅 공부'였다.

친한 강사 누님이 어린이대공원에서 매일 아침 100일 달리기 챌린지 하는 것을 함께하면서 달렸다. 그 강사 누님은 매일 달린 기록을 블로그에 적고 그해 말 『100일만 달려볼게요』라는 이름으로 책까지 출간했다. 놀라운 반전이었다. 코로나라는 불황에 선택한 달리기가 글이 되어 책으로 출간되고, 그 책으로 많은 온라인강의를 하고 인세도 받고, 유명해지고, 코로나라는 불황을 반전시킨 멋진 누님!

필자도 2020년 6월쯤 큰 위기를 실감했다. 가진 돈은 다 까먹었고, 강

의는 없어서 수입도 없고, 이렇게 가다가는 가정경제가 파탄이 날 예정이었다. 이때, 많은 강사가 쿠팡 배송 등 고정 출근을 하지 않아도 되는 수입 루트를 찾아 헤매고 정보를 나누고 있었다. 당시 이런 생각들을 했었다.

- 직장인들이 부럽다. 출근하든 안 하든 코로나 걸리든 안 걸리든 월급이 딱딱 나오는 직장인들이 부럽다.
- 강의가 없어도 맞벌이하는 남편, 아내가 있는 강사님들이 부럽다.
- 오프라인 강의가 없어도 유튜브나 온라인에서 자동수익을 만드는 크리에이터들이 부럽다.
- 온라인과 비대면 강의를 만들어 이미 많은 수입을 올리는 강사들을 부러워하며 풀죽고 지쳐 쓰러질 것인가?

잘될 때 좋을 때 잘하는 것은 누구나 한다. 부러워하면 지는 것이 아니고 부러워만 하면 지는 것이라 하지 않았는가? 그럼, 내가 할 수 있는 것은 뭘까? 스스로에게 긍정적인 질문을 퍼붓기 시작했다.

이때 가장 큰 힘이 된 것이 상반기 때부터 집중해서 공부했던 마케팅이었다. 마케팅 고전들을 읽으며 공부했던 마케팅 독서 모임과 '나만의 링을 만들어라'의 김대현 장사 고수님의 세부적인 코칭을 받으면서 들었던 수많은 질문들…. 여기서 탄생한 것이 '비대면 강의시대 스팟, 아이스브레이크를 잡아라' 비.스.켓. 연구소였다.

"이미 온라인강의로 이름 날리는 강사님들이 많은데 늦었어!", "난 비대면 강의 못 해, ZOOM 이런 거 사용할 줄 몰라."라는 질문 대신 "내가 무엇보다 잘할 수 있는 것은 뭐지?"라는 긍정의 질문들을 내게 던졌다.

나는 강의를 잘한다. 그럼, 내가 온라인에서 할 수 있는 건 뭘까? 온라인 강의 때 가장 어려운 점은? 그 문제를 해결할 방법은? 그렇다! 나만의 링을 만들자. 내가 잘하는 것으로 승부를 걸자. 그러다가 답을 찾았다. 온라인 강의는 집중이 가장 어렵다는 것. 그렇다면 어떻게 하면 온라인 강의에서 집중을 잘하게 할 수 있을까?

내가 가장 잘하는 '주의집중의 기술'이라는 강의가 있었고, 그것을 접목해서 '들어주기를 바라기 전에 들을 수밖에 없도록 만들어라.'라는 목표를 가지고 비스켓연구소를 오픈했다. 기수당 5주씩 진행했는데 1기, 2기 때는 ZOOM 사용법도 잘 모르고, 실제로 온라인 강의에서 스팟, 아이스브레이크를 많이 해 보지도 않았었기에 연구에 연구를 거듭했다. 강의 운영과 동시에 새로운 실험적 도전을 하고 다시 피드백 받아 강의 퀄리티를 높여갔다. 그 당시 필자의 강의 콘텐츠에 대한 열정은 심히 대단했다.

완벽하게 다 갖추고 진행했다면 이 정도 성과를 이룰 수 있었을까 하는 생각이 든다. 결국 비스켓연구소는 총 17기까지 300명 이상의 강사님이 수료하면서 비대면 강의력 프로그램으로 엄청난 인기를 끌었다. 불황에 나만의 강점을 접목하여 새로운 프로그램을 탄생시키고, 인지도도 업그레이드하였고, 새로운 강사 커뮤니티뿐 아니라 수입도 느는 1석

3조의 효과를 거두었다.

　성공한 사람들 모두가 말하는 조언이 있다. 나만의 강점으로 승부하라. 그들은 말한다. 이것을 찾고, 이것으로 콘텐츠를 만들어라. 방법을 모르겠다면 배워야 한다. 책을 읽고, 컨설팅, 코칭을 받아라. 요즘은 받을 기회들도 많이 있다. 물론 무료의 기회도 있다.

　카페 옆자리에 직장인 두 명의 대화가 들려온다.

직장인 A 왜 매달 월급날이 오지만 늘 통장이 마이너스일까요?

직장인 B 나도 몇 년째 마찬가지네. 내 개인적으로는 그렇게 많이 쓰지 않는데….

직장인 A 저도요. 아내가 많이 쓰나 봐요.

직장인 B 그래서 난 요즘 가계부를 써, 지출이 어떤지 보려고, 그랬더니 이 문제를 해결할 방법이 고정지출을 줄이는 것뿐이더라고.

직장인 A 고정지출 뭘 줄여야 할지.

직장인 B 스마트폰도 알뜰폰을 써야 해, 내 동생이 얼마 전에 보내준 건데 3개월 동안 특별 이벤트로 통신비를 990원에 해준다고 하고, 그다음부터는 19,000원에 사용할 수 있다고 하더라고. 내가 무제한 데이터 쓰면서 아내랑 합쳐서 월 20만 원 정도 나오는데 알뜰폰으로 바꾸면 15만 원 이상 줄일 수 있겠더라고….

　이런 대화가 오가면서 문제해결에 대한 솔루션이 나왔을 때 직장인 A는 말했다. "그런데 알뜰폰은 테더링이 안 되지 않아요? 그러려면 비용을 더 내야 하고, 그러면 일반 통신사에서 약정 할인 결합 할인으로 쓰는 것과 비슷하지 않아요?" 그의 말에 B는 할 말을 잃었다.

또 주변에 이런 사람들이 있다. "산책 갈까?" 하면 "나 걷는 거 싫어하잖아."라고 대답하고, "영화 보러 갈까?" 하면 "추워서 싫어.", "시장 구경 갈까?" 하면 "나 사람들 많은 곳 안 좋아해!"라고 말한다. 뭘 해도 안 되는 것만 이야기하는 사람들은 결코 불황의 늪에서 빠져나올 수 없을 것이다.

긍정의 에너지를 충전하려면 긍정적인 사람들과 어울려야 한다. 내 주변에 부정적 에너지를 가진 사람들과 거리 두기를 하고, 긍정적인 사람들이 모이는 곳에 참석해라. 고민을 이야기하라. 함께 고민을 듣고 나눠주는 아이디어들에 귀 기울여라.

당신이 아직 성공하지 않았다면 문제는 2가지 중 하나일 거다. 첫째, 시작을 안 했거나 둘째, 끝까지 안 했거나. 불황기 긍정의 에너지로 분명 성공을 이루고 사는 사람들이 있다. 당신이 그 주인공이 되라. 내 사례처럼 나만의 강점을 발견하고 승부를 보라.

Hotel

호텔(마케팅 트렌드)

하승희 아시아레이크사이드호텔 대표

"불황기 여가, 여행 트렌드는 합리적이고 효율적이며 가성비 높은 개성으로 이어질 것이며 아울러 호텔과 에어비앤비는 대체재가 아닌 보완재로…"

하승희 대표는 천혜의 자연 속에 수려한 작품으로까지 평가받는 아시아레이크사이드호텔 대표로서 F&B분야까지 영역 확장의 빅픽처를 그려갈 21세기형 비즈니스 리더이다.

1) 불황기에 나타나는 여가 트렌드는?

2024년 신년부터 여러 언론은 장기적 경기침체로 불황기의 긴 터널에 들어간 것에 대해 연일 보도하고 있다. 관광산업과 연계된 호텔산업도 예외는 아니어서 이에 대한 구체적인 대응책을 마련해야 할 시점이다. 먼저 2024년 여가 트렌드를 분석하여 고객의 니즈가 무엇이고 유관 산업에 어떤 영향을 미치는지 알아보자.

첫째, 경험 소비를 통해 새로운 문화를 접하길 원한다.

특히 맛집, 식도락, 문화, 사람 등 이 4가지 요소가 여행 여부를 결정하는 요소가 되는데 이를테면 진정한 장인정신의 맛과 멋의 흥미로운 체험을 즐기는 미식 여행이 대세를 이룰 것이다. 이는 전 세대에 걸친 현상이 될 것이다.

둘째, 워라벨을 통한 소규모 힐링을 원한다.

팬데믹 이후 사람들은 언제, 어디서, 어떻게 일하는지 극적인 변화를 모색했다. 따라서 일과 삶의 균형을 이루는 워라벨work-life balance이란 신조어가 등장했고 한 달 살기 프로그램 등 소규모의 힐링을 통해 소확행을 누리는 경향이 있다(힐링 여행: 온전한 수면을 위한 침구류, 음악, ASMR, 매트리스, 아로마 등).

셋째, 무계획, 부캐 여행을 원한다.

최근 여행자들은 잘 알려지지 않은 미지의 여행지를 찾는다. 이는 여행지의 다양화로 이어져 정보를 주고받고 추천하는 커뮤니티를 형성하였는데 소비의 핵심인 MZ세대를 견인했다. 또한 제2의 자아를 찾아 여행의 익명성을 토대로 떠나는 부캐 여행도 선호하는 특징이 있다.

넷째, 평균 체류 기간이 변화한다.

2024년 여행자들은 짧은 기간에 가장 가까운 곳으로 언제든 자유롭게 떠날 수 있는 문화생활에 대한 니즈가 충족되길 원한다. 그만큼 비선형적인 불안요소가 존재한다는 점이다.

다섯째, 가성비를 겸한 럭셔리 여행을 원한다.

불황기일수록 가격은 저렴하되 높은 가치를 추구하는 경향이 있다. 예를 들면 장거리를 단거리로 바꾸고 그 비용으로 비즈니스석을 타고 가는 경험을 원한다. 이를 인증하는 사진도 챙겨야 하는 수순을 밟는다.

이런 트렌드에서 보았듯이 불황기에는 경제적인 압력으로 소비자들은 소비 습관을 조절하고 여가활동은 절약을 우선으로 하는 경향을 보인다. 예를 들면 외부활동보다 가정 내에서 즐거움을 찾으려 하고 집 안에서 즐길 수 있는 온라인 엔터테인먼트나 스트리밍 서비스, 온라인 게임 등 디지털 여가활동에 주력할 것이다. 지역 커뮤니티에서 제공되는 저렴한 혹은 무료이벤트나 지역 문화 행사도 불황기 여가 트렌드의 하나가 될 것이다.

여행 트렌드는 앞서 언급한 대로 예산을 절약하여 새로운 경험을 찾으려 할 것이며 비용 절감과 안전성을 고려한 근거리 여행 및 지역탐험, 건강과 안전을 고려한 야외활동(캠핑, 하이킹, 자전거 타기 등)도 주목할 만하다. 이 결과 소비자는 할인율이 높은 호텔이나 무료옵션 혜택이 많은 여행상품, 에어비앤비나 다른 공유경제 플랫폼 등을 선호하며 여행 일정을 유연하게 조정할 수 있는 여행상품이나 포토투어, 요리클래스, 문화체험 등 체험 중심의 여행에도 관심을 가질 것이다.

정리하면 2024년 여행 트렌드는 합리적이고 효율성이 높으며 가성비 높은 소비로 자신만의 색깔과 개성을 추구한다고 보아도 무방할 것 같다.

2) 에어비앤비와 호텔 문화의 경쟁 판도는?

불황기에는 여행업계 전반에 걸쳐 경쟁이 치열해지는 경향이 있고 얇아진 지갑 사정으로 가격이 중요한 결정 요인으로 작용할 것이다. 아울러 함께 고려되어야 할 것은 여행 일정의 불확실성이 높아질 수 있으므로 예약 취소 정책과 유연한 예약 옵션에 대한 수요가 증가할 것이라는 점이다. 또한 불황기에는 부업으로 에어비앤비, 즉 공유민박을 하려는 사람들이 늘어날 것으로 보여 업종 간 경쟁이 더욱 치열해지리라 예측된다. 이런 여러 가지 변화와 불확실성이 존재하는 가운데 에어비앤비와 호텔 두 산업 간의 특징과 장단점을 분석해 보았다.

호텔과 에어비앤비의 장단점 비교

호텔		
	강점	약점
가격 경쟁	호텔의 정책에 맞는 가격제도, 판매자의 기준이 명확하여 예측 불가한 가격 변동이 없음.	일반적으로 에어비앤비보다 비싸며, 제한된 공간으로 여러 인원이 투숙할 때 숙박 비용이 더 들 수 있음.
안전성& 청결성	브랜드와의 연관성을 통해 신뢰감과 안정감 제공이 가능. 소방, 위생, 안전 관리 대상으로 국가나 지자체의 관리 대상으로 법의 테두리 안에 있음.	
공간의 편의성	매일 청소 및 객실 관리 서비스로 쾌적한 환경 유지.	
지역 특성 체험	호텔 컨시어지 서비스를 통해 친절한 안내를 통해 지역 문화 체험 가능.	호텔은 대부분 관광지나 도심에 있으므로 현지 문화와 체험이 에어비앤비보다 적을 수 있음.
편리성	유연한 예약 정책과 취소 정책을 제공하며, 예약 과정이 간편, 24시간 각종 서비스를 받을 수 있으며 오롯이 여행과 쉼에 집중할 수 있음.	
취소 정책의 유연성	예약 때 충분히 규정에 대해 알림으로써 예약 때 신중히 처리할 수 있으며 하루 이틀 전 취소는 어렵지만, 일정에 대한 변화로 연기를 하고자 할 때는 특별한 일이 없는 한 호텔에서 융통성을 발휘하기도 함.	철저한 사전예약제로 운영되기 때문에 취소나 환불 기한 내는 상관이 없지만, 여행 중 바뀌는 일정에 대한 취소나 환불 등 갑작스러운 이벤트에 대한 대응은 불가능.
디지털 기술과 혁신	모바일 앱이나 웹 사이트를 통하여 간편한 예약 프로세스 및 디지털 체크인/체크아웃 기능. 고객들에게 디지털 키나 스마트 홈 시스템을 활용하여 편리한 서비스를 제공.	
서비스	표준화된 서비스 제공, 레스토랑, 수영장, 운동시설, 룸서비스 등 다양한 편의시설과 서비스를 제공.	

에어비앤비		
	강점	**약점**
가격 경쟁	일반적으로 에어비앤비는 호텔보다 저렴한 숙박 옵션 제공. 전체 숙소를 빌리는 형태도 가능하므로 여러 사람이 함께하는 장기 체류나 가족 여행에 적합하며, 이 경우 더욱 경제적일 수 있음.	가격 기준이 모호하고, 변동이 큼.
안전성& 청결성		개별호스트 따라 수준이 다를 수 있어서 안전성과 청결성에 대한 체계화나 기준이 상이할 수 있고 일관된 품질을 기대하기 어렵다. 공유민박은 기존에 없는 새로운 서비스로 법의 테두리 밖에 있다. 정부가 세금을 부과하거나 안전, 위생을 관리 감독할 법적 근거가 없다. 호텔은 법에 따라 비상구와 소방시설, 건축자재에 대한 안전기준을 적용해야 할 의무가 있으나 공유민박은 그렇지 않음.
공간의 편의성	전체 숙소를 빌리는 형태로 더 큰 공간과 주방, 세탁기 등의 편의시설을 제공.	장기 투숙 시 스스로 숙소를 관리해야 하는 불편함.
지역 특성 체험	독특하고 지역 특성에 더 가까운 숙박 옵션을 제공. 색다른 경험 제공. 현지 문화 체험에 용이.	외곽에 위치하거나 주택가에 주로 위치함으로써 교통이 불편할 수 있음.
편리성		어떤 호스트를 만나느냐에 따라 호불호가 심함.
취소 정책의 유연성		호텔보다 취소나 문제에 대한 대응이 더 어려울 수 있다. 호스트와의 의사소통이 중요.
디지털 기술과 혁신		소규모 민박들로 이뤄지기 때문에 숙소의 디지털 시스템은 호텔 등에 비해 불편함.
서비스		숙소마다 달라 서비스에 일관성이 없고, 호텔처럼 24시간 리셉션, 객실 서비스 등의 편의시설이 부족할 수 있음.

비교분석표에서 보았듯 호텔과 에어비앤비는 여행지에서 숙박을 해결할 수 있는 두 가지 선택지라 볼 수 있다.

일단 가격 면에서 본다면 호텔은 중저가형, 비즈니스, 특급호텔과 같은 고가형 등으로 나눌 수 있다. 단순히 숙박을 목적으로 객실을 이용하고자 한다면, 저가형 또는 비즈니스호텔을 선택하면 될 것이며, 온전한 쉼을 목적으로 선택한다면 그 자체가 여행의 목적이 될 수 있어서 에어비앤비보다 광범하고 제한 없는 풀 서비스의 특급호텔을 선택할 수 있을 것이다. 이렇듯 호텔은 가격과 여행 목적에 따라 선택 여지가 다양하다.

만약, 가족 단위 여행이거나 장기간 머물러야 한다면 집을 통째로 빌릴 수 있는 에어비앤비가 훨씬 용이할 수 있지만 앞선 도표에서 언급했듯이 에어비앤비가 가진 변수로 인한 리스크를 보완한 레지던스 호텔이 대체재가 될 수도 있다.

호텔은 나의 여행과 쉼을 위해 복합적인 서비스를 받기 좋은 시스템이라고 한다면, 에어비앤비는 여행지에서 현지화되는 경험을 목적으로 만들어진 서비스이기 때문에 장시간 머물며 현지인 속에서 그들의 문화와 생활 방식을 이해하는 데 호텔보다 많은 장점이 있다. 반면에, 온전한 휴식을 지향하는 사람들에겐 에어비앤비의 다소 부족한 서비스는 불편을 야기할 수 있다.

또한 안전성 면에서도 에어비앤비보다는 호텔이 좀 더 신뢰성을 확보하고 있고, 여러 법의 테두리를 벗어나 있는 공유민박 업체는 어떤 호스트를 만나느냐에 따라 만족도가 좌우되므로 숙박 선택 시 그 차이를 보다 꼼꼼하게 살펴야 할 필요가 있다.

이런 이유로 에어비앤비와 호텔은 경쟁의 대상이기보다는 다양한 소비자의 요구 분석을 통해 서로의 장점을 극대화하고 단점을 보완하여 함께 생존하는 상생 전략으로 가야 하지 않을까 생각한다. 아울러 이 두 비즈니스가 설립된 목적을 분명히 인지하고 이를 필요로 하는 고객의 선택지를 부담 없이 넓히도록 도와야 한다는 점도 재차 강조하고 싶다.

출처

1 불황기 소비 트렌드 변화/손세근의 CS칼럼/식품저널/2022. 11. 3.

2 불황기엔 '감성리더'가 되자/박두진/DBR/2008. 12.

3 [DBR]소비자 불편 '콕' 집어 해소하는 불황기 인기제품/송수진/동아일보/2023. 2. 27.

4 팬데믹 위기를 기회로! 위기 기업의 이기는 전략/BCG/2022. 2. 8.

5 불황기 전략/네이버블로그 yupwan/2020. 5. 19.

6 대체 불가한 새로움으로 정면돌파! '뉴디맨드 전략'/DBstory/2023. 6. 14.

7 특별기획 Issue 1-마케팅에 불황은 없다/WK마케팅그룹 블로그/2019. 4. 21.~2019. 5. 14.

8 DBR/원숭이도 가격에 분노한다/가격 차별의 경제학/사라맥스웰/밀리언하우스/2009

9 가격과 제품 가치의 정당성 찾아라/신성미/DBR/2009. 11.

10 불황기 소비트렌드/네이버블로그 BNB모미/2023. 1. 11.

11 절제된 소비의 작은 탈출구, '작은 사치'가 늘고 있다/LG 경영연구원/황혜정/2014. 9. 29.

12 립스틱 효과(Lipstick effect) vs 베블런…/김대호/글로벌이코노믹/2023. 9. 5.

13 [전문가칼럼] "불황기 마케팅 비법이 '큰 사치'인 까닭?… 환상을 팔기 때문"/김방희/ 데일리한국/2016. 1. 18.

14 [경제상식]스태그플레이션, 경기침체+인플레이션/네이버블로그 SUNJIN since1978 선진로지스틱스/2021. 10. 14.

15 SERI보고서로 읽는 불황기 경영전략/삼성경제연구소/2009. 4. 30.

16 ChatGPT 1700조 시장… '유니콘' 꿈꾸는 기업들/최인준, 임경업/조선일보/2023. 11. 28.

17 경기 한파, 소비자의 '불안심리' 이용하라/KSAM Magazine/2023. 5. 19.

18 고객의 마음을 훔치는 효과적인 방법, 개인화 마케팅/디지털인사이트/2020. 3. 10.

19 경제 불황기(Recession) 예측/이명덕(재정학박사)/중앙일보/2023. 9. 9.

20 경기불황과 소상공인 생존전략/서용구/한국유통학회/2012. 10.

21 불황기의 대응 전략/윤은기 박사의 석세스리포트/뉴스매거진/2010. 11. 8.

22 극한 환경에서의 기업 경영, 수비만으로 버텨낼 수 없어/신수정/DBR교육컨벤션팀
    장/동아일보/2023. 7. 15.

23 온라인 쇼핑 시대에 월마트 주가 사상 최고치/홍준기/조선일보/2023. 9. 24.

24 영업조직의 복잡성 제거를 위한 CRM 활용/세일즈인사이트/2020. 4. 15.

25 위워크 파산의 근본적 요인/Tech&Biz Inside/2023. 11. 24.

26 체리피커, 착한 소비자인가?/범상규/네이버지식백과/2015. 5. 20.

27 체리슈머, 체리피커 뜻과 단종된 신한 더모아카드/네이버블로그 아담한 부자/2023.
    9. 5.

28 마케팅 전략, 제품으로 진정성을 말하다/네이버블로그 곰손이/2017. 9. 19.

29 물리 쿼티(QWERTY) 키보드에 집착하다 사라진 블랙베리/정보문화사/네이버포스
    트/2021. 4. 21.

30 이제는 경험을 소비하는 시대/김준범/소비라이프/2019. 2. 22.

31 워런버핏의 경제적 해자/네이버블로그 월급주는심짱/2022. 10. 31.

32 '착한 화장품의 선구자' 더바디샵은 왜 옛 영광을 잃었나/성유진/조선위클리비
    즈/2023. 12. 16.

33 물고기 잡는 법 애플에 가르쳐주고 21년 만에 떠난 '아이팟'/박상현/조선일보/2022.
    6. 3.

34 버라이어티 가격과 수익 최적화/네이버블로그 WinningPricing/2023. 12. 2.

35 D2C전략에 관한 연구: 나이키 사례를 중심으로/서용구 외/한국상품학회/2022.

36 산업 간에 경계가 사라진다, 빅블러시대/기획재정부/2021. 6. 29.

37 MZ 세대를 위한 비즈니스모델 D2C에 대한 모든 것/조윤정/WIXBlog/2022. 12. 15.

38 진정성 마케팅/김상훈, 박선미/21세기북스/2019. 3. 15.

39 대세는 대체불가! 뉴디맨드전략/기획재정부/2023. 8. 7.

40 공짜경제학, 세상은 프리코노믹스로 진화 중/스마트한 소비생활/2023. 11. 5.

41 공짜로 상품 구입하는 '프리코노믹스' 뜬다/소비자가 만드는 신문/2008. 11. 2.

42 계획적 진부화, 당신이 스마트폰을 주기적으로 교체하는 이유/투자와경제 /2023. 2. 9.

43 신규수요 창출하는 '뉴디맨드' 전략 주목/서미영/디지털조선일보/2023. 2. 10.

44 착한 기업의 대명사, '탐스'가 좀비 기업이 된 이유/인터비즈/2020. 1. 14.

45 전국을 강타한 포켓몬빵 대란, 그 이유는?/임가은/진주교대신문/2022. 5. 27.

46 리마케팅하라!/박노성/성안북스/2022. 11. 1.

47 스타벅스의 미래/맹명관/새빛/2021. 5. 15.

48 '1인당 2개만 판매' 미국서 열풍-얼려도 안 터지는 김밥의 비밀/강우량 기자/조선비
즈/2024. 1. 19.(복만사)

49 지역특산물 변신 '장생도라지 세계를 향한다'/배병일 기자/경남도민신문/2024. 1.
15. (장생도라지)

50 '기억', 건축재료 중 가장 중요한 요소/2017헤럴드포럼/2017. 11. 9.(KEAB)

51 '충북형 스마트 농업, 길을 묻다'/장병갑, 이재규 기자/중부매일/2023. 9. 11.(청채원)

52 '주가상승 곡선 탄 지니언스'/김송이 기자/조선비즈/2024. 1. 24.

53 '착한 상품 입소문으로 팔아주자' 사회공헌 협약/이동훈 기자/머니투데이/2013. 3. 12.

54 '포프리쇼'로 사회공헌문화 선도하는 기업 포프리/아시아씨이뉴스/2022. 4. 1.

55 '그랜드오스티엄' 웨딩컨설팅교육 2024년 대한민국 웨딩트렌드 키워드 발표/김재
성 기자/에듀동아/2023. 11. 9.

56 '천재교과서 밀크T', '치치핑핑' 영상서비스 시작/최재경 기자/파이넨셜뉴스/2024.
2. 31.

57 '우리는 문화를 튀깁니다'/윤상홍 기자/중부일보/2023. 12. 5.

58 세무, 노무, 회계, 경영 일타전문가 강의 론칭/김윤진 기자/스마트 투데이/2023. 8. 9.

59 공중에 뜬 추모공간 분양한 상상력 달인, 알고 보니 그 사람/황의봉 기자/오마이뉴
스/23. 10. 24

60 '초록우산인천본부', 한국세라프 그린 리더클럽 위촉/이민우 기자/경기일보/2023. 7. 7.

61 "윤원권 라인교육개발대표 AI 기반 온라인콘텐츠 개발 운영-국가대표 기업목표/정
재훈 기자/전자신문/2023. 5. 24.

62 경남교총-아시아레이크사이드호텔 교류 발전 업무 협약/임명진 기자/경남일
보/2022. 4. 27.

불황기
편의력

1판 1쇄 펴낸날 2024년 6월 27일

지은이 맹명관

펴낸곳 지음과깃듬

취재·교정 트라이업(최하늬, 이지혜)
책임편집 김정웅
디자인 BIG WAVE

전화 070-7643-7272
팩스 02-6499-0595
전자우편 jngpublish@daum.net

ISBN 979-11-93110-35-5 03320